蔡仁厚 著

中國哲學史

下冊

臺灣學生書局印行

中國哲學史（下冊）

目次

第三卷 南北朝隋唐：佛教介入——異質文化之吸收與消化
弁言……四三一
第一章 佛教的基本教義……四三三
第一節 三法印……四三四
一、諸行無常……四三四

二、諸法無我（無自性）……四三四
三、涅槃寂靜……四三五
第二節　四　諦……四三五
一、苦諦……四三六
二、集諦……四三六
三、滅諦……四三七
四、道諦……四三八
第三節　十二因緣……四三九
第二章　小乘部派與大乘三系……四四三
第一節　小乘部派佛教……四四三
一、四個主要部派……四四三
二、五蘊、十八界……四四五
第二節　大乘佛學三系……四四六
一、般若系……四四七
二、唯識系……四五〇
三、真常系……四五二

第三章　佛教在中國的傳衍（上）……四五五
第一節　佛教東傳的初期概況……四五五
第二節　釋道安與六家七宗……四五六
第三節　鳩摩羅什與肇論大意……四五九
第四節　北方四宗略說……四六三
第四章　佛教在中國的傳衍（下）……四六七
第一節　東晉慧遠之佛教運動……四六七
第二節　竺道生與涅槃佛性……四六八
第三節　三論宗之復興與嘉祥吉藏……四七一
第四節　攝論與攝論師真諦三藏……四七四
一、真諦之生平……四七四
二、真諦思想與攝論……四七四
三、解性賴耶與阿摩羅識……四七五
第五節　真常心系的代表論典：起信論……四七五
第五章　對佛教教理的消化：天臺判教及其思想……四八三

第一節　天臺宗簡史……四八三
第二節　天臺五時判教……四八六
第三節　天臺化法四教：藏通別圓……四八九
一、藏教……四九〇
二、通教……四九一
三、別教……四九三
四、圓教（見下節）……四九六
第四節　天臺圓教及其思想……四九六
一、一心三觀……四九八
二、不斷斷與一念三千……四九九
三、即九法界而成佛與三因佛性……五〇〇
四、天臺圓教之特色：開權顯實……五〇一
五、六即階位……五〇三
〔附〕：菩薩功行簡表……五〇五
第六章　佛教回歸運動的反響：華嚴宗……五〇七
第一節　玄奘回歸印度的佛教運動……五〇七

一、玄奘的學程及其成就……五〇七
二、奘傳唯識之特色與遭際……五〇九
三、回歸印度之舊而引發反響……五一〇
第二節　華嚴宗簡史及其判教……五一〇
一、華嚴宗簡史……五一一
二、華嚴五教……五一二
第三節　華嚴宗思想述要（上）……五一五
一、真如心「不變隨緣，隨緣不變」……五一五
二、法界緣起與四法界……五一七
第四節　華嚴宗思想述要（下）……五一九
三、十玄門（法門）……五一九
四、六相圓融（教門）……五二三
第七章　佛教的「教外別傳」：禪宗的異采……五二五
第一節　中國禪宗簡史……五二五
第二節　道信禪法與東山法門……五二八
一、道信禪法之特色……五二八

二、弘忍之東山法門……五三〇
第三節　如來禪與祖師禪……五三一
一、神會的如來禪：頓悟真心，直顯靈知真性……五三三
二、六祖的祖師禪……五三五
第四節　禪家五宗之宗風……五四〇
第五節　公案話頭舉隅（六則）……五四四
一、即心是佛……五四四
二、野鴨子、大機大用……五四六
三、黃檗佛法無多子……五四九
四、平常心是道……五五二
五、龍潭紙燭……五五四
六、雲門敲門（附、日日是好日）……五五五

第四卷　宋明時期：儒家心性之學的新開展

弁　言……五五九

第一章　周濂溪「默契道妙」……五六五
前言（宋初三先生與邵康節）……五六五
第一節　濂溪的風格與論贊……五六六
第二節　以誠體合釋乾元……五六七
第三節　乾道變化即是誠體流行……五六九
第四節　誠體與寂感……五七一
第五節　作聖工夫……五七四
第六節　《太極圖說》的思想架構……五七七
一、圖說全文……五七七
二、圖說之義理骨幹……五七八
三、圖說關鍵句解義……五八〇
第二章　張橫渠「思參造化」……五八五
第一節　張子生平與關中學風……五八五
第二節　天道性命相貫通……五八九
第三節　正蒙的天道論……五九一
一、太和之道……五九二

二、太虛與氣……五九三
三、太虛即氣的體用不二論……五九六
第四節　正蒙的性論……五九八
一、性之立名：體萬物而謂之性……五九八
二、由兼體、合兩見性體寂感之神……六〇〇
三、天地之性與氣質之性……六〇一
第五節　正蒙的心論……六〇三
一、心能盡性、仁心無外……六〇三
二、心之「知用」義：見聞之知與德性之知……六〇五
三、橫渠之「仁化篇」與性體心體五義……六〇六
第六節　《西銘》的理境及其踐履規模……六〇九
一、《西銘》原文……六〇九
二、《西銘》開示的理境與踐履規模……六一〇
第三章　程明道的造詣與地位……六一三
第一節　明道的地位與智慧……六一三
一、明道的造詣……六一三

二、二程遺書之鑑別……六一五
三、明道對聖賢人格的品題……六一七
第二節　「一本論」的總意指……六一八
一、天人是一……六一九
二、三事一時並了……六二一
三、一本而現之道……六二二
第三節　對天道的體悟……六二五
一、道不即是陰陽，而亦不離陰陽……六二五
二、道亙古而常存，超有無而遍在……六二七
三、天道生生……六二九
第四節　天理的涵義……六三一
一、天理恆常自存，是形上實有，亦是生化之理……六三二
二、天理寂感與天理之尊高……六三三
三、天理秉彝與死生存亡之理……六三五
第五節　識仁與定性……六三八
一、《識仁篇》大意……六三八
二、仁體的實義……六四二

三、《定性書》原文……六四五
四、定性與定心……六四六
第四章 程伊川義理轉向與洛學南傳……六五一
第一節 二程異同……六五一
第二節 伊川義理轉向：天理「只存有而不活動」……六五五
第三節 仁性愛情……六五七
第四節 論性與論氣……六六一
一、論性不論氣或論氣不論性……六六一
二、氣性、才性與氣質之性……六六二
三、變化氣質是進德之學……六六三
第五節 「論心」之實義……六六五
第六節 居敬與格物窮理……六六六
第七節 洛學南傳的線索……六六八
一、上蔡湖湘之學……六六九
二、龜山閩中之學……六七〇
三、逆覺體證的二種形態……六七二

第五章　胡五峰開湖湘學統……六七三
第一節　南宋理學之分系與胡氏家學……六七三
第二節　胡子知言大義(一)：即事明道，道無不在……六七六
一、即事以明道：道充乎身，塞乎天地，無所不在……六七六
二、天理人欲，同體異用，同行異情……六七八
三、道不在性外：由好善惡惡說性體之至善……六七九
第三節　胡子知言大義(二)：以心著性，盡心成性……六八〇
一、心本天道為用，至大至善……六八〇
二、性是形上實體，是天下之大本……六八〇
三、以心著性、盡心成性……六八一
第四節　胡子知言大義(三)：內在的逆覺體證……六八四
一、盡心以盡仁……六八四
二、內在的逆覺體證與識仁之體……六八六
三、以仁為宗，以心為用……六八七
第五節　湖湘之學，一傳而衰……六八九
第六章　朱子的性理學……六九三

前言：朱子與李延平……六九三
第一節　朱子四十歲以前的學思歷程……六九四
一、何謂大本之中……六九五
二、朱子中和舊說的講論……六九六
三、朱子轉向而另開新路……六九七
第二節　中和論定後的性理學架構……六九八
一、「中和新說」的基本綱領……六九八
二、綜述「新說」大旨……六九九
第三節　「仁說」的論辯：性理學的完成……七〇二
一、「仁說」緣起……七〇二
二、朱子「仁說」大旨……七〇二
第四節　心、性、情與理氣論之綜述……七〇五
一、論「心」：心是氣之靈……七〇五
二、論「性」：性即理，性亦只是理……七〇六
三、論「情」：心性情對言，心統性情……七〇七
四、理氣論要旨：理氣不離不雜……七〇九
第五節　朱子的工夫論……七一二

一、工夫進路之形成……七一三
二、工夫論的完整說明……七一四
第六節　朱子「即物窮理」的時代意義……七一六
第七章　象山學是孟子學……七一九
象山小傳……七一九
第一節　辨志、辨義利……七二一
一、辨志……七二二
二、義利（公私）之辨……七二四
第二節　復其本心，先立其大……七二五
一、復其本心……七二六
二、先立其大……七二七
第三節　心即理，心同理同……七二八
一、心即理……七二八
二、心同理同……七三〇
第四節　象山與禪以及象山辨佛……七三一
一、朱子對象山之稱賞與攻其為禪……七三一

二、象山辨佛……七三五
第五節　朱陸異同述評……七三七
一、朱陸心性思想的對校……七三七
二、朱陸教學入路的通化……七四〇

第八章　朱陸門人後學與元初諸儒……七四七

第一節　朱子門人與後學……七四七
一、蔡西山及其家學……七四七
二、黃勉齋及其支裔……七四九
三、潛庵、北溪諸子……七五一
四、真德秀與魏了翁……七五二
五、黃東發與王應麟……七五四
六、文文山之正氣……七五六
第二節　象山門人與後學……七五八
一、楊慈湖與甬上諸賢……七五八
二、傅夢泉與槐堂諸子……七六二
三、陸學的傳衍……七六四

四、謝疊山之氣節……七六六
第三節　宋元之際與元初諸儒……七六八
一、元初北方之儒……七六八
二、南方民間之學……七六九

第九章　王陽明致良知教……七七三

前言：明代初期的理學……七七三
第一節　王陽明的自我發現與自我完成……七七七
一、王學前三變：自我發現……七七八
二、王學後三變：自我完成……七八〇
第二節　良知即天理……七八三
第三節　良知感應乃「智的直覺」之感應……七八六
第四節　致良知與逆覺體證……七八八
第五節　心意知物與四句教……七九一
一、心意知物……七九一
二、四句教解義……七九二
三、「物」之二義……七九四

四、四有與四無之會通……七九五
附言：關於羅整庵論理氣……七九五
第十章　王學分化與劉蕺山歸顯於密……七九七
第一節　王學的分化與發展……七九七
一、浙中派的王龍溪……七九八
二、泰州派之羅近溪……八〇四
三、江右派之聶雙江與羅念庵……八〇八
四、江右王門的另一趨向：由心宗走向性宗……八一二
第二節　劉蕺山之歸顯於密、以心著性……八一八
一、嚴分意念，攝知於意……八一九
二、誠意慎獨，歸顯於密……八二二
三、形著義之殊特與作用……八二三
第五卷　近三百年——文化生命之歪曲、沖激與新生
弁言：失去哲學慧光的世紀（清代）……八二五

第一章　明清之際：三大儒的思想方向……八二七
第一節　顧亭林……八二七
第二節　黃梨洲……八三〇
第三節　王船山……八三三
第二章　清代之學風及其思想狀況……八三九
第一節　清學與漢學的大分界……八四〇
第二節　清代盛世的思想狀況……八四二
一、戴東原……八四二
二、章實齋……八四四
第三章　西方思想之沖激……八四七
第一節　歐西民主自由之思想……八四八
第二節　科學的性質及其威勢……八五〇
第三節　馬列意識形態之泛濫……八五三
第四章　哲學的反省與新生……八五五
第一節　西方哲學在中國以及「中國的」哲學……八五五

第二節　中國哲學的反省與新機……八五七
一、內聖成德之教的承續與光大……八五八
二、完成民主政體的建國大業……八五九
三、開出知識之學以發展科技……八六〇
第三節　返本開新的哲儒：牟宗三……八六二
後　記……八六九
歷代哲人生卒年表……八七一
本書作者著述要目……八七九

第三卷 南北朝隋唐：佛教介入——異質文化之吸收與消化

弁言

魏晉玄學，是中國文化自身的一步歧出，而玄理玄智復將佛教般若思想（空理空智）接引進來，乃使中華民族的文化生命，由於異質文化之加入而大開，這一步大開，乃是宗教信仰和人生方向之開，而且這一開就延續五六百年。

由於佛教來自印度，就中華民族的內心來說，是不甘心受化於佛教的。所以，一方面護持傳統的政教和家庭倫常，一方面又大量譯習佛經，以期消化佛教。到了隋唐之時，終於開出了「天臺、華嚴、禪」三宗，使佛教思想在中國大放異采。

中華民族能夠消化一個外來的大教——一個文化系統，亦正表示華族「文化生命之浩瀚深厚，文化心靈之明敏高超」。在人類文化交流的史例上，這是獨一無二的。

第二類的史例，是印度教和回教。印度教面對回教的入侵，採取柔性的長期抵抗。到最後，印度守住了大半的文化領域，而回教的擴張亦到達一個極限，結果就是二十世紀的印度大分裂。回教在西北部印度河流域成立巴基斯坦國，印度人保住了恆河流域以及半島中南部，而東北一角則為孟加拉國。這是宗教對峙之下，一分為二、為三的歷史例證。

第三類型，是低文化為高文化所掩沒，如非洲、南北美洲之基督教化或天主教化，便是。而亞州的儒教地帶、佛教地帶、印度教地區，以及回教世界，原本就是高層次的文化，外來的基督教和天主教在亞洲各地的傳播，便只能是局部的、零散的。

本卷所述，即是南北朝隋唐五六百年中，盛行於中國的佛教哲學。不過，我們講佛教，第一不是佛弟子的立場，第二不是佛學專家的立場，而是第三，站在中國文化生命的大動脈上來講述，這也正是哲學史的立場。

第一章　佛教的基本教義

佛教是印度介入的思想，但經過中國之吸收與消化，實已成為中國哲學的一部分。為求明其本源，應先將其基本教義，作一簡要之說明。

佛教自佛陀（約西元前五六〇—四八〇年）證道弘法起❶，至回教入侵印度止，大約一千五六百年。其間教理之演變發展，大體每五百年代表一個階段，前期為小乘（小行大隱，大乘教義在潛流待緣之中），中期為大乘（大主小從），後期轉出密教（大小轉衰）。而前期又可分為「原始佛教」與「部派佛教」兩階段。

佛陀入滅後，弟子迦葉等著手結集佛法，可以四阿含經為代表：《長阿含》、《中阿含》、《增一阿含》、《雜阿含》。原始佛教之基本教義，皆出於此。茲就三法印、四諦、

---

❶ 世界佛教會議，公議佛陀生卒年為西元前五四四至四六四年，與孔子（西元前五五一—四七九年）對看，佛陀後孔子七年生，後孔子十五年卒。又依呂秋一居士之考定，佛陀之生卒年為西元前五六五—四八六年，如此，則佛陀早孔子十五年生，又早七年卒。各說不一。（本章所列，乃一般之說法。）所可知者，孔子與佛陀乃並世之人，而同為永垂不朽之生命型範。

十二因緣，略作說明。

第一節　三法印

《大智度論》云：「佛法印有三種，一者一切有為法念念生滅皆無常，二者一切法無我，三者寂滅涅槃。」有了這「無常、無我、涅槃」三印，即是佛說；若無此三印，便是魔說。此即所謂「三法印」：（按：《雜阿含經》亦云：「一切行無常，一切法無我，涅槃寂滅。」）

一、諸行無常

一切有為法，念念生滅（念起念滅），遷流無常。有為法，謂有因緣造作之法。而意念亦是造作，故一切意欲活動，皆是「行」。「常」有二義，一是不壞不滅之永恆義，一是不依他之自足、自存義。

二、諸法無我（無自性）

一切外在現象與心中所思之境（夢幻、想像、意念生起之心理現象）皆是「法」❷「諸行」限於有為法，「諸法」則通於無為法。（無為法，謂不生不滅、離開因緣造作之法，如真如、涅槃等。）

一切有為無為諸法，皆無「自我」之實體，意即無自性，無獨立實在性。

若一定要問萬法畢竟以何為性？則曰，以空為性，法性空，自性空。不過，佛教空法性，卻不空緣起法（方便假立），所謂「緣起性空」，乃分析命題，緣起即含性空，性空由於緣起。緣起緣滅，無自性（無我）。

三、涅槃寂靜

滅一切生死之苦（無常苦）而為無為寂靜，亦即由「流轉」而「還滅」。

按：另一說，無「涅槃寂靜」，而有「諸行皆苦」。其實，諸行皆苦實已含於第一法印「諸行無常」中。至於「一法印」之說，即所謂「實相印」（諸法實相，空，實相無相。）其實，大小乘皆不能違悖三法印。「實相印」只是進一步之綜括而已。

第二節　四諦

佛陀初轉法輪，即說四諦（諦、真實義），此乃籠罩大小乘之基本教義。

---

❷ 佛家之「法」，意涵甚廣，⑴一切事物（種種現象）。⑵觀念、概念（一般性的真理）。⑶最高的真理。⑷一切法皆佛法（一切法皆是通到佛境之法門）。

一、苦諦

(1)**苦，是佛教最原始最根本的觀念**：佛陀為太子時，出四門，首先打動他心靈的，便是「生老病死」之苦。生苦、老苦、病苦、死苦、愛別離苦、求不得苦、失榮樂苦，還有業力❸輪迴、無明無常，無一而非苦。故苦業意識乃是佛教最本質之意識。（其他三諦，亦由苦諦引出，集是苦之集，滅是苦之滅，道是滅苦之道。）

(2)**苦是普遍的**：就主觀的感受說苦，可因人、事、時、地而有不同，此種苦有差別性，是相對的，在此不能說「諦」。而佛教所說的「苦」，乃就生命之現象與人生之根本苦惱不可分離而言，所以具有普遍的真實性。

(3)**苦的先在性**：苦對樂而言，有其存在的先在性。苦由欲求造成，欲求乃生命所自有，因而生命中的苦有先天的必然性。當欲求得到滿足時，固然有樂，但此樂實只是由於先在之苦停止了，解除了，而呈現的快樂感，故樂是後起的，暫時的。

(4)總之，生命的欲求，既不能樣樣得滿足，時時得滿足，則「人生畢竟是苦」。是即所謂「諸行皆苦」、「有漏皆苦」（一切皆苦）。

二、集諦

苦是果，集是因。集諦即是說明苦果所以產生的原因。一切苦皆由某些原因集合而成。

其主要的原因，是「二惑」與「十二緣生」。

二惑，一是心起煩惱，迷妄相續的「見惑」（惑於所見，見聲色形像），見惑偏於外境。一是心著垢染，繫縛不脫的「思惑」（惑於所思），思惑偏於內境。見思二惑，由業力與無明而起，遂使人生成一苦集。（小乘只能斷見思二惑，菩薩道可斷塵沙惑，只有佛能斷根本惑。）

十二緣生，見後。此處只說明緣生乃各種條件關係而生。其一是「同時互依」的關係（雜阿含謂：「如兩束蘆，互依不倒」。）「同時」，故無先後，「互依」，故無因果。可知此種因緣關係，只是互為條件，無所謂前因後果。其二「異時依生」的關係，此即通常所謂因果關係。因果循環，六道❹輪迴，生死流轉，乃構成一痛苦煩惱深淵，此便是所謂「集諦」。

三、滅諦

滅是滅苦，亦即滅一切煩惱，破無明業力，以出離輪迴生死海，以達於涅槃自在境界。

---

❸ 凡所作謂之業，「業力」乃佛之前就有的印度土著之思想，乃控制自然與人文現象之因果律，是一不可思議之力量。

❹ 「六道」，指「地獄、餓鬼、畜生、阿修羅、人間、天上」。六道眾生，各有所苦。地獄有寒熱苦，餓鬼有飢渴苦，畜生有殘殺苦，此三道太苦，難以成佛。阿修羅貪嗔痴三毒俱全，又好勇鬥狠，不能成佛。天上太樂，易於墮落，難以成佛。唯人間最好，覺即成佛（須在人間成佛，不在天上成佛）。「六道」加上「聲聞、緣覺、菩薩」為「九法界」。再加上「佛法界」，即成「十法界」。

佛教既肯定世間一切皆受條件系列之束縛，故力求超離解脫。滅諦之提出，實含二層意義：

(1)對現象界之虛妄而言滅，

(2)對實相世界之真實而言「如」。（如實相本身而言之，故曰「真如」，又曰「空如」。此可通過「物自身」（物如）來了解。）

唯第(2)層意義，須待大乘始有發揮。原始佛教主要是就第(1)層意義，而言生死流轉之停止與一切煩惱之消除。

若能證「滅」，則可使苦惱滅盡無餘，而達於大自在、大解脫。

四、道諦

道，是道路、方法。道諦即是達成解脫的道路或方法。在《阿含經》中，有甚為繁瑣之討論。要者是由八正道進入涅槃。

(1)正見：明見四諦之理，以無漏之慧為體（無漏，謂脫離煩惱）。此是八正道之主體。其餘七項，皆由此出。

(2)正思惟：既見四諦之理，更加思惟以使真智增長，以無漏之心為體。

(3)正語：以真智清淨口業（凡所作，皆曰業）。

(4)正業：以真智清淨身業。

(5)正命：清淨身口意三業，順於正法而活命也。以上三項，以無漏之戒為體。

(6)正精進：用真智精修涅槃之道，以無漏之勤為體。

(7)正念：以真智憶念正道而無邪念，以無漏之念為體。

(8)正定：以真智入於清淨之禪定，以無漏之定為體。

由八正道進一步，便有「覺」之觀念，合戒、定、慧三學，乃可成為「正覺」，由正覺得解脫。（戒、是行為之約束。定、指禪定之工夫，亦即意志之鍛鍊。慧、是對生命與世界真象之解悟。）

〔附〕六度：布施、持戒、忍（辱）、精進、禪（定）、智慧（般若）——六度即含萬行。

第三節　十二因緣

十二因緣，是對生死流轉的解剖，亦是對自然生命或生物生命之說明。由「無明」此一根因起，而逐項生出其餘十一項之果。

(1)由因到果，是順觀；

(2)由果到因，是逆觀；

(3)就十二緣之循環不息此一事實而言，不過是說明「有情生命」（眾生中動植物）之生死流轉，此可曰現象觀。

(4)就十二緣的運行之理，在任何一剎那皆宛然存在，同時自足而言，則可曰剎那觀（或同時觀）。

(1)(2)二點可說是對苦諦之說明，第(3)點可作集諦之理據，第(4)點則是日後大乘因緣觀之特色。

因緣
- 緣起支性（十二緣）
  - 生
    - 苦（果）
    - 集（因）
    - ——世間因果
  - 滅
- 聖道支性（八正道）
  - 滅——滅（果）
  - 道——道（因）
  - ——出世因果

1. 無明（痴）——從非理性的生物生命看，生物本身根本沒有明。這是反面說。痴，是從正面說，指出生命本身根本就是昏昧迷闇。無明以惑為性，以行為業，惑業乃本始即有者，故曰「無始無明」。

2. 「行」——迷闇之生命，機械地歧出紛馳，謂之「行」。行，即指盲目的意欲活動而言。

3. 「識」——識即了別。因著盲目的意欲活動，而機械實然地顯現為了別之識。此種了別之識，一般動物亦有（如了別利害而趨利避害），故在此不可說「覺識」，因為佛教言「覺」與「智」，皆由修證而得。是即後來所謂「轉識成智」也。

4. 「名色」——名色，即「對象性」之呈現，所謂「根塵世界」是也。由心識活動變現對象，開後來「唯識所變」、「境不離識」諸義。

5.「六入」——此即六根（眼、耳、鼻、舌、身、意）所顯現之感覺能力。

6.「觸」——眼耳鼻舌身意等六根與色聲香味觸法等六塵相接觸，此乃根（感覺官能）與境（所感覺者）相應而起之活動，亦即感覺之活動。

7.「受」——由觸而有感受，故曰「觸則有苦樂之感」。

8.「愛」——因苦樂之感而躭著滯戀，是謂「愛」。

9.「取」——因躭戀而執著不捨，是謂「取」。

10.「有」——此有二義：一為主觀得有義，一為客觀存在義。故「有」是由生命之蘊蓄糾結而形成。

11.「生」——「有」之滋長發展而成個體，是謂「生」。

12.「老死」——個體由因緣而生，故有身心之老死，老死憂悲苦惱，實乃個體生命之果。

由此十二因緣之「順生律」（流轉），乃產生「有情生命」及其所對的虛妄世間。但人若能如實照察，認定他是無常，即可證其本性是空，而出離生死苦海。到得破無明之時（斷惑、究竟斷、圓實斷），生死流轉即告斷滅，而能趣入實相世界（涅槃）而得解脫（出離因果）。此即十二因緣的還滅律。

流轉——無常、苦、妄、染——生死流轉（八識流轉）

還滅——常、樂、我、淨、——真如涅槃

第二章　小乘部派與大乘三系

第一節　小乘部派佛教

小乘部派佛教，上承原始佛教，下開大乘佛教。

佛滅百年頃，佛教發生部派之分裂，各部派歧異的說法，見於各部派之論書，論書舊譯為阿毗達磨或阿毗曇，其任務是解釋佛教的教法（教義）。由於解釋不同，故分為不同的部派。

一、四個主要部派

最先分為上座部與大眾部。之後，上座部又分裂出一支，名為「分別說部」，未分出的（先上座部）後亦鬧分裂，是為「說一切有部」與「犢子部」。上座部分裂的三部加上「大眾部」，稱為四大部。（這四大部後來又各自繼續有分裂，茲從略。）

- 部派
  - 上座部
    - 上座分別說部
    - 先上座部
      - 說一切有部
      - 犢子部
  - 大眾部

關於各部派的思想立場與要點，首先，應就上座部與大眾部的根本歧異略作說明。長老的上座部重視傳承，而較為保守；大眾部則比較重理想，而較為進步。兩者雖皆以原始佛教所揭示的「苦集滅道」為根本教法，但上座部主要是究明「苦、集」二諦的問題，偏重現實界成立的原因。大眾部則著重「滅、道」二諦的問題，致力於論究由修行實踐而達到涅槃解脫的理想。

再就四大部來說：

㈠**上座分別說部**——只承認經典為佛陀之教理，嚴禁離經而走極端。又整理經中之重要思想，對其特質一一加以定義分別（不與異說新說相混），故自稱「分別說部」。對於大眾部與說一切有之歧異論點，則常居於一折衷之態度。同時偏重於詳說三法印中的「諸法無我」印（無自性、法性空）。

其主要化區，是由中印度而南行，遍及南印度各地。

㈡**說一切有部**——其主要論點為「三世實有，法體恆有」[1]又特重法相之分析，對生滅因果論究甚多。較偏重於詳說三法印中之「諸行無常」印。

其主要化區，由西方深入西北印各地。

㈢**犢子部**——與說一切有部關係密切。二者思想亦很接近。其根本歧異是犢子部安立一實有而不可說的「補特伽羅」，意譯「數取趣」（數、屢也。謂數數往來諸趣，趣有六，眾生各依其業因而趣之。六趣即六道）。又譯為「我」，此我非個體我，亦非靈魂，乃指身心流轉活動而言。

此部之化區，多在西北印與恆河上游。

㈣**大眾部**——主「一切法假名無實」。「諸行不過是死灰」。又主「心性本淨」（由此導出真常思想）。對三法印之「涅槃寂靜」印多所發揮。

其化區遍及東印度與東南印。

二、五蘊、十八界

佛教有「五蘊」「十八界」之說，略如下表。

---

❶「三世」謂過去、現在、未來。「法體」謂法之體性，共七十五種，又謂八十四種，唯識論更分為一百種。意指現象起現之質素，亦可用「體性」，但義較通泛，只是「結構之性」。

五蘊
- 色——總「眼耳鼻舌身」五根與所趣之「色聲香味觸」五境而言：身（物質層）
- 受——謂對境領納事物（記憶）
- 想——謂對境想像事物（想像）
- 行——謂對境起貪嗔痴之善惡諸行（意念心行）
- 識——謂對境了別以識知事物（意識活動）——心王

（受、想、行——心能；心能、心王——心（精神層））

由五蘊開為十八界
- 六根（眼耳鼻舌身意）——感覺器官
- 六塵（色聲香味觸法）——六境
- 六識（眼耳鼻舌身意）——感覺作用

（又有界內界外「三界」，見第四章之末。）

第二節　大乘佛學三系

部派佛教，四分五裂，漸漸失去原始佛教的精神，於是在小乘的「經、律、論」三藏之外，陸續有大乘經典之出現。

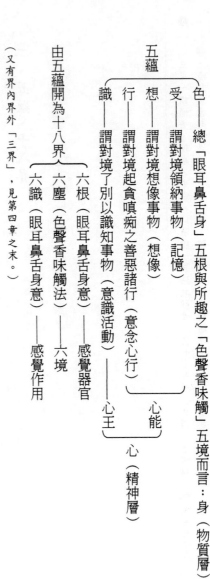

大乘經典在根本思想上不外三系。印順法師判為「性空唯名、虛妄唯識、真常唯心」，實即「般若學、阿賴耶緣起、如來藏緣起」之三系也。

首先消化般若系經典之思想的，是南印度之龍樹（西元二、三世紀之間，當東漢末年）。繼之而消化唯識系經典的是彌勒（西元三、四世紀之間）。而奠定此系之思想規模的是無著、世親兄弟（西元四世紀後半，東晉後期，略與鳩摩羅什同時，無著或稍前）。至於真常系之經典，印度缺乏大論師加以發揮，傳到中國始發生大影響。

一、般若系

龍樹之般若學，宗《大般若經》，他作《大智度論》以釋經（故稱釋論）。又另作《中論》（中論代表龍樹之系統性格與宗旨，故稱宗論）以及《十二門論》（自觀因緣門至觀生門）、《百論》（共一百偈，故名），在中國稱為「三論宗」，亦稱「空宗」❷，此宗思想可從兩方面說——

㈠從客觀方面說：

(1)緣起性空——一切法皆因緣生，由諸條件之和合而現起，故一切法皆無獨立不變之真實性，此即所謂無自性。無自性故當體即空，此是套套邏輯地分析的（tautologically analytic）。所謂自身相含，緣起即含性空，性空由於緣起。「空」不但是遮詮字，亦是抒意字（抒因緣生之意）。

(2)空與有——「空」是一切法之本性、實相。但此只是對「計執一切法皆有獨立之實在

---

❷「空」是通義、共法，不應局限於某一宗派，故「空宗」之名，並非妥當。

性」之否定，卻並不意謂一切法不存在或無（佛教空法性而不空緣起法，對「假名有」還是方便認取的）。就一切法之本性去看，說空；就一切法之現象去看，則說有。此「有」乃因緣所生，只是如幻如化之有，而非實有。

(3)假名有與畢竟空——佛陀為教化眾生，有種種名（就法而立名），但這只是假施設，故為假名或假名有，此是就一切法之為「事」而說。若就一切法之為「理」而說，則因無自性，故畢竟是空。畢竟空（理）與假名有（事）相即不離，如如朗現；不落兩邊而如實明了之，即是中道。故《中論》有一偈云：

> 因緣所生法，我說即是空，亦為是假名，亦是中道義。

(二)從主觀方面說：

(1)般若是特殊之心能——般若學肯定有情生命能轉出一特殊的心能，是即般若智。般若智能就「幻有」（法）而證顯「真空」（性）。

(2)以般若觀實相——因緣所生之一切法，在般若智之照了下，是以真實面目（實相）而呈現的，此真實面目即是空。「般若」（主）與「實相」（客）相應如如，故名「實相般若」。

(3)主客空有之消融——如此一來，主客觀之分別對立，乃在此智證之中而得其消融。此便是龍樹思想之中心要旨。其他種種說法，皆由此引申而出。譬如「八不中道」：

> 不生亦不滅，不常亦不斷，不一亦不異，不來亦不去。

此表示「生、滅、常、斷、一、異、來、去」皆無自性，皆無獨立之意義。八不，不過描述「緣生無性」（緣生法、無自性）而已。

綜觀此系經論之一大特色，可知其對一切法之根源，並無有一存有論之說明，而只就著一切法而敞開地說緣起，再就般若智之「蕩相遣執」以通達此緣起法之空性。而空與般若，實為一切大小乘佛學之通義、共法。❸故般若學實不具備一特殊之系統性格。（若視之為一系，亦是「無系統相」的系統。）

〔按〕：一切皆緣起（幻現），一切皆如。此乃佛教最高之智慧。如相實相，實相無相，是謂如相。呂秋一居士謂佛家之「空性、如、真如」，乃是虛的共相，不是本體。此言助人省思。

另如「悲心」、「如來藏心」，此所謂「心」，實與儒家言「仁心」、「本心」不同。佛家言「悲心」，只是應「無常、苦、空」而發，是作用地顯示，而並非實體心性。佛說「如來藏」，乃為接引外道（言梵天、梵我）之怕說「無我」者而施設之權機方便。所謂「如來藏自性清淨心」，只是修行呈現之境界（證空如），並非預設一實體性之真心以為本體。

---

❸「般若」行於一切大小乘，故是通義、共法。天臺宗所謂有「共般若」（共大小乘）與「不共般若」（大乘專有），此一說法，宜當修正，般若不容有二也。

它不同於儒家從道德意識入，而是從苦業意識入。它是智心照了，而不是仁心成就。故「證如不證悲」❹。

二、唯識系

唯識系宗《解深密經》、《密嚴經》。此是由彌勒開其端。但就其《大乘莊嚴經頌》、《辨中邊頌》看，除了唯妄識，亦有唯真心之傾向。而且虛妄唯識的思想規模，實由無著（約與鳩摩羅什同時）正式確立。其主要論著有《攝大乘論》以及《顯揚聖教論》、《大乘阿毗達摩集論》。其弟世親（少於無著二十歲）的主要論著是《十地經論》（解釋華嚴十地品）、《唯識三十頌》、《佛性論》、《辨中邊論》、《攝大乘論釋》。

此系之主要思想，是建立一切法唯識。在「六識」（眼、耳、鼻、舌、身、意）之外，增加第七末那識，第八阿賴耶識。尤其是第八識為主體，而展開其對現象世界之解釋。一切法皆統攝於此虛妄之識，由此識而變現了虛妄世間（一切唯識所變）。一切法可分為染淨兩面去說。阿賴耶識直接地統攝染法，間接地經由正聞熏習而統攝淨法。

《攝大乘論》引《阿毗達摩大乘經》之偈云：

無始時來界，一切法等依，由此有諸趣，及涅槃證得。

此中之「界」，即指一切法共同依止的阿賴耶識（藏識）。「等依」謂平等共同之依止。

「諸趣」指流轉（含六道輪迴），「涅槃」謂還滅。六道眾生之生死流轉，可由此識而直接說明。而涅槃解脫道亦可以此識為中心而間接證得。而其所以為間接，是因為藏識屬妄心，與涅槃淨不同質，故須轉識成智❺而後乃可直接地說涅槃證得。但無論如何，總是以此識為中心而說出去，一切法皆是識所變現，此表示對一切法有了一根源之說明。是即所謂「阿賴耶緣起」之系統。（阿賴耶識，「無覆無記」，無覆、謂對染淨中立。無記、謂對善惡中立。）

唯此系在「轉識成智」之理論上有困難（參見本卷第四章起信論一節）。同時，其種姓決定論❻，亦與「一切眾生皆可成佛」之教義違異不合。

---

❹「證如不證悲」，乃牟宗三先生語。另有一言判耶教曰「證所不證能」。「所」指上帝、天主，「能」就人方面說。人有原罪，不能自救，有待上帝降恩拯救。所以耶教所證成者在「所」一面，對「能」一面則無積極之論證。

❺所謂「轉識成智」略如表：

轉前五識為「成所作智」 轉第六識為「妙觀察智」（見差別） 轉第七識為「平等性智」（見普遍） 轉第八識為「大圓鏡智」	前七識為「轉識」，第八識名為「本識」，又名「藏識」（攝藏、隱藏、執藏）。

❻所謂「五種姓」，一為聲聞種姓，一為觸覺種姓（阿羅漢），一為菩薩種姓，一為不定種姓，一為無性有情（指「一闡提」（音譯）、斷善根者），永不能成佛。

三、眞常系

真常系之經典，如《華嚴經》、《法華經》、《大般若涅槃經》、《大方等如來藏經》、《勝鬘夫人經》等，其思想之發揮，在印度並無著名之論典，傳到中國乃開出「天臺、華嚴、禪」三宗。此諸經所透顯的主要思想，如——

㈠《法華經》一乘（佛乘）之觀念，乃反對唯識學之三乘（聲聞、緣覺、菩薩）而發。三乘乃引導眾生之方便說法，故非究竟。

㈡「如來藏自性清淨心」與「佛性」之觀念，此是成佛之超越根據。佛性問題，在中國論者甚多[7]在印度，則只在《涅槃經》有詳細之論辯。此不空之如來藏心（真常心）與佛性，乃針對般若學之專言「空」而發（以表示只空法性，不空真常）。

㈢「法身」之觀念，《涅槃經》言「常樂我淨」。我者佛義，常者法身義（非生滅身），樂者涅槃義，淨者法義。就隱而不顯的超越主體說，是不生不滅的清淨心與佛性；就主體性之全幅彰顯與完成而言，即是法身。

㈣《華嚴經》言「佛境界」與「法界」之觀念。一切境界皆不能外於「佛境界」，故佛境界能對一切法各予安立（一起登法界），此境界乃主體最高自由之境界（乃隨時可呈現者），故不能對象化（客化）。「法界」包羅一切真妄染淨諸法，故各層次之各種法，皆可視為屬於一總領域（佛境界）。

以上四點，皆在闡發真常之思想，屬於「如來藏緣起」系統。它攝歸於真常之心性上說一切法，而其說明之方式，即由此真常心性直接地開展出一切涅槃無為清淨法。至於虛妄世間法，即歸因於此主體之迷蔽或在纏去說明。又因其著重於自力解脫，故為中國人所喜。以上已略說佛教之教義。此下當分章略述佛教在中國之傳衍，以及佛學在中國之新開展。

❼ 綜而言之，「佛性觀念」，可分為——

(1)「佛格佛性」（果佛性）——佛之性格、體段（從樣子、法相莊嚴去了解）。眾生皆是一潛在的佛，故曰如來藏（如來，佛名。藏、謂無盡、無數）。

(2)因性佛性（三因佛性）——佛之性能（成佛所以可能的超越根據），從果地轉到因地上說佛性。（參下第四章第一節、竺道生與涅槃佛性。）

第三章　佛教在中國的傳衍（上）

第一節　佛教東傳的初期概況

佛教傳入中國，是通過西域諸國而流入內地。在東漢明帝時（西元五八—七五年）獲准在洛陽建佛寺，但直到桓帝（西元一四七—一六七年）在宮中祀「浮圖老子」以求福，仍然只作神仙方術看，而不知佛教之教義。

唯桓帝之時，亦已有安息人（即古波斯，時，尚無回教）安世高在洛陽譯述小乘上座部經典。而桓帝之末，又有西域月支人支婁迦讖首先譯「般若道行品、首楞嚴、般舟三昧」等般若系之經典，是為大乘經傳入中國之始。

三國時，魏與吳皆有佛教之流行。支讖之再傳弟子支謙入吳，譯經三十部（約在西元二二三—二五二年）。又有康僧會，康居國人。世居天竺，後移交趾，再至建康（此為自南路入中國之第一人），譯有「六度集經」等。魏晉間有朱士行入西域，取梵本般若經回，乃中國西行求經之始。（直抵天竺者，則以東晉法顯為第一人。）

西晉時，有竺法護，本月支人，世居敦煌，因從師為竺姓，後至長安，又至洛陽，前後四十年，譯經甚多。有「光讚（大品）般若、維摩經、正法華經、華嚴十地品」等大乘經，又譯小乘經多種。另有帛遠（字法祖，中國人）與竺法蘭等在北方講般若，然撰述甚少。

初期佛教之流傳，大抵「宗教重於學術，信仰重於理智」（印順法師語），尚未進到佛學之階段。

第二節　釋道安與六家七宗

西晉亡，中國分裂，南方是東晉，北方是五胡十六國。佛教在北方以般若學為主流。其最重要的人物，先為釋道安，後為鳩摩羅什。

道安（西元三一二—三八五年。三一七年東晉始，三八三年淝水之戰）首先以釋為姓，其學以般若為主，又倡導靜慮、靜定之禪定工夫，整理戒律，注釋經論。他是佛圖澄之弟子，澄善誦神咒，嘗顯神異以感化石勒石虎。而道安「無變化伎術以惑常人之耳目，無重威大勢以整群小之參差，而師徒肅肅，自相尊敬。」（引自印順法師《中國佛教史略》，實乃習鑿齒與謝安書信中語。有此肅肅自重之師徒，故佛教終能大行於中土。有真人而後有真事，信然。）中年時，道安在荊襄分張徒眾，往各地弘化。晚年，在長安譯經❶。是中國佛教史上極為重要之人物。

佛教傳入中國，最初只依附神仙方伎，活動於宮廷民間，至魏晉玄學興起，成為接引佛教教理之津梁。佛學乃漸次進入中國士人之心靈。於是出現「格義」，以中國之思想（老莊易理）比擬配合，以說般若性空之義。道安早歲亦用格義。中歲以後，謂「先舊格義，於理（佛理）多違」，棄而不用。然「六家七宗」之中仍有道安。茲略作介述：

(一)本無宗——以道安為主。謂「無在萬化之前，空為眾形之始」（有生於無，幻起為有）。以為「人之所滯（執著），滯在末有（現象）」，若託心本無（緣起性空），則異想（隨現象而起之意念）便息」。「一切諸法，本性空寂（法性空），故云本無」。其說大體以「無」與「空」為同一事。

(二)本無異宗——以竺法深（琛）為主。謂「從無出有，即無在有先，有在無後，故稱本無」。「豁然無形，而萬物由之而生也。有雖可生，而無能生萬物。故佛答梵志，四大從空而生」。此宗與本無宗共為一家。

(三)即色宗——以支道林（名遁，西元三一四—三六六年）為主。支著即色遊玄論，以為「色不自色（色法無自性），雖色亦空（法性空），即色是空，非色滅空。」意謂一切現象皆無實在性，色即是空，不待色滅而後為空。（空是色法之性，實相妙色，妙色無色，畢竟空。）另有「但空粗色，不空細色」之說，有小乘論之傾向，蓋小乘教中之異說也。

(四)識含宗——以于法開為主。謂「三界長夜之宅（住即執著），心識（流轉活動）為大夢

---

❶ 符秦後期，兵掠荊襄，道安被迫至長安。

之主（變幻無常，心識為之主），今之所見群有（萬勿現象），皆於夢中（幻化）所見。其於大夢既覺，長夜獲曉，則倒惑滅識，三界❷都空。是時無所從生，而靡所不生（無生之生）。」此宗受早期（無著、世親之前）識變觀念之影響，有唯識學之傾向。與般若性空之義不相應。

(五)幻化宗——以釋道壹為主。謂「世諦之法，皆如幻化，是故經云，從本以來，未始有也」。此宗以一切現象為幻化，唯「心神猶不空」（在起作用），故可修道、隔凡、成聖（成菩薩、成道）。

(六)心無宗——以支愍度、竺法溫為主。法溫謂「有、有形也，無、無像也。有形不可無，無像不可有」。「無心於萬物（心不涉萬物），萬物未嘗無（法是有、假有）。經中說諸法空者，欲令人心體虛妄不執（不執虛妄以為有），故言無耳」。此是就禪定一面說空（無心於萬物），以為空只是一境界，而不涉對象，所謂「內止其心（心無），不空外色（色法非無）」是也。

《世說新語》謂支愍度與傖道人（修道之僧人，非指道士）渡江時，「共立心無義」。依劉孝標注：「種智（觀法之智）之體（以無為體），豁如太虛，虛而能如（虛靈知覺），無而能應（無而能應，有則相抵觸，不能應矣），居宗之極，其唯無乎」。其論似道家。此宗當以竺法溫之說為主。

(七)緣會宗——以于道邃為主，謂「緣會故有（因緣和合），名為世諦，緣散故無，稱第一義諦。」此是以緣會解釋萬法皆空。但只重在說現象之空（色法空、析法空），與般若性空

（法性空、體法空）尚有間。

以上六家七宗，大體以玄學、形上學之觀念，說般若性空之教。此種初期試探之說，只有過渡之歷史意義，並無本質之義理價值。雖名為宗，實則不成其為宗派。

第三節　鳩摩羅什與肇論大意

鳩摩羅什❸，祖籍天竺，其父移居龜茲。羅什幼習小乘，在沙勒遇大乘僧，受般若學。四十許至涼州（武威），居十七年，於西元四〇一年至姚秦（其前身為符秦）京師長安，西元四一三年卒，年七十一。（卒後七年，南朝劉宋開始，又十九年，北魏統一北方。）

羅什在長安廣譯經論，最重要者，經有大小品般若、金剛波若、法華、維摩、首楞嚴等。論有大智度論、中論、十二門論、百論、成實論等。又經十餘年之講論，使般若性空之真義大顯於世。故佛學在中國之正式弘揚，當自鳩摩羅什始。

羅什門人甚多，最傑出者為僧肇（西元三八四—四一四年），京兆人，後羅什一年卒，年

---

❷ 三界，謂：⑴欲界（心理欲望領域）。⑵色界（物質領域）。⑶無色界（心識領域）。不復見色（受、想、行、識，四無色）——所謂三界之分，並非事實上的截然之分，乃人生境界之分。

❸ 據鳩摩羅什之師承，應為龍樹之五傳弟子：龍樹——提婆——羅睺羅——賓迦羅——須利耶——羅什。

三十一。（與二十四歲卒之王弼，同為天才型之人物。）

僧肇所作「物不遷論、不真空論、般若無知論」，世稱肇論。（另有涅槃無名論，似係偽託）。羅什見其般若無知論，曰：「吾解不謝子，辭當相揖耳。」肇論說理極精熟，尤顯「文妙」。然就實義看，則只是幾個基本觀念之反覆引申。

(一)「**物不遷論**」：

其主旨在說明萬法無來去無動靜（去來動靜，只是假相，與八不中道（不常不斷、不去不來）意同）。

(1)「必求靜於諸動，故雖動而常靜；不釋動以求靜，故雖靜而不離動。」此數句乃謂靜於動中求，即動以求靜。

(2)「雖靜而常往，故往而弗遷；（止而無止，靜而無靜，無遷流。）雖往而常靜，故靜而弗留。（往而無往，動而無動，非定止。）」

總之，即動即靜（非動非靜），實無遷流（遷流乃假相）。然其意不在證明事物之「常」，而在破除往來變化之觀念（不從正面表，乃從負面遮）。時空變化與動靜本身，皆非實有（乃假有），由此反顯法性真如實無生滅來去可說。

唯其論證，是將時間拆成「今、昔」二態，又將「物」（空間之物類）與「今、昔」二態關聯在一起以辯說不往不來。既已落於時（今昔）空（物類），則有來往動靜，就此說不來不往，必顯詭辯相。

實則，依「緣起性空」之義，即可證成「不遷」之意（法性（空）不遷流）。由因緣生起，即可直接分析出定相不可得，只是如幻如化，當體即空。要說法有來去，有動靜，亦只是如幻的來去動靜。看似決定的去來相、動靜相（幻起之相），只是由於不了悟一切法是因緣生而幻起的執著而已。執著的假相非真，故說「物不遷」（觀空破執）。

按：儒者談玄，可免詭辯相。如周濂溪言「物」與「神」之動靜云：「動而無靜，靜而無動，物也。動而無動，靜而無靜，神也。動而無動，靜而無靜，非不動不靜也。物則不通，神妙萬物。」周子之說，義理層次，何等分明；文字表達，何等平實而明確。

(二)「不真空論」：

此論以「不真」界定「空」。「空」即是「不真」，此亦《中論》「因緣所生法，我說即是空」。凡因緣生，即無自性，無自性則法空。

「不真空論」中有「緣起故不無，待緣而後有」之句，不無，故有（假有）。「而後有」亦指幻相之假有。這二句是要詮表緣起性空之義，顯示「空」非「無」義，亦非「有」義。（空，非無非有。格義時期，以無為空，乃不究竟者。）蓋一切法依因待緣而起現，既起現則並非「無」而是「有」。但依因待緣而起現的「有」，是無自性而當體即空的❹，故此有並

❹ 緣起法，無自性，自性空，自性空即法性空，是謂當體即空。若只從「心、物」說空，則仍屬「偏空」（觀空而不開假，如小乘）或「執空」（執空之過與執有等，知其一不知其二故也）。

非實有，只是如幻有，所以說為「不真」。

此如幻而不真的一切法，《中論》名為「假名有」，假名非實，當體即空，故僧肇以「不真空」為論題。此論與「物不遷論」，皆發揮般若學緣起性空之義。二文只是一義之展轉引申。（不真故為空，性空故不遷。）

㈢「般若無知論」：

此論另起一義。蓋般若學在客觀方面所肯定的中心論旨是「緣起性空」，而「般若智」則是在主觀方面所肯定的一種特殊之心能，是佛菩薩透過實踐的進路，所呈現的殊勝之智慧。

般若智不同於一般認知的主體。主客對列的認知活動，乃雙方互為限制者，故有滯執。有滯執故為惑取之知。而般若智則「虛不失照」，「照不失虛」。般若有虛的體性，有照的功能作用。而其照不著於物，不滯執於物，故照而不失其虛。而且其照又能就因緣所生的一切法，而證顯其實相（空）。

般若之知，無有知相，故曰「般若無知」（知而無知，無知之知）。僧肇之辯說，皆是分析地必然的。（本身自含，不假外求，故不是理論，而是引申）。由於義理精熟，故能反覆申說以成文。實則多說少說皆無所謂。（佛家多說，故侈大繁富。儒聖少說，故平實簡易。）要者能相應於大乘般若學之中心思想而著論。故羅什許為「中土解空第一」。

心能可從兩面說
- 智心
  - 知性主體——主客對列、認知活動
  - 超知性層
    - 道心、玄智
    - 般若、空智
- 仁心——道德主體——德性之知、性智(良知良能)

第四節　北方四宗略說

僧肇後羅什一年(西元四一四年)卒。西元四三九年北魏統一北方(南方則劉宋已開國二十年)。西元四四六年，北魏太武帝毀佛。故自什肇之後，北方之般若學實已日漸衰落。然自北魏至北周亡於隋(西元五八一年)，此數十年間，北方仍有佛教各宗派之流行。其重要者有四宗。

南北朝隋唐之分合及其年代，特以表式列述如下：

- 西晉
  - 西晉末——東晉(三一三)——南朝(宋)(四二〇)——齊(四八三)——梁(五〇二)——陳(五五三)
  - 五胡十六國……北朝(魏)
    - 東魏(五三四)——北齊(五五〇)
    - 西魏(五三四)——北周(五五七)
- 北周、北齊、陳——隋(五八九)——唐(六一八)

㈠**「毗曇宗」**：

阿毗曇或阿毗達摩，本指論藏，而六朝時則專指小乘一切有部之學。簡稱毗曇。此宗最有成就者是慧嵩與志念師徒。（慧嵩，高昌國人，早年來中國，晚年居彭城，卒於北齊之時。）志念卒於隋煬帝時（西元六〇八年），其弟子慧休為玄奘之師（玄奘之師不止一二位）。

此宗之主要教義，是宣說一切法皆有自性，可視為唯識妙有（變現現象）之前身，一切法因緣生，但既經呈現，即皆有一定之體性（指形成物類之質素，相當於結構之性）。故北齊慧遠又名之為「立性宗」。（慧遠，南道地論師慧光之再傳弟子，卒於隋開皇十二年，西元五九二年。）

㈡**「成實宗」**：

羅什譯《成實論》，是為利便初學。其門下僧嵩、僧導、道猛等大加弘揚，齊梁之時遂風行大江南北，竟掩蓋般若三論之旨。

弘「成實」之學者，最初亦兼弘三論，後來偏弘成實，又與法華（如言真俗二諦相即）、涅槃（如眾生有佛性）合流，乃成所謂成實大乘師。

實即——

⑴成實雖反毗曇之一切有（一切法有自性）而言我法二空，然未能即就諸法而言當體即空。此則未能捨小入大。

⑵其言真俗二諦相即，其相即究竟為一體或異體，成實學者亦有異說（綱宗不明，故生異說）故成實論乃一過渡性之思想，對真空與妙有皆無究竟解說。（對真空方面只言我法二空，未

言法性空。對妙有方面，未能從空入中道。在佛教思想上只有歷史之意義，本質之意義不夠。）

後來，重整三論宗之吉藏大師對成實宗嚴加貶斥，又經天臺智者之融攝（如真俗二諦相即，天臺亦言之），此宗遂衰落無聞。唯其義旨略近三論，能破「自性」見，故北齊慧遠又名之曰「破性宗」。

㈢**「般若宗」**：

般若之學，自羅什僧肇之後，在北方日漸衰微。北齊慧遠乃地論涅槃一系之僧徒，故以為般若言空，不如真常（圓實）之義。所謂「雖說無相（空），未顯法實（真）」。故名般若學為「破相宗」（破緣起假相）。

㈣**「地論宗」**：

慧遠心目中之「顯實宗」，是以地論宗為本，南道地論言「真性緣起」（真性亦是真心，如來藏心、如來藏性），以為生死（流轉）涅槃（還滅）出於同一真心，有似於起信論之一心（如來藏心）開二門（生滅門與真如門）。

所謂「地論」，即世親（天親）之《十地經論》，本為解釋《華嚴經》十地品之作，代表世親早年之思想。世親之成熟思想是虛妄唯識，其路數是「妄心為主，正聞熏習是客（客，謂乃外緣，非內因）。但《十地經論》卻有導至自性清淨心之傾向。

西元五〇八年，印度僧人菩提流支（北道）與勒那摩提（南道）在洛陽譯出地論，但二人議論卻不相合。至流支弟子道寵與摩提弟子慧光，遂各立宗派，道寵一派稱相州北道，慧光一派稱相州南道。

兩派爭論之焦點，是阿賴耶識之真妄問題。

(1)南道派以阿賴耶識為真，認為阿賴耶識能生一切法，即是（等於）真如法性生一切法。

(2)北道派則以阿賴耶識有真妄二義，一切法從阿賴耶識生，而阿賴耶識是真妄和合的，此則走向「真心為主，虛妄熏習是客」的路數。

北道派之說，與後來攝論師真諦之說相近。但北道之地論師說阿賴耶通真妄，而重在說真。攝論師亦主阿賴耶通真妄，而重在說妄。賴耶既為妄，故真諦又另立第九「阿摩羅識」為真。

至於後來智者、吉藏指地論師以阿賴耶為真淨，大抵是指南道派而言（因北道派不盛，未引起注意）。但無論南道北道，皆盛弘真常唯心之學，而成為北方佛學之主流。

當時除地論師外，真常系之經典如「華嚴、涅槃、勝鬘、法華」等，亦先後譯出而廣為講論。另有菩提達摩之南天竺一乘宗（一乘即第一義乘，又稱佛乘），亦倡真常唯心（楞伽印心）之說。

地論師＜
南道——以阿賴耶為真
北道——以阿賴耶通真妄，但重在說真
＞為中國真常唯心之濫觴

攝論師——以阿賴耶通真妄，但重在說妄，故真諦另立第九識為真心。

第四章　佛教在中國的傳衍（下）

第一節　東晉慧遠之佛教運動

晉室南渡，名士巨族亦隨之過江。雖經喪亂，而玄談之習依舊，故東晉之玄風依然不衰。（但玄學卻無有成績）而南方之僧徒，亦多與玄談之士交往，比附道家之玄理以立論，如支道林即其最著者。此類弘法之僧人（帶名士氣），並不真能契合印度佛學之旨。

東晉一代最有代表性的佛教人物，當推釋慧遠（西元三三四—四一六年。四二〇年東晉亡）。慧遠二十餘歲從道安出家於恆山，三六五年至襄陽，三七八年辭別道安東下至廬山，數年後建東林寺，三十餘年，影不出廬山。八十三歲卒於東林寺。

慧遠之貢獻在推行佛教運動，而不在理論之建立。他承道安之學，自以般若教為本。但並不固執宗派立場。對於佛教各支之活動，皆予支持鼓勵，如僧伽提婆講小乘阿毗曇，至廬山，慧遠即請他譯「阿毗曇心論」。又邀請受羅什一系排擠之覺賢，來廬山譯出禪經與華嚴經。

此外，他對禪法、阿彌淨土、念佛❶亦極力提倡，又遣弟子西行求經。其一生之表現及其所以自處，實非一宗之論師，而是佛教運動之領袖。（他繼承道安重戒律之教，門風精嚴，蔚為世望。故桓玄沙汰（整理淘汰）沙門，亦謂「廬山道德所居，不在搜簡之列」。唐人有詩云：「咫尺愁風雨，匡廬不可登，祇疑雲霧窟，猶有六朝僧。」廬山高僧，人所景仰，數百年後，猶令人想望不置云。）

第二節　竺道生與涅槃佛性

竺道生，彭城魏氏子，幼從竺法汰出家。道生生年無考，約在西元三六〇年前後，卒時（西元四三四年），較慧遠晚十八年，時當劉宋之時。

道生三十餘往廬山從提婆習小乘，及聞羅什至長安，乃與慧叡、慧嚴、慧觀等前往從學。不數年（西元四〇六年頃）退席南返，止廬山。四〇九年又東下建業。四一七年頃，法顯攜來六卷泥洹譯出。道生「孤明先發」，悟佛性義，乃據經意宣說一切眾生皆有佛性，一闡提（斷善根者）皆可成佛。但經無明文，引起軒然大波。

「守舊學者以為邪說，譏憤滋甚，遂顯大眾，擯而遣之。」道生於大眾前正容誓曰：「若我所說反於經義者，請於現身表為厲疾。若於實相不相違背者，願捨壽據獅子座。」言罷竟拂衣而去。初投虎丘，所謂「生公說法，頑石點頭」，即此時事。

西元四二八年左右居廬山，創立涅槃宗。時四十卷《大涅槃經》在涼州譯出，四三〇年傳至建業，證明道生所說符合經文❷。眾復推崇，譽為「涅槃之聖」。四三四年在廬山精舍升講座，忽見麈尾紛然而墜，端坐正容隱几而卒，完成「據獅子座」之願言，年約七十餘。

道生思想之主要論點：

㈠佛性我——

道生《維摩經注》云：「無我，本無生死中我，非不有佛性我也。」是以佛性我為真我，表示主體性。

佛性我之意指，可歸結如下：

⑴一切眾生皆有佛性，即是我義（如來藏義）。隨系統之不同，如來藏義亦有不同。

⑵佛性，即一切諸佛阿耨多羅（無上）三藐三菩提（正等正覺）中道種子。

⑶佛性者為第一義空（中道空、勝義空），中道即是佛性。

⑷大慈大悲、大善大捨、大信心、一子地（對眾生一體相看，如同一子）、第四力（照察眾

此三者皆《涅槃經》中正式所說之佛性義。

---

❶ 佛教淨土宗，推慧遠為初祖，禪宗衰後，佛寺普遍都是「禪淨雙修」。倡淨土者謂曰：「念念佛來接引，念念我願往生，人能心念佛土，則識變境遷，業盡情空，能所兩忘，心佛一如，」最後，無心無佛、唯是淨境樂土——當下即是淨土，並非離此世界而別有淨土也。

❷ 《大涅槃經》卷八：「我者，即如來藏義；一切眾生悉有佛性，即是我義。」

生根器之力、十力之二）、四無礙智（辯、辭、義、理，皆無礙）。頂三昧（頂高之三昧）再加上四無所畏、大悲三念處（譽我、毀我、半譽半毀，我皆不動心）、一切覺，凡此皆佛性義。

(5)十二因緣是佛性，眾生是佛性，六法（色、受、想、行、識、我）為佛性。

(二)法身無色——

《維摩經注》：「若有人佛者，便應從四大起而有者，是生死人也，佛不然也（佛超脫生死）。」其意以「佛」乃一理境，而非「人」，人是經驗之對象，故「人佛」之觀念不能成立。法身非色身，「佛」亦非釋迦其人。凡對佛所用之一切雜有經驗詞義或時空詞義之描述，皆非究竟真實。

由此乃又有「佛無淨土」之論（其文不傳）。意謂「國土」之詞義，屬於「有」之範圍，「有」表迷惑，不得為淨。唯有覺解，方得為無為淨。所謂淨土，只是方便權說。此自顯道生之慧解。然涅槃經中謂「法身有妙色」，如此，則「法身無色」之說，亦與教義有不合也。（唯若說妙色無色，則道生之說「法身無色」仍可通耳。）

(三)闡提有佛性——

六卷泥洹無「一闡提有佛性」之義，道生據理推之，以為「闡提是含生之類，何得獨無佛性？蓋此經有未盡耳」。此即所謂「孤明先發」也。從此講論涅槃佛性者風靡一時，而有種種說法。直到智者大師消化涅槃經之思想，而提出「三因佛性」，各種爭議始告結束。

（按：三因佛性分正因、緣因、了因。正因佛性是法佛性，即客觀地說的主體佛性。緣因、了因佛性是覺佛性，亦即主觀地說的主體佛性。）

(四)頓悟——

慧達肇論疏言及道生之「頓悟」義，「夫稱頓者，明理不可分（不可分段了解），悟、語極照（謂無所不照，明通透徹），以不二之悟（一悟全悟），符不分之理。（是謂頓悟）……見解名悟，聞解名信。信解非真，悟發信謝。」（重悟不重信，禪宗亦然。）理不可分，悟亦不二。信解乃悟以前事，非真悟。

其意蓋謂修有階段，故修必漸；悟無階段，故悟必頓。（明通一切，照了究竟，而後方可說悟。不是先悟一部分，再悟一部分，故必須「頓」。）

對頓悟義，謝靈運作「辨宗論」力加支持。然其說不脫「格義」，又強拉扯儒佛，並非精嚴之作。

道生又有「善不受報」之說，其詳不確知。蓋謂戀生而生不絕，故在生死輪迴之中。不主善惡，無心應物，不戀生，不惡死，亦不分別生死，則可不受輪迴報應。

第三節　三論宗之復興與嘉祥吉藏

南朝佛學，涅槃宗於劉宋時繼般若而興，至於齊、梁，自北南來之成實論合涅槃而盛行。再至於陳，三論奪成論之席，陳隋之間而有天臺興起。茲先略述三論宗之復興。

先是高麗僧朗，有得於關河古義（長安什肇之學），於齊末入南吳，止攝山。僧朗傳僧詮，詮傳法朗。法朗於陳時（西元五五八年）入都（建業），勅居興皇寺，盛弘三論般若，表彰關河古義，門徒甚盛，遠布荊襄巴蜀。門人嘉祥吉藏（西元五四九—六二三年），本安息人，少從興皇法朗出家，善承其學。陳亡，避地會稽嘉祥寺，隋文開皇末（西元六〇〇年）詔居揚州慧日道場，又北遊洛陽長安，隋煬唐高，皆加優禮。卒於武德六年。

吉藏以發揚關河古義，紹繼山門正統為己任（僧朗住攝山，傳至法朗，大弘三論，其學稱山門義）。學識博洽，號稱「文海」。著作甚多，有《中觀論疏》、《三論玄義》、《大乘玄論》等，是三論宗集大成者。但其學後繼無人，著作亦散佚，直至清末始由日本傳回，國人乃能得其思想之要旨。吉藏較明顯之主張，如：

㈠二諦是教，不二是理——

真俗二諦乃如來為化度眾生而說（如來，佛法身之名號），故為教（方便說法）。但既為真俗二諦，實意是表不二之道（真俗不二），故不二是理。

㈡「於諦」之說——

所謂「於諦」，是分別「於凡、於聖」。於凡、以俗諦為諦；於聖、以真諦為諦。聖（佛菩薩）心中初無俗諦，凡心亦不知真諦。故俗諦於凡為實，真諦於聖為實。二諦之說，乃聖心見真諦後，更欲化度眾生而方便建立。故二諦法亦名「教諦」（為教化而立）。

㈢四重二諦——

(1)第一重，對阿毗曇（小乘）立「實有、實無」二諦而發，以明「有」為俗諦，「無」為真諦。

(2)第二重，對成論師（由小入大）立「假有、假空」而發，以明「空、有」皆俗諦，「非空有」方為真諦。（以「非」字表般若蕩相遣執之精神，所謂詭辭為用是也。下同。）

(3)第三重，對大乘師立「分別空有二諦為俗，空有不二為真」而發，以明「二、不二」皆俗諦，「非二、非不二」方為真諦。

(4)第四重，對大乘師立「三性（安立三性）為俗諦，三無性非安立諦為真諦」而發（按：三性：遍計執性、依他起性、圓成實性（又名真實性）。三無性：相無性（我、法無體性）、生無性（緣生無性）、勝義無性（入妙無性）。），以明「安立諦、非安立諦」皆俗諦，「言亡慮絕」（言語道斷，思慮泯息）方為真諦。

如再簡化，「四重二諦」可表如下：

(1)有為俗諦，無為真諦。

(2)空有皆俗，非空有為真。

(3)空有二不二皆俗，非二非不二為真。

(4)安立、非安立皆俗，言亡慮絕方為真。

吉藏的思想，大體是羅什所傳般若之舊，本質上並無改變，但憑其玄思，發為玄論，使三論思想更為豐富多采，在佛學史上自有不磨之功。

第四節　攝論與攝論師真諦三藏

一、眞諦之生平

攝論即無著所造之《攝大乘論》，乃虛妄唯識之典型作品。印度僧人真諦三藏於梁武帝末年（六世紀中葉）先至南海，二年後抵建業（西元五四八年，時五十歲），前後譯唯識系之經典甚多，五六三年譯出《攝大乘論》，五六九年卒於南海。（二十年後，隋統一天下。）真諦在中國二十餘年，展轉南京、江西、廣東各地。時南方三論宗盛行，故其學「終歷陳朝，通傳無地」。梁陳之時，北方地論宗大盛，及南道慧光弟子曇遷、靖嵩南來，見攝論師之學可補地論師之所未知，乃大加宣揚，轉弘北方，至隋初成為顯學，而曇遷遂成為攝論宗之主要人物。

二、眞諦思想與攝論

唯真諦之思想，實與無著之攝論有距離：

(1)攝論之思想，是「妄心為主，正聞熏習是客」，而攝論師真諦卻引之走向真心。他譯「無著造、世親釋」之攝論時，加入自己之思想而有所增益。此自翻譯言為不忠實。

(2)他對作為「界」的阿賴耶識（虛妄為性）增加「以解為性」的解釋，而成為「解性賴耶」。接著又說「此界有五義」（按依唯識宗，「界」即指阿賴耶）：體類義、因義、生義、真實義、藏義。此皆隋代達摩笈多與唐代玄奘二譯所無之義。

(3)玄奘譯為「法身」者，真諦皆譯為「聖人依」，並說「聖人依者，正聞熏習與解性和合（轉客為主，轉妄為真，轉迷為解），以此為依，一切聖道皆依此生」。此則明顯地將真心思想注入攝論，轉變成如來藏真心系統。

三、解性賴耶與阿摩羅識

既將賴耶說為以「解」為性，則此解性賴耶的超越之性，而成為解脫成佛的超越根據。如此乃與「妄心為主，正聞熏習是客」之攝論思想，形成嚴重之衝突。而且凡說到「轉依」之處，真諦皆將之拆成「滅阿賴耶」以證「阿摩羅」（將解性賴耶升進為淨識）。於是「八識」轉為「九識」，並建立了第九阿摩羅識為真常無漏之識心（淨識）。此是真諦學最明顯的特色。（不滿阿賴耶緣起，趨於真心緣起。）

但立阿摩羅（淨識）為第九識，不免拖泥帶水，又不如直接講「自性清淨心」，所以真諦之九識義，只是過渡到起信論的方便之言。

第五節　真常心系的代表論典：起信論

《大乘起信論》標名為馬鳴造，真諦譯。印度無此書，後由玄奘倒譯為梵文。但如來藏心之思想，則已見於《勝鬘夫人經》、《楞伽經》、《密嚴經》。《起信論》很可能是以真諦為代表之攝論師與地論師合作而成。（其書出之時間不可考，大約在陳隋間，天臺智者未正視此書。）但即使是偽書（非馬鳴造，乃真諦與中國僧人所偽造），亦不影響它在中國佛學史上之地位。

(一)一心開二門——

《起信論》立論之主旨，是肯定一超越之真心，以為頓悟成佛所以可能的超越根據。此超越真心即名「眾生心」（人人皆有）。由眾生心開出「生滅」、「真如」二門（法門），是即所謂「一心開二門」。

(1)心生滅門，生死流轉地說明了一切虛妄污染法。

(2)心真如門，涅槃還滅地說明了一切清淨功德法。

但須知，一切清淨功德法，乃就著污染法之當體寂滅而朗現，並不是離開污染法而另有一套清淨功德法。所謂(a)不壞假名而說諸法實相；(b)不離煩惱而證菩提（進而說煩惱即菩提）；(c)即九法界而成佛；(d)蓮花不離污泥生；又如：不遠人以為道，即事以明道，亦是同類的道理。

(二)心真如與真如心——

此自性清淨的眾生心，乃是「心與真如理合一」的真心（唯識宗則只言真如理，不言真如心）。心即是真如，真如即是心，無二無別。

(1)依真如門，此真心一面是空，一面又是不空。「空」是顯示真心遠離妄念計執所起的一切差別相。「不空」是顯示真心法體恆常而又具足無量清淨功德法。此是依《勝鬘夫人經》「空如來藏」、「不空如來藏」而說。（按：空如來藏是分解地說；不空如來藏是圓融地說。如來藏空而不空。空差別相，不空清淨功德法。而此岸彼岸之分，亦只是方便說。）

(2)依生滅門，此真心忽然不覺而起念（妄念），即成阿賴耶識。但《起信論》以為，阿賴耶識「不生不滅與生滅合一，非一非異」❸。不生不滅是此識之超越的真實性（覺性），生滅即是此識之內在的現實性（虛妄性）。《起信論》所說的阿賴耶識既具此雙重性，故與無著世親正宗唯識學謂「賴耶是妄」不同。

(三)真心是生死依，亦是涅槃依——

一般雖以「阿賴耶緣起」與「如來藏緣起」對言，實則，生死流轉的直接因乃是阿賴耶，真心（藏心）只是憑依因。

(1)故「如來藏緣起」只是間接地緣起生死流轉法，由於「無明」之插入❹，真心忽然不覺，故有生死流轉，此即《勝鬘夫人經》所謂「不染而染」（由於忽然不覺）。

---

❸ 八不中道亦言：不一不異、不生不滅、不常不斷、不來不去。

❹ 《起信論》有「無明風動」之語。無明無根，因風而起（風止即無波浪，風平則浪亦靜）。何以會起風？因為有感性（私欲等）故。

(2)但真心之本性並不因此而改變，雖染而虛現為妄念，其自性恆清淨離染，此即《勝鬘夫人經》所謂「染而不染」。

「不染而染」，故有生死流轉；「染而不染」，故有涅槃還滅。（由此可見，《起信論》之思想，有經可為依據。而內學院方面罵起信論，實無道理。）以是，此真心一方面是生死依——間接地為流轉之憑依因；一方面又是涅槃依——直接地為無漏功德之生因（生起因），故一切法皆以真心為依止。

四阿賴耶之覺與不覺——

關於阿賴耶之覺性與不覺性，

(1)依《起信論》之說，離於念即是覺，在於念即是不覺。就覺性為真心所本有而言，說「本覺」；就眾生真性之始顯而言，說「始覺」。始覺有漸次（階段），故又分為「始覺、相似覺、隨分覺❺、究竟覺」。覺而透至心之本源的究竟覺（圓覺），即表示真心之真實性已在具體實踐中全幅朗現而無遺。但真正問題，是在如何由「不覺」而至「覺」，此則須靠「熏習」。

(2)依正宗唯識學，此乃「轉識成智」的問題。而轉識成智的力量，主要是靠正聞熏習。但既「妄心為主，正聞熏習是客」，是則熏習乃由外緣，而非由內力。於是，「覺」之熏成是經驗的、後天的。至於「真如」，在唯識宗只言真如理，不言真如心。故真如不能熏，亦不受熏（又般若學言真如，亦就空如之理說）。故其轉識成智，並無必然性。此是唯識宗之困難處。

在《起信論》，則言真如熏習（有內熏力）。真如是空如之理與真心合一的「心真如、真如心」。心有活動義，故「能熏」，亦「受熏」。

「受熏」是受無明所熏（不染而染）。「能熏」是真心有內熏力，亦可以熏無明以化念為心，由不覺而變為覺（染而不染）。若在此說「轉識成智」，便很順適。

廣義的唯識學傳入中國，前期由地論宗攝論宗而歸結於《起信論》，這是一步發展，其最後圓成之高峰，是華嚴宗。而後期則是玄奘所傳譯輯成的《成唯識論》。平常所說的唯識論或唯識宗，皆指奘傳之妄心唯識而言。實則其思想遠不及真常心系之高明也。

〔附說〕：

(1)佛家所謂「心王」「心所」「非心所」：

心王——《宗鏡錄》謂：心為識主，故號「心王」。

法相宗：八識皆稱心王，亦云心法（對色法而言）。

心所——「心所有法」之簡稱，又稱「心所法」，亦名「相應行法」（如思想、觸、受、貪、嗔、痴、定、慧、睡眠等）——皆依心而起，與心相應，指心理活動而言。

非心所——「非心所法」又名「不相應行法」：乃指範疇、形式概念（凡、一切、有些、

❺ 各人根器福祿，皆有差別，故各人之覺亦隨其分。

是、否、如果、則、而且、或者、方、紅、高、大、多、少……以及數目、空間、時間等）。又，不相應行法，不能說明生活，但可用於說明知識。

(2)「三界」與「界內」「界外」：

界內三界
- 欲界——生理欲望領域（眼耳鼻舌身）
- 色界——物質領域
- 無色界——心識領域

出離界內三界、有 {拙度、巧度 / 獨至、兼濟} 之異

但皆功齊界內，未及界外。

界外三界
- 界外欲界
  - 即於欲而不累於欲
  - 即於情而不累於情
- 界外色界——即於色界而不著（轉為無常色、妙色）
- 界外無色界——即而不著（通體是智慧）

究竟斷——圓教（性具系統）。

真出離（不捨不著）。

別教（性起系統）未至其極。

(3)關於「神滅論」：

佛教有「輪迴」之說，傳入中土之後，引發梁朝范縝（西元四五〇—五一五年）之反對，乃作「神滅論」，有謂：形猶刀也，神猶利也。未聞刀沒而利存，豈容形亡而神在也？有關「神滅不滅」論辯之文獻，收在《弘明集》與《廣弘明集》中。但這場論辯，並未

展開成一型態。范縝論「神滅」所持的自然主義之思想很簡淺，而佛教方面持「神不滅」的論說也不夠深入。其實，這個問題所涉很廣，並非簡單。

首先，「神不滅」既不是儒家所說「立德、立功、立言」之三不朽，也不同於耶教之「靈魂不滅」。因為佛教的「神不滅」應從阿賴耶說。阿賴耶是識心，識心是刹那滅的，正好與耶教靈魂不滅相衝突，「法身常住」也不是不滅的個體靈魂。而儒釋道三教皆無個體靈魂不滅之觀念。其講「常」與「不朽」都不指靈魂講。神滅不滅，在當時正反雙方的諍辯，都不夠深入，也沒有明確的規定。牟先生說，看來這個問題似乎只是一時歷史的現象，並無多大思想價值。當然，若有人重新加以考量，至少也有消極性的釐清問題之意義。（參閱牟宗三先生「從范縝的〈神滅論〉略談形與神的離合問題」，編入全集二十七冊《牟先生晚期文集》一三七至一四六頁。）

第五章　對佛教教理的消化：天臺判教及其思想

第一節　天臺宗簡史

北齊慧文悟龍樹「即空即假即中」之旨，立為「心觀」（一心三觀，觀空觀假觀中）。慧文傳南嶽慧思，更弘法華。唯託名慧思之《大乘止觀法門》一書，不可信：牟宗三先生《佛性與般若》下冊第二分第二章附論，言之甚詳，請參看。❶

慧思之弟子智顗（西元五三八至五九七年），生於荊州華容，其先潁川陳氏。世稱智顗為智者大師。智者於陳初（約西元五六〇年）北上見慧思於大蘇山（今河南光州），旋即受命代師

---

❶ 馮友蘭《中國哲學史》竟用《大乘止觀法門》講天臺學，實大錯。即使此書確為南嶽慧思所作，亦只能名之為「南嶽學」，而不得據之而講天臺學。天臺由智者開宗，而其著作又具在（如天臺三大部），何可棄置？

說法，「智比日月，辯似懸河」，思曰：「可謂法付法臣，法王無事者矣。」時慧曠律師（律、謂「經律論三藏」之戒律，講律之法師，謂之律師）亦在座，思曰：「律師嘗聞賢子講耶？」（智者先師事慧曠，故慧思以「賢子」（你的弟子）稱之。）曠曰：「禪師所生，非曠子也。」思曰：「思亦無功，法華力耳。」此見智者初出，即不同凡響。而思曠二師問答之際，何等謙和肅穆。佛門教養，可謂深美矣。

七年後（五六八）慧思遷南嶽，智者轉金陵，聲光大顯。五七五年（三十八歲）入天臺山，並以之作為終身道場。時為周武毀佛法之次年❷。後因陳宣帝前後十使，並帝手疏，請出山至金陵說法，講《法華經》。陳亡於隋，策杖遊匡廬荊湖，五九一年應晉王（後即位為隋煬帝）請為受戒師而至揚州，晉王尊稱為「智者」。次年至荊州，五九五年自荊下鄴（古城，今河南臨漳地），次年重入天臺。隋開皇十七年（五九七）晉王又請，出至石城，謂徒眾曰：吾命在此，不復前進。遂安禪而化，卒於天臺山大石像前，年六十（若依高僧傳，壽六十七），有「東土小釋迦」之稱。（以捨己利人故，自述居五品弟子位。）

今按：佛家菩薩發願度盡天下眾生，眾生未度，誓不成佛。可知菩薩乃典型的「捨己利人」者。牟先生指出智者自居五品弟子位，可謂不卑不亢。因為一切菩薩都和智者一樣，因捨己利人而未成佛，故皆宜以五品弟子自居也。

智者總括群籍，歸宗法華，著述甚富。其《法華玄義》、《法華文句》、《摩訶止觀》為天臺宗「三大部」。另有《觀音玄義》、《觀音義疏》、《金光明經玄義》、《金光明經文句》、《觀經疏》，為天臺宗「五小部」。

弟子章安灌頂（西元五六一—六三二年）能傳其學，著有《大般若經玄義及疏》。唐興，天臺宗漸趨衰微，五傳至荊溪湛然（西元七一一—七八二年），常州荊溪人，住妙樂寺，人稱妙樂大師。時當盛唐，唯識、華嚴、禪宗，先後興起，荊溪一面廣為疏釋智者之作品，以弘本宗❸；一面精簡別圓，判華嚴為別教，不得為圓教。知禮曰：「此宗若非荊溪精簡，圓義永沉。」

按：精簡，謂對於別教與圓教，作精確精當之簡別分判，否則，天臺圓教之義，將永遠沉晦，不為人知。這是北宋中興天臺之四明知禮，對荊溪湛然的肯定與崇仰。

荊溪卒後之六十三年，有會昌法難，除禪宗外，各宗驟衰，天臺亦然。自荊溪六傳至羲寂，始有復興之機緣。五代之時，浙江境內之吳越王信佛，羲寂請王遣使者赴高麗迎回天臺宗之經籍教典，而高麗王特遣僧諦觀，護送佛典至天臺山，並留止天臺師事羲寂。後撰有

❷ 西元五七四年，北周武帝毀佛法，與四四六年北魏太武帝毀佛法，以及八四五年唐武宗毀佛法，合稱「三武法難」。

❸ 例如荊溪特為智者《摩訶止觀》作《止觀義例》有云：「一家教門，所用義旨：以法華為宗骨，以智論（大智度論）為指南，以大經（大涅槃經）為扶疏，以大品（大品般若經）為觀法。引諸經以增信，以諸論為助成。觀心為經，諸法為緯，組成部帙，不與他同。」如此簡約數言，遂使天臺綱宗，確然明白。

《天臺四教儀》（四教，謂藏、通、別、圓）。義寂另一弟子義通（亦高麗人），其門下得二駿足，一為遵式，一為知禮（西元九六〇—一〇二八年）。知禮，四明人，宋真宗賜號法智大師，又稱四明尊者，盛闡智者與荊溪之天臺原義（其著作書目，請參閱牟宗三先生《佛性與般若》下冊頁一〇七三—一〇七六）。他對「墜陷本宗」之山外（誤以一念心為「靈知真心」，援華嚴教義混抹天臺），嚴加斥責，辯破其謬誤，使天臺宗得以中興，而山家遂為天臺正宗。（按：知禮卒時，周濂溪已十二歲。）

第二節 天臺五時判教

判教之判，乃分判義，亦即安排之意。依佛教，一切經皆佛說。但佛陀所說之經典，何以彼此有不同？有異議？佛之所說，不能有錯，各經所說既皆無錯誤。則其異說，亦應各有所當。大小經論，不容相對，所以要有分別、有安排。判教的目的——

(1)一在釐清種種教說之分際；

(2)二為徹底明了最後之宗趣。

判教是消化之事，必須有智慧，有學力，隨時學習，隨時消化。其功能在於點醒學者，不令拘蔽與遺失。

智者將佛陀一生之教化，分為五時八教：五時是佛陀成道之後說法弘化的五個階段。

（五時之時序，是依義理而定，非必是歷史之事實。）

第一、華嚴時——

成道後之二十七日，在寂滅道場，現毗盧遮那佛法身（意為光明遍照，簡稱光明佛法身），以「頓」的方式說圓滿修多羅，即《華嚴經》是也。稱理而談，故曰「稱法本教」。為立標準，⑴只攝大機，不攝小機（只收攝照顧大根器，無法顧到小根器），猶有一隔之權；⑵不開權；⑶不發迹；此三意未周，故為別教，非真圓教。而說其為圓教者，只就佛法身而言。如日初出，先照高山，未照及平地幽谷。（高尊而不普遍）

第二、鹿苑時——

小乘在第一時，如聾如啞，不了佛意。故離莊嚴道場，遊鹿苑，脫毗盧遮那佛法身，現老比丘相（光明佛法身，高不可及，故特現老比丘相，與眾親近），在菩提樹下以草為座，偏就小乘根性，依「漸」之方式，為說四《阿含經》（長阿含、中阿含、雜阿含、增一阿含）。但不攝大機，純為小乘教。

第三、方等時——

以小入大，以「漸」之方式說諸方等經（方、方正，不偏不倚。等、平等，今所謂普遍也），如「維摩、楞伽、金光明、勝鬘」等經。彈偏折小，歎大褒圓，四教俱說，雖言及圓教，但只是隔離之圓，非真實圓教。（其一、本身圓，但未能融通大小乘而為圓。其二、有系統相，未能融通淘汰，達於圓實。）

第四、般若時——

說方等經後，復以「漸」之方式，說《般若經》（此是消化層上之經）。般若之精神為融通淘汰，「融通」是會歸於大乘（但非會歸於大乘之系統中。系統與系統之間，最難融通。）而融化於實相一相，所謂無相（實相空）；「淘汰」是蕩相遣執（蕩色相，亦蕩法相，蕩一切概念之限定相）。但此中之圓教（般若圓用），實只是般若之作用的圓，尚未「開權顯實，發迹顯本」❹，以暢佛之本懷。

以上——

(1)第一時為化儀四教之「頓」教。

(2)第二、三、四時皆為化儀四教之「漸」教。

(3)若在前四時中，或為此人作頓說，或為彼人作漸說，彼此互不相知，皆令得益，是謂化儀中之「祕密教」。

(4)若於前時中，佛以一音說法，眾生皆隨類各得解（類、謂根器或程度），此乃如來不思議力，能令眾生於漸說中得頓益（頓益、指能悟），於頓說中得漸益（漸益、指事之條理與理之層次，皆能漸次知解）。因得益不定，是謂化儀中之「不定教」。無論祕密、不定，皆是方式問題。至於所說之內容，總是藏通別圓。

第五、法華涅槃時——

經般若融通淘汰之後，大小諸根成熟，乃直說《法華經》，開權顯實，發迹顯本，開決前說之頓漸，令入非頓非漸（即頓即漸）。這表示，《法華經》不是第一序上之頓漸，亦不是第一序上基層上之分別說的藏通別圓之具體內容，而是精熟內容之後的批判性之總消化，是經過開決了的第二序上（消化層上之非分別說的）非頓非漸之圓實教（末後教）。

此圓實教可說一無內容，只是開發決了第一序上之藏通別圓，而顯示的圓妙、圓滿、圓足、圓頓、圓實之教。

開權顯實之後，歸於法法皆常，咸稱常樂。而此義則正式說之於《涅槃經》，故《大涅槃經》與《法華經》為同時，皆屬末後教。說《涅槃經》以顯立「如來藏恆沙佛法佛性」一觀念❺，窮法之源而至於「遍、滿、常」（普遍、圓滿、恆常）之無限之境。

第三節　天臺化法四教：藏通別圓

天臺五時八教，八教中之「化儀四教」（頓、漸、祕密、不定），已略說於上節第四般若

❹ 圓滿為「實」，不圓滿為「權」，開決了「權」，方能顯「實」。發、謂開發決了。開決了「迹」，便顯出「本」來。

❺ 「如來藏恆沙佛法佛性」。如來、佛法身之名號。一切諸法皆攝藏於如來法身，故名「如來藏」。恆沙、謂恆河沙數，乃無量數。無量佛法即藏於佛性之中，故名「恆沙佛法佛性」。一切佛法皆有佛性，眾生皆可成佛。故名「如來藏恆沙佛法佛性」，乃佛性觀念極高極深極廣極普遍之宣示。

時之後，茲再分述「化法四教」（藏、通、別、圓）。

一、藏教

藏、是三藏（經、律、論）之簡稱，智者依印度之習慣，名小乘為三藏。

⑴就觀法言，為析色入空之「析法空」。由分析而見色法非真實之存在，是謂析假入空，此與色敗空皆為方便權說，乃對鈍根人之拙度（以期慢慢悟入。拙度，謂不善巧）。

⑵就功行（解脫）言，為獨善取滅（得到滅度），恩不及物（悲願不足），功齊界內（界內三界，參上第四章之末），智不窮源（窮法之源）。

⑶就佛果言，為灰斷佛（色身灰滅），只留舍利為人福田（使善男信女膜拜起信）。

藏教之聲聞乘，其極果為阿羅漢；緣覺乘之極果為辟支佛（小乘佛名），樂獨善寂（以獨為樂，以寂為善）；菩薩乘（指小乘菩薩）之極果為佛，此佛亦為灰斷佛，只有修得之無常佛性（無定常，無必然性），而無理性本具之真常佛性。未至如來藏恆沙佛法佛性，不能使一切眾生得度（只自了，不度他）。

其所言之四諦，乃有量之生滅四諦（有量、謂限於六識，只及界內）。

按：生滅四諦、無生四諦，為有量四諦（界內）。

有作四諦、無作四諦，為無量四諦（界外）。

（有作無作之作，謂神通作意。）

二、通教

通教，謂前通藏教，後通別、圓教，引小入大。

(1)就觀法言，為「體法空」，即諸緣生法無自性，而當體即空。其度為巧度。（巧拙，乃就眾生言，佛應眾生之拙故，則以拙法度之。）

(2)就解脫言，通教中之「聲聞、緣覺、菩薩」，其證果雖異，而同斷見思，同出分段，同證偏真（偏空之真）。

(a)同斷見思二惑❻與藏教同。但因行大乘菩薩道，不捨眾生，故可出離界內塵沙惑，但不能斷界外根本惑。

(b)同出離界內分段身，但不能出離界外變易身而法身常住。「分段身」，謂不離六道輪迴之分限與段別，即生死之身也。「變易身」，謂由悲願力改變身命，無定齊限（定齊、指分段身），出離變易身則法身常住，自無此分段身之限制。

(c)只證得偏空之真，不能證得如來藏真心「空而不空」之中道第一義空。中道第一義空

---

❻見惑、思惑、塵沙惑為界內三惑。又有四住煩惱亦為界內惑（住於耳見、住於貪欲、住於虛妄分別、住於顛倒想）。第五住、住於「無住本」（無始無明），此為界外惑。「破無明」者為究竟斷、圓實斷，是即佛境界。佛具無限智慧、無限理性、無限生命，其「無限神明」與「無始無明」相對，故能破無明。

乃就佛性說，指不空之真常——此與空宗只從「體法空」觀法上所說之「中道空」不同。前者是體證而得，乃別教圓教之境；後者是照了觀空，不可混視。（實證不空真常，是證悟；照了法無自性，是慧悟。二者不同。）其言四諦，雖因體法空而為無生四諦（當體即空，不生不滅），但仍是有量四諦。

(3)就佛果言，仍是灰斷佛。

〔附識〕

智者以般若部與龍樹之空宗（中論）為通教。牟先生以為，般若與中論，可有二義：

甲、它是共法——「般若」不壞假名而說諸法實相，與「中觀」體法空之中道觀，是「共法義」，依此說它是觀法之教，乃究竟了義之無諍法。

乙、它有限定相——龍樹學在表現體法空之中道觀上，似亦顯示一特殊之教相（只滅度界內分段身，不能滅界外變易身，以未進至第七識第八識故）。由遮「自性定性佛」（種性限定）而說眾生可依因待緣而成佛，但未進至如來藏恆沙佛法佛性，則所謂「可」成佛，只是形式上的可能。（此所以道生不滿於羅什也。）凡此，皆顯示一有限定意義之特殊教相，依此特殊之教相。即可說龍樹學是通教。（引小入大，在大小乘之間。）

經過牟先生的分開說明，一方面可滿足「尊般若、宗龍樹」者之以般若與空宗為究竟了義（是共法）。一方面又可滿足天臺宗之視空宗為通教與華嚴宗之視空宗為始教。

如果(1)只就其為共法義，而說它是究竟了義；而謂其他種種之說皆是不知般若妙用的圓滿，不透徹中論之緣起性空（一切法自性空），這對其他各宗是不公平的。反之，(2)如果只就其限定相而直判之為通教或始教，而不知其行於一切大小乘之共法義，這對般若空宗亦是不公平的。

依於上述之意，說般若空宗是通教，乃有限定意義而無特定內容的通教。實際上乃是觀法之教，是無諍的作用的圓教（亦可曰共教）。

茲將相關之意，綜言之如下：

(甲)般若空宗
- 是共法——觀法之教，無諍之圓教。
- 有限定相——故亦是通教、始教。

(乙)決定大小乘之關鍵，不只在觀法之巧拙，而實繫乎「悲願」與「佛性」。

(1)悲願
- 自度自了，悲願不足，為「小乘」。
- 不捨眾生，發願兼濟，為「大乘」。

(2)佛性
- 從果地說之佛格佛性（性體體段）——小乘。
- 從因地說之三因佛性（成佛根據）——大乘。

三、別教

不同於前之藏教、通教，亦不同於後之圓教，獨明菩薩位，故名「別教」。小乘滯於六識，因智不窮源，只限於界內有量生滅四諦。通教雖可至無生四諦，但亦是有量，只有別教能窮法之源，故可至無量四諦（無量法門）。能窮法之源，徹至界外無限無量境（無明無限，理性亦無限），在佛性觀念上能至如來藏恆沙佛法佛性。

在窮法之源的問題上，就第一序❼言，實只有二系統：

一為阿賴耶系統（妄心系）

一為如來藏系統（真心系）

此二系皆是別教。在智者時，尚無成唯識論與華嚴宗，對《起信論》，智者偶一提及而未予正視。他只就攝論之染性賴耶說「梨耶依持」，就真諦之解性賴耶說「真如依持」。今牟先生借用華嚴宗「始教、終教」之名，分判二系為「始別教」、「終別教」，實甚諦洽。❽

（甲）始別教（賴耶緣起）之性格：

(1)就觀法言，是體法空，依此而言無生四諦。

(2)就解脫言，由正聞熏習而至出世清淨，可通至界外，斷及無明。但既然是熏習漸教，則其斷無明不必然就是究竟斷。雖可通至界外開無量四諦，但清淨種子（無漏種）乃由後天熏習而成。其為無量是經驗地說，並無定然性（無先天之根據），只是敞開一無限之門而已。

（能否由此走到頭，不一定。）

(3)就佛果言，凝然真如（賢首判成唯識論之言）只是真如理（與心不合一），此固是無為法，然一切憑依真如理而起的加行（正聞熏習）卻是有為，佛智亦是生滅有為——屬清淨依他攝（依他言音，熏習而至），不能達到真常，故如來藏恆沙佛法佛性不能充分證成。智者視攝論為「界外一途法門」（界外方便法門），荊溪指其不是「界外通方法門」（通方，謂非止一途，乃無量法門。如來藏系統則可通方）。是即表示阿賴耶緣起不得為別教之典型，故牟先生名之為「始別教」。

(乙)終別教（藏心緣起）之性格：

(1)就觀法言，亦是體法空，亦是無生四諦。

(2)就解脫言，自始覺而究竟覺，還歸於本覺（真常心自覺）。其斷無明而至究竟斷有必然性（理上的必然）。由一真心開二門，流轉與還滅皆函無量法，故至於無量四諦亦是決定的（有定然性），此表示窮法之源已至其極。

(3)就佛果言，通過還滅後，真常心全部朗現即是佛。恆沙佛法佛性、法身常住、空不空，皆可充分證成。——但此一系統是由真心之「不變隨緣、隨緣不變」而展示（真心不變，隨緣起現，非凝然真如），說如來藏真心空而不空（不空之空）時，此「空不空」之中道只

❼ 第一序，立系統，是分別說。第二序指消化層，非分別說，無系統相（如般若、法華）。

❽ 參牟宗三先生《佛性與般若》（臺北：學生書局）下冊，頁六三七—六四〇。又，廖鍾慶撰「佛性與般若之研究」一文（編入《牟宗三先生的哲學與著作》，臺北：學生書局版，頁五二三—六二六），該文簡介牟先生書中諸義，皆簡切透徹，宜參閱。

是「但中」之理，緣但中之理斷九法界而成佛，是之謂「緣理斷九」（荊溪判華嚴宗語），故仍是別教，非圓實教。（即九法界而成佛，方是「圓中」之理。徒是但理隨緣，不得為圓教。隨緣隨得不徹底（未隨至九法界），是謂斷九法界而成佛（緣理斷九，九法界不能一起登法界，故未為圓教）。）

智者在《法華玄義》卷九上，以十義判別圓。牟先生認為，要者是前八義，前八義中又以五義為最基本：(1)融不融；(2)即不即；(4)次第不次第；(5)斷斷不斷斷；(7)果縱果不縱。而五義中又以「(2)即不即，(5)斷斷不斷斷」二義為最基本。[9]「別教」是分解地說，凡分解地說者，皆不融、不即、有次第、斷斷、有縱橫，非圓詮。「圓教」是詭譎地說。凡詭譎地說者，皆融、皆即、皆不次第、皆不斷斷、皆不縱不橫，故皆為圓詮。後來荊溪、知禮判別圓，精解圓義，皆以此五義為綱領。別圓既判，則圓義自然顯出。

四、圓教（見下節）

第四節 天臺圓教及其思想

四、圓教

圓教者，圓妙、圓滿，圓足、圓頓、圓實之謂。所謂圓伏、圓信、圓斷、圓行、圓位、圓自在莊嚴、圓建立眾生。此是相應《法華經》開權顯實、發迹顯本而成之圓教。凡圓教，籠統言之，自是就佛而說。然佛有三藏佛、通教佛、別教佛，不必是圓實佛。只有相應法華圓實佛而說者，方為圓實教。

天臺宗「以法華為宗骨」（荊溪語），再以性具（一念心即具三千法）為綱，止觀為緯，此即天臺宗之宗眼。但《法華經》並無特殊的教義與法數，它沒有第一序上的系統內容。

(1)《般若經》教吾人以實相般若；
(2)《涅槃經》教吾人以法身常住，無有變易；
(3)《解深密經》教吾人以阿賴耶系統；
(4)《勝鬘夫人、楞伽、密嚴》諸經教吾人以如來藏系統；
(5)《維摩詰經》教吾人以不二法門；
(6)《華嚴經》教吾人以法界圓融。

以上各經，皆有鮮明之內容，唯獨《法華經》所說，卻不是第一序上之問題，而是第二序上的權實問題、迹本問題。是要開權顯實，發迹顯本，以明佛意，以暢佛之本懷，而成立圓實教。此圓實教是不諍法，而其系統並無系統相，其說明亦無說明相。

---

❾ 參牟宗三先生《佛性與般若》（臺北：學生書局）下冊，頁五九八—六一九「原初的洞見」。

此圓教之性格：

一、一心三觀

1.就觀法言，為「一心三觀」，由此開出三眼、三智、三諦。

三觀	觀空	慧眼	一切智（小乘智）	三諦	空
	觀假	法眼	道種智（菩薩智）		假
	觀中	佛眼	一切種智（佛智）		中

(1)「小乘智」籠統地知一切法之空如性，以及其平等性（普遍性）。

(2)「菩薩智」分別地知各種法門（經驗世界）之差別相（特殊性）。

(3)「佛智」圓實地知實相無相，亦知差別性（通過差別而見普遍）。

分別言之，說「空、假」為方便，說「中」為究竟。而「中」不離空假以為中，故以急辭說「即空即假即中」[10]，是謂圓融三諦。

復次，三觀又互相統攝，每一觀可統攝其餘二觀。

(1)若說「空」，則無假、中而不空。一切法趣空，是趣不過（是、實也。實趣而不過，謂無過無不及，恰恰好是空假中），此為總空觀。

(2)若說「假」，則無空、中而不假。一切法趣假，是趣不過（解仿上說空句），此為總假觀。

(3)若說「中」，則無空、假而不中。一切法趣中，是趣不過（解仿上說空句），此為總中觀。

此是將龍樹中觀吸納於圓教中來說，亦是般若融通淘汰之精神在圓教中行。故由體法空而當體即是無生四諦（通教），即是無量四諦（別教），即是無作四諦（圓教）。恆沙佛法皆是本具如此，不由造作而成。（所謂一切放平，一切如如，各歸自己，證物自身。）

二、不斷斷與一念三千

2.就解脫言，為圓伏、圓信、圓斷、圓行、圓位、圓自在莊嚴、圓建立眾生。此非「緣理斷九」之斷斷（以斷為斷），而是「不斷斷」（在不斷中達到斷，又曰圓斷、不思議斷）即預設「一念三千」——一念無明法性心⑪，即具世間三千法⑫，此是「性具」系統（性具，即一念心具）。三千世間法，皆是本具，皆是性德，無一可改，無一可廢。性必即無明以為法性。

---

⑩ 空、假、中，空為真諦，假為俗諦，中為真俗不二（通而為一），到最後，實亦「無諦」，故曰「不可說、不可說」也。

⑪ 雖是無明識心，卻即是法性。雖是無明煩惱，卻即是菩提。雖是無明剎那，卻即是常住。此乃不思議境。按：法性、即空如性，亦曰「空如理」。（佛家言性、理，皆不同於儒家之看做實體字。）

⑫ 三千世界法：十法界之每一法界，皆通其餘九法界，故有百界；每一界有十如，百界共有千如，千如加三世間（眾生世間、國土世間、五陰世間），故三千。又，五陰，即指五蘊（色、受、想、行、識）。

無明須斷，而無明中之差別法則不須斷（除病不除法，故一切法皆佛法），故曰「不斷斷」。

此亦即《維摩詰經》所謂「從無住本立一切法」。

按：維摩經云「無住即無本」，無住無本，此即是本，故曰「無住本」。而在佛家，無住本乃一宗旨，不是實體。蓋法無自性，無所住著，隨緣而起，故曰無住。而無住者，萬有之本也。（無住即無相之異名，實相亦即性空之異名。）

(1)法性無住，法性即無明，無明用事，色具三千（污染法），念念執著。——依牟先生，於此可說執的存有論，或現象界的存有論。

(2)無明無住，無明即法性，法性做主，智具三千（清淨法），法法常樂（解脫、大自在、一切如如）。——依牟先生，於此可說無執的存有論，或本體界的存有論。

三、即九法界而成佛與三因佛性

3.就佛果言，為法身常住，無有變易，是「如來藏恆沙佛法佛性」之圓滿地體現。圓滿體現必即三千法而體現之，三千法無一可損，每一法皆通往解脫法門，是即所謂「即九法界而成佛」。如此，方是圓實之佛。（譬如「非禮」之視聽言動，須除去；但除病不除法，「視、聽、言、動」則不可除去也。）

在此，當就智者消化《涅槃經》而立「三因佛性」作一說明。三因佛性（正音、緣因、了因）本是一整一佛性，析而為三。

(1)緣因佛性，指斷德而言，緣因斷德與解脫相應（解脫德）。

(2)了因佛性，指智德而言，了因智德與般若相應（般若德）。

(3)緣了二因既已單提（從佛性中單提出來講說），則正因佛性即指中道第一義空（不空之真常），正因中道與法身相應（法身德）。顯名之曰法身，隱名之則曰如來藏。是則正因佛性即「如來藏我」。

又，正因佛性雖遍及一切（故曰恆沙佛法佛性），但須有「緣、了」二因以顯之。草木瓦石有正因佛性，但不能自顯緣了二因佛性、而具「斷德與智德」，故實亦不能自顯正因佛性而為法身；而是由於吾之法身可攝及草木瓦石，而使之一起在「中道空」中呈現耳（一起登法界）。故荊溪所謂「無情有性」（無情，指瓦石；有性，指正因佛性）。這與一般說「有情有性」（兼具三因之性）含意不相同。

按：有情、指眾生。眾生雖具三因，但人以外之眾生，必須轉世為人，方得成佛。不離人以成佛，故曰「人身難得」。所謂「無明」與「法性」，可分二句言之：(1)無明即法性（法性作主），即是覺，即是佛，即具淨三千而為佛。(2)法性即無明（無明用事），即是迷，即是眾生，即具染三千而為眾生。

四、天臺圓教之特色：開權顯實

總之，天臺圓教乃相應法華之「開權顯實，發迹顯本」而建立，為要表達這個佛乘圓教，它必須依《法華經》所謂「決了聲聞法」而決了一切分別說的權教。

1.它決了藏教與通教而暢通之，使之不滯於六識與界內。——決了，是去其執著封閉而敞開之、暢通之。

2.它決了始別教阿賴耶而暢通之，而不分解地說阿賴耶緣起（妄心系統）。

3.它決了終別教如來藏自性清淨心而暢通之，而不分解地說如來藏緣起（真心系統）。

它經過這一切決了，而說出「一念無明法性心」即具十法界（三千法）。這「一念無明法性心」——

(1)從無明方面說，它是煩惱心、陰識心，是妄心。但天臺圓教卻不分解地「唯阿賴耶」。（不單以阿賴耶說明一切法。）

(2)從法性方面說，它就是真心（清淨心），但天臺圓教亦不分解地「唯真心」。（不偏指清淨真如，不單以如來藏心說明一切法。）

此即所謂決了一切分別說的「權教」而成「圓教」。天臺圓教之「性具」系統是存有論的圓具，配上般若之作用的圓，一縱一橫，有綱有緯，遂成真實圓教。

今按：再究極言之，佛教之圓，亦仍然是別教（別世間），其不捨眾生，只是發願，只是理，實未達至「理事圓融」（並不肯定世間之真實價值），未能顯發道德意識以成己成物，化成天下。故究極之圓盈教，唯儒聖之教足以當之。

五、六即階位

在工夫次序上，天臺宗又以「六即」綜攝從凡夫至佛之階位（見後表），茲據荊溪《摩訶止觀輔行記》，略述於下：

1.理即——一切眾生，皆有佛性，在「理」上與佛不相離，即相即不離也。此是原則地說。然理雖即是，日用不知，未聞三諦（空、假、中），不識佛法。故只是有此「理」耳。

2.名字即——從經卷知識上知有此理，知一切眾生皆有佛性，然只聞名字口說，如蟲食木，偶得成字，離正覺階段尚甚遠也。

3.觀行即——由知名字而起觀行，心觀明了，言行相應，是能在實踐中守此理矣。

4.相似即——愈觀愈明，愈止愈寂，止觀日益有得，六根得清淨，近似正覺。

5.分真即——初破無明，見佛性，開寶藏，顯真如，此是已悟境界（等覺），但未至圓滿無上境界，只得部分之真，故名分真即。此是從客觀之所證說。若從主觀之能證說，其證未能全盡，乃部分之證，則曰分證即。

6.究竟即——等覺一轉，入於妙覺，智光圓滿，不復可增。大涅槃斷，更無可斷，此便是佛果位（佛境界）。

1.理即：唯具佛性者…………
2.名字即：唯解佛性之名者…………} 外凡

3.觀行即：五品弟子位（外品）……（內凡）
4.相似即：十信位（六根清淨位）……（內凡）
5.分證即：十住位……（三賢位；聖因）
十行位……（三賢位；聖因）
十迴向位……（三賢位；聖因）
十地位……十聖位（聖因）
等覺位……有上士（聖因）
6.究竟即：妙覺位……無上士：聖果

（附按）：「外凡」指眾士、居士。「內凡」指雖入門，仍在凡者。「十聖位」之「聖」，猶如西方宗教之「聖彼得」「聖保羅」以及教廷所封之「聖某某」等，可見佛耶家皆低視漢文之「聖」字，實顯慢而無謙。而且如此層層上升，可謂難乎其難；故禪宗不耐（更不耐唯識漸教）而揭示：即心即佛，頓悟成佛。

再列「菩薩功行簡表」於此，以供觀省：

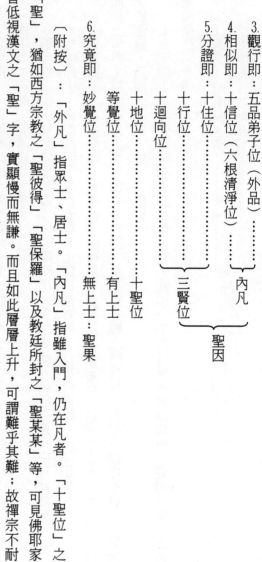

〔附〕：菩薩功行簡表

聲聞、緣覺——智不窮源，恩不及物：主觀的界內三界（有限三界）——無存有論的圓具。

三藏菩薩：滅色為拙
通教菩薩：即色為巧
｝功齊界內：客觀的界內三界（有限有對，未至無限絕對），藏教無作用的圓具，通教（空宗）有作用的圓具（但無存有論的圓具）。

別教菩薩
｛真如不隨緣（妄心系）
　真如隨緣（真心系）
｝有界內功用，而曲徑迂迴，所因處拙。方便說的界外三界，只言緣起、性起，不言性具（仍無存有論的圓具）。

圓教菩薩——一念心即具三千法（性具、即一念心具）——圓實至極的界外三界（無限三界），有存有論的圓具（此是綱），又有與之相應的作用的圓具（此是緯）。

第六章　佛教回歸運動的反響：華嚴宗

第一節　玄奘回歸印度的佛教運動

佛教傳入中國，發展到天臺，而完成一個通盤的大消化。但唐興之後，天臺轉衰。三論宗自吉藏以下，亦後繼無人。唯攝論自隋初以來，盛行各地。玄奘（西元六〇二—六六四年，此據湯用彤《隋唐佛教史略》引述陳垣「書慈恩傳後」之考證。）青年時期所從諸師，皆攝論宗人，然所說各異，是非莫定。玄奘乃發憤誓遊西方，以問所惑。

一、玄奘的學程及其成就

(一)西行求經有成，光顯異域

唐貞觀三年（西元六二九年，二十九歲），玄奘私發長安，出玉門，達高昌，停月餘，又西行，度蔥嶺，千辛萬苦，展轉各地，於貞觀五年頃，終於到達北印之摩揭陀國王舍城，入那蘭陀寺，參禮戒賢大師。

戒賢為護法（十大論師之一）弟子，時已耆年，學博望重，玄奘師之，勤學五六年，又遊歷南北印各地，遍參餘師，數年返寺，戒賢命講《攝大乘論》。

時有師子光論師，持《中論》、《百論》空義，力破《瑜伽》有義。玄奘和會空有，造《會宗論》（書不傳），以呈戒賢諸師，無不稱善。

旋戒日王於曲女城設無遮大會，與會者十八國王，僧眾與外道達數千人，以玄奘為論主。揭示「真唯識量頌」，十八日無人能破。此時之玄奘，聲譽如日中天。（斯真中華留學生之典範，光顯無限。）

(二)回國翻譯，輯定成唯識論

貞觀十九年（西元六四五年），玄奘返抵長安。三數年間，重譯經論多種。至高宗時，居慈恩寺，專事譯務❶。其所譯之經典，除《大般若經》（全譯）與《俱舍論》（重譯）外，主要為唯識系之論點。六世紀時，印度有十大論師盛弘唯識，而集大成於護法（亦十大論師之二）。玄奘承護法之學，增益己見，輯譯為《成唯識論》，實可視為妄心唯識系之集大成者。（按：印順法師嘗綜結唯識五義：「由心所造」、「即心所現」、「因心所生」、「映心所顯」、「隨心所變」。意謂一切法皆識所變現也。）

此系以無著、世親為宗師，當初真諦譯攝論而不忠實，注入真心思想。玄奘力返印度之舊。法相唯識之外，又引俱舍學、因明學，培養人才，不遺餘力。經二十年之講論而形成一大勢力。弟子窺基（開國名將尉遲恭之侄，西元六三二—六八〇年）大弘其學，乃造成一回歸印度之佛學運動。

二、奘傳唯識之特色與遭際

關於妄心唯識系之基本思想，在前章介紹大乘三系、起信論，以及始別教時，已分別有所說及，今不重複。（欲知唯識學之內容，慈航法師之《相宗十講》可供參閱。）

奘傳唯識——

(1)不但名相甚繁，重「解」略「行」，非國人之所好。

(2)又立「緣起不空，賴識唯真，漸歷階位，三乘究竟、闡提無性」諸說❷，與般若系、真常系之學說，皆相違反。

(3)其門人阻止那提三藏譯「性空論」，手段暴烈，引起參加譯場之道宣法師（南山律之創宗者）等之不滿。

---

❶ 慈恩寺，高宗為太子時所造，有屋一八九七間，中有翻（譯）經院，奘門弟子窺基、普光、法寶、嘉尚等皆在其中。而上座弟子圓測（乃新羅國之王孫）則另在西明寺，該寺分十院，屋四千餘間。（據湯用彤《隋唐佛教史略》第一章第三節。）

❷ 按各句意指，略如下：「緣起不空」，謂我空、法空，而識不空。「賴識唯真」，謂妄識唯真，不另立真心，故又曰「藏識」（真妄皆在內）。「漸歷階位」，指成佛之歷階甚繁。「三乘究竟」，以聲聞、緣覺、菩薩為究竟，不講圓教義。「闡提無性」，此則有違「眾生皆可成佛」之教義。

蓋玄奘以親傳西方為藉口，有統一教界之雄心，但終以傳統學者之且攝且破（攝取新義之諦當者，破斥新義之非諦者），與西來大德之日傳異聞❸，遂使奘傳唯識之發展遭受阻力。窺基之後，雖尚有一二傳之延續，然不待會昌法難，奘學已漸衰而失傳矣。

且唯識宗之思想，對中國哲學史，對中國文化心靈，其影響皆甚淺鮮。自晚唐到清代，幾無人講唯識。直到清末，唯識文獻自日本傳回（楊仁山居士之大功也），經內學院歐陽大師力加弘揚，始又盛行。❹然內學院宣稱「藏、密、禪、淨、天臺、華嚴，絕口不談」；又以天臺華嚴為俗學；此則心量淺狹，非弘通之論。佛家之教義，豈可限於印度原有之唯識，而排斥其他？又豈可停滯於印度之舊，而不容中土之發揚與開展！

三、回歸印度之舊而引發反響

對玄奘最有力的反應，是來自與玄奘同源異流的賢首法師。相傳賢首曾參加玄奘譯場（奘卒時，賢首二十二歲），以不滿虛妄唯識，乃別承地論系而宗華嚴。

對於當時足與奘抗衡者，賢首皆加以獎掖，對真常系之譯師，亦常與過從，參助研討。而且開立華嚴宗，使真心系之思想，發展至最高峰。

第二節　華嚴宗簡史及其判教

一、華嚴宗簡史

杜順（西元五五七—六四〇年）於隋開皇十三年（五九三年）依華嚴立說，著有《法界觀門》等書。弟子智儼（西元六〇二—六六八年）著有《搜玄記》、《一乘十玄門》等，華嚴教義自此漸趨完備。再傳至法藏賢首（法藏乃本名，賢首乃唐高宗賜號），正式開立華嚴宗。

賢首（西元六四二—七一二年），其先為康居人，自祖父起，歸化中國。賢首著作甚多，有《華嚴一乘教義分齊章》（又名五教章）、《華嚴旨歸》、《金師子章》等，並據梵本補

---

❸ 參閱印順法師《中國佛教史略》。按：玄奘遊印時，印度盛行妄心唯識學，但中土佛教正式進入「佛學」亦已二百餘年，非玄奘主觀之取捨所能左右也。

❹ 歐陽大師，名漸，字竟無（西元一八七二—一九四四年），受楊仁山居士付託，在南京成立支那內學院，講唯識學，民初學者多從之問學。其宗旨云：「三智、三漸次、究竟宗趣，唯在無餘涅槃。」按：「三智」指根本智、後得智、無分別智（相當於一切智、道種智、一切種智）。「三漸次」指破外道、破小乘、破執空執有。（又聲聞、緣覺、菩薩佛，亦名三漸次）。「無餘涅槃」乃法相宗「四種涅槃」之一，茲簡列於此，以便參省：

1.本來自性清淨涅槃（真如）。
2.有餘依涅槃（斷盡煩惱障所顯之真如，但餘「有餘之依」身）。
3.無餘依涅槃（出生死苦之真如，生死苦果斷謝，故無餘依）。
4.無住處涅槃（斷所知障所顯之真如。二乘人知生死涅槃之異，欲住涅槃；佛不住涅槃而住生死，為利樂眾生故（度眾生））。

足晉譯《六十華嚴》之缺文，又與人合譯華嚴經，稱《八十華嚴》。除本宗教義外，亦致力其他經論之疏解。

華嚴宗宗《華嚴經》，賢首晚年著《華嚴經新疏》，未畢而逝。弟子慧苑繼之作成《續華嚴經略疏刊行記》，自立異說，主要有二點：

(1)取消「小始終頓圓」五教中之頓教。

(2)改「十玄緣起」為「法相十玄、業用十玄」兩種。

後來華嚴家貶慧苑為異系。至清涼澄觀（西元七三七—八三八年；一百零二歲。十九歲時（七五五年）曾從荊溪習天臺止觀），以恢復華嚴正統為己任，著《華嚴大疏鈔》，破斥慧苑之異義，發揮賢首之真意。後世尊為華嚴四祖。

弟子圭峰宗密（西元七八〇—八四一年，蜀人）相繼為五祖。宗密本是神會禪之法裔，故倡「禪教一致」之論，著有《禪源諸詮》、《原人章》等，宗密卒後之四年，唐武宗發動會昌法難，華嚴宗遂衰。

到北宋初有長水子璿（西元九六五—一〇四〇年）重講華嚴；弟子淨源（西元一〇一一—一〇八八年）著有《華嚴經疏記》等，致力於中興華嚴，然亦未大盛。

二、華嚴五教

賢首繼天臺智者（相距約一世紀）而重新判教。天臺判為五時八教，賢首則不分「時」，而依「義」判為「小、始、終、頓、圓」五教。

㈠小乘教——

相當於天臺之藏教。重點在說「人空」（生、老、病、死），對「法空」尚不能盡說（對法性空，還不能明確說出）。

㈡大乘始教——

以般若空宗為「空始教」，瑜伽唯識為「有始教」。二者皆為大乘之初門。

㈢大乘終教——

以真常心系諸經及《起信論》屬之，立「真如隨緣」義（如來藏緣起），不同於「凝然真如」。

㈣頓教——

始教、終教，皆有階位次第，故為漸教。頓教則不說法相，不立法門，無階位次第之限制。一念覺即佛，一念迷即眾生。此應指「絕相離言」之禪宗，但當時禪宗未大盛，故賢首每舉《維摩經》為例（無有文字言語，直入不二法門）。

㈤圓教——

此指《華嚴經》而言，經中有「圓滿因緣修多羅」之語，故稱圓教。圓教當然是一乘教。賢首又分為「同教一乘」與「別教一乘」。以為《法華經》言及「三乘」，但為方便誘引，最後皆引歸一乘，其教義乃為三乘人而說，故為「同教一乘」。《華嚴經》則只說佛境界，不立三乘之說，故為「別教一乘」（其基本前提：⑴緣起性空；⑵毗盧遮那佛法身；⑶海印三昧。）

今按：賢首之判教，實有不妥不盡之處：

⑴頓教無具體內容，似不宜立為一教。天臺列「頓教」為化儀四教之一，是也。

⑵既自居圓教（別教一乘圓教），卻又承認天臺宗亦為圓教（同教一乘圓教）。若別圓教可涵攝同圓教，則天臺不得為圓教。若兩圓並存，不能攝天臺，便是判教不盡。如此各圓其圓，正表示未能消化天臺宗之思想，其判教理論對天臺宗無法作一妥善之安排。

⑶華嚴宗自稱別教一乘圓教，其所謂別教，是專就「毗盧遮那佛法身」而說之教義——以此佛法身為圓極，由佛法身說法界緣起；佛法身法界無盡之法，是在海印定❺中一起頓現，意即：於佛之智海中印現一切法，妄盡心澄，萬法齊現。（此乃一最高之禪定境界。）

⑷佛法身本無不圓，今單就佛法身說圓教，是凸現一高不可及之佛法界，故必與「九法界」隔絕而不相即。隔而不即之圓，乃本末不融之圓（九法界皆未脫離無明，仍然是無明中的法），此乃權圓，尚未達到真正的圓。必須如天臺宗「即九法界」而成佛，方是真正的圓實之教。❻

茲再綜括華嚴五教之簡旨如下：

㈠小乘教——但有六識。（未達第七識與第八識）

㈡大乘始教——依阿賴耶。

另又有空始教。同時須知，空始教之般若（融通淘汰）乃共法，通大小乘，在此可說作用義的圓。

(三)終教——依如來藏。

(四)頓教——（此乃化儀，列為一教，並不相稱。）

(五)華嚴圓教——依「唯一真心迴轉」。

法華圓教——依「一念無明法性心」。

第三節　華嚴宗思想述要（上）

一、眞如心「不變隨緣，隨緣不變」

---

❺「海印定」即「海印三昧」，又名「毗盧遮那如來藏身三昧」（亦可簡約為「佛法身三昧」。三昧，正定之意）。「海」者，謂廣大，海水清淨，無象不現。「印」者，印證、印現。「定」者，正定，謂正智入於無漏清淨之禪定工夫。

❻佛教之圓教，可有二層意義：

(1)圓通無礙：般若融通淘汰之精神，行於一切大小乘——作用層上的圓。

(2)圓滿無盡：恆沙佛法佛性，即九法界而成佛——存有層上的圓。

華嚴宗以《華嚴經》為標的，以《起信論》為義理之支持點。《起信論》代表如來藏緣起，乃「真心為主，虛妄熏習是客」之系統。真如能熏亦受熏，真如理即真如心，心與理乃合一者。

賢首據此真心而說二義：

(1)不變義　(2)隨緣義

以真心之「不變隨緣，隨緣不變」❼為中心，即可吸收唯識宗之三性（遍計執性，依他起性，圓成實性）。此種吸收，可名曰三性之升位，使由阿賴耶所說之三性，升位到從真心隨緣處說。

依牟先生《佛性與般若》書中之分疏——

(1)真心之不染而染，隨緣作諸法，即是「依他起」；

(2)於依他起法而生執著，便是「遍計執」；

(3)而真心即是真實性，相當於「圓成實」（此名是奘譯，真諦只譯為真實性）。

三性本是觀因緣生法上之事，可到處應用，只是隨問題之升轉而升轉耳。例如：

龍樹時說「緣起性空」，只是以之觀因緣法，而未對緣起作一根源之說明。而唯識宗將一切法統攝於阿賴耶，正式說三性，此便是三性由只就緣起性空之觀法上說，提升到從阿賴耶說諸法緣起之根源。但阿賴緣起並不圓滿（染識何以能生清淨法？）❽於是再提升而說「如來藏緣起」，而三性亦隨之而提升。至華嚴宗之真心隨緣，則是更進一步之說法。

真常心之「不變」，是就其自性清淨說。自性清淨即含不變，故是分析的。而「隨緣」則由「不染而染」說，故是綜和的。

「隨緣」義是其（真心）經驗的現實性（現實的污染性）；

「不變」義是超越的理想性（超越的真性）。

真常心通過無明而隨緣起現一切法（心有活動義，故可隨緣起現），若只是真如理——凝然真如，便不能隨緣❾，既是隨緣而起現，故不是「即具」（性本具），而是「性起」系統，不是「性具」系統。故荊溪評其「偏指清淨真如」、「唯真心」。這個評判是對的。（華嚴宗之唯真心，與天臺宗之一念無明法性心即具三千世間法，不同。）

二、法界緣起與四法界

真如心隨緣起現生滅流轉法，是就現實面說。就理想面而言，則說還滅，即由真心之染而不染，隨緣起修，由始覺（緣覺）還歸真心之本覺，此便是般若智德滿與解脫斷德滿而證

---

❼「不變隨緣」，是不染而染，此句說心；「隨緣不變」，是染而不染，此句說性。

❽染識何以能生清淨法？此可由「污泥生蓮花」答之。但蓮花之種子不是污泥，故又另立「種子」義。（有漏種、無漏種——皆靠熏習，無必然性。）

❾所謂「別理隨緣」是指終別教。若始別教之「理」（但理），則不能隨緣。（凝然而無活動性，故不能隨緣。）

顯法身。此法身，乃是具有恆沙佛法佛性的如來藏性證顯之後的法身，在法身上的恆沙佛法，即是無量無漏功德（此功德是通過還滅而轉成者）。

若以法界名此法身，則曰「佛法界」。佛法身曰功德聚，佛法界亦可曰無量無邊之功德界。（關鍵是在佛法身。）

佛法身若不示現，則寂然無相，無「法」可言。「法」乃因地之緣起法，因著佛法身之示現而透映過來的果。此一法界，就佛之示現言，可曰「性起」，就其（佛）隨眾生根欲樂見法相起現言，亦可曰「緣起」（隨客觀的染淨緣而起現染淨法，如明鏡之現染淨相。雖現染淨，而鏡之明淨不失）。

在此，起現（緣起）即示現（性起），所謂「法界緣起」，實即佛之示現也。就法言曰法界，就佛言曰佛身。（故佛法身法界之法，實只是佛在「海印定」中展示之實德，此所以法界緣起又曰實德緣起。雖名緣起，實即起而無起，只是如如實相。）即是佛之示現，自然圓融無礙，圓滿無盡。則賢首之種種說法，亦無非是對於佛所示現之法界緣起作一說明，而對於法界之劃分，則有「四法界」之說：

㈠事法界——

以差別為特色，專就現象本身而言之。事事物物各維持它的特色，有如波波之相狀，千差萬別。

㈡理法界——

以無二無差別為特色，乃依現象所依之「理」而言。無盡之事法雖千差萬別，而實同依一真如理，恰如波浪之相狀雖有差別，其體唯是一水（大海水）。

㈢理事無礙法界——

此是觀現象與實相（真如）之不離，真如（理）即萬法（事），萬法即真如。即理即事，即事即理，理與事不一不異，圓通無礙。恰如水與波互相融通，無礙一體。

㈣事事無礙法界——

一一之現象，由於同依一真如理，故雖顯差別，亦是彼此融攝。任一萬法，皆可顯真如本身，亦可顯其它萬法（一事理可通至其他事理），此之謂「一攝一切，一切攝一」，一即多，多即一，舉一則一切隨之，主（一）伴（多）具足，重重無盡。（參見下「十玄門」之㈦因陀羅網。）恰如波波相融相即。此一法界是真法界，亦即華藏世界。

依此法界觀，到最後，塵塵法法，皆同時具足此四法界。一塵即法界，法界即一塵，塵塵法界，重重無盡。（此乃般若玄智之妙用，亦是說法上之展轉引申。）

第四節　華嚴宗思想述要（下）

三、十玄門（法門）

法界緣起，必有緣起之法，「法」是因地中隨緣起現、隨緣修行，以至成佛之長串過程中，所顯示的種種差別事。這些事當初只是隨緣起現，至還滅成佛後，復由佛心映現，即於佛海印定中映現為法界緣起。（此是通過修行，捨染轉淨，一起收於果海上說，所謂「因源果海」，在佛果上映現一切法。）

為了說明此法界緣起，華嚴宗開為「十玄門」，亦曰十玄緣起，即說法界之十個論點，主要是說「事事無礙」。

賢首在《五教章》中，是承智儼之說，後來在《探玄記》中有二點修改，次序亦有調整。（在《金師子章》中，用名同於《五教章》，次序同於《探玄記》。後來稱智儼之說為「古十玄」，賢首所說為「新十玄」。）茲依《探玄記》之立名與次序略作分述。（各門名下所附之(1)(2)……乃古十玄之次序。）

㈠同時具足相應門(1)——**(前後、始終)**

凡理事、解行、因果諸事，同時成立，圓滿自足，彼此相應，在海印定中映現成一法界之大緣起。無有前後始終之差別。

㈡廣狹自在無礙門(7)——**(純雜、廣狹)**

本名「諸藏純雜具德門」，謂諸法相互攝藏，純雜自在自足。純則純一普遍，故廣；雜則雜多特殊，故狹。純雜自內涵說，廣狹自外延說。純之與雜，同時具足無礙，故曰純雜具德。此門又通一切法，即諸法皆成一法，名為純；一法具一切法，名為雜。賢首改純雜為廣狹，並不見得更明顯。

㈢一多相容不同門⑵——**（一與多）**

一中有多，多中有一，互相含受，一多無礙。然此一多雖然相容，而體仍不同，故諸法相容，又有同體（水與漚）異體（水與泥沙）二門。

㈣諸法相即自在門⑶——**（因與果）**

諸法或異體相即，或同體相即，皆圓融自在，無障無礙。前者如因之待緣而與外緣相即（其與果之相即為異體相即）；後者如因之不待外緣而自具德以表現為果（其與果之相即便是同體相即）。

㈤祕密隱顯俱成門⑹——**（隱與顯）**

祕密者，甚深微妙義。一切諸法，甚深微妙，無論隱覆、顯了，俱時成就。

㈥微細相容安立門⑸——**（大與小）**

諸法不壞大小之相，而於一門內，同時具足顯現。一微塵，是小相，無量國土，是大相。雖大小異相，而能相互容入，彼此同時安立無礙。

㈦因陀羅網境界門⑷——**重重無盡（空間）**

諸法相即相入，不唯一重，重重無盡。「帝釋天」（六道中、天之名）之宮殿中懸因陀羅網，網中懸無數明珠，一一珠中各顯其餘一切珠影，一切珠影復入一珠，重重累現，了了分明。

㈧託事顯法生解門⑽——（託事顯法）

託事顯法者，託現象差別之事法，表現一乘無盡緣起之法門。蓋一切事事物物，即是無盡緣起之法門，除現前之事物外，別無所顯之法門。

㈨十世隔法異成門⑻——十世異成（時間）

過去現在未來三世，又各有過去現在未來，而成九世。此九世又迭相即相入，攝為一念，前九為別，一念為總，總別合論，故云十世。此十世各別有區分，故曰隔法。十世隔法，雖隔而又彼此相即相入，雖相即相入，而又不失先後長短差別之相，故曰異成（先後成就）。

㈩主伴圓明具德門⑼——（主與伴）

本名「唯心迴轉善成門」，謂一切法唯是一如來藏自性清淨心迴轉善成。賢首改為「主伴圓明具德門」，較佳。澄觀《華嚴經疏鈔》分說十玄門，先正辨十玄，再明其所以。「唯一真心迴轉」乃玄門之所以（所因），故賢首改立主伴一門。蓋澄觀以為「圓教之法理無孤起，必攝眷屬（從屬）隨主，如一方為主，十方為伴，餘方亦爾。是故主主伴伴（謂主與主、伴與伴）各不相見❿，主伴伴主（主與伴，伴與主）圓明其德。」

總之，一切諸法，皆各具足「十玄門」，而無礙於相即相入，以成一大緣起，故云十玄緣起，又云十玄緣起無礙法門。（乃事事無礙法門展轉引申而開出十玄門之說法。）

四、六相圓融（教門）

十玄緣起事事無礙之「法門」，由六相圓融之「教門」成立（法門，就法之緣起說；教門，就教義之內容而說為六相）。

六相之說，一在示緣起實相，一在示法界緣起圓融無礙。一切諸法，無不具足六相，彼此圓融，相即無礙。六相之名如下：

1. 總相——一含多德故。
2. 別相——多德非一故。
3. 同相——多義不相違，同成一義故。
4. 異相——多異相望，各各異故。
5. 成相——由此諸義，緣起成故。
6. 壞相——各住自法，本不作故。

茲以屋舍為例，加以說明：

(1)屋舍，是「總相」。

(2)樑柱瓦石，是「別相」。

總與別，即全體與部分，二者交互決定，總別互依。

⑩ 一方為主，其餘為伴，因此只有一主，故主主不相見。伴隨主，故只有主伴相隨，而伴與伴不相見。

(3)樑柱瓦石，相配合成（互不相違），以成屋舍，皆與屋舍有因緣條件關係，是「同相」。

(4)而此樑柱瓦石等，有各自之形相，相望差別，是謂「異相」。各緣彼此互異，乃能同為一「舍」之緣，此表示同異互相涵攝。

(5)樑柱瓦石各各作緣（皆是建造屋舍的條件）。成一屋舍，是「成相」。

(6)雖成一屋舍，而各住自法（性質），不失本來面目，是「壞相」。

成壞之論，與同異大致相近。樑柱瓦石所以能為「成舍」之條件，因各有一定性質（自法）；既有一定性質，故各是各，並未「變成屋舍」，依此而說屋舍未成（壞）。故賢首最後總結云：

總即一舍，別即諸緣。
同即互不相違，異即諸緣各別。
成即諸緣辦果，壞即各住自性。

此六相中，總、同、成三者為圓融門（和合融通為一）。別、異、壞三者為行布門（散布各成異體）。圓融不礙行布，相即相入，互不相礙，故一切諸法，無不圓融自在。

第七章　佛教的「教外別傳」：禪宗的異采

第一節　中國禪宗簡史

菩提達摩為中國禪宗之初祖。梁時自海南至金陵，與梁武帝問答不相契❶，乃渡江到北方，住嵩山少林寺。達摩楞伽傳心，實屬真常之教。據《續高僧傳》，達摩以《楞伽經》授慧可，慧可「從學六載，精究一乘」。（一乘、謂南天竺一乘宗。）

慧可傳僧璨（西元五二六—六〇六年），當北方周武法難（五七四），璨南下，棲隱舒城皖公山，傳法於道信。

---

❶《碧巖錄》（雪竇重顯禪師集結），開端即云：梁武帝問達摩大師：「如何是聖諦第一義？」摩云：「廓然無聖。」帝曰：「對朕者誰？」摩云：「不識。」帝不契，達摩遂渡江至魏。所謂「廓然無聖」、「不識」，不過「蕩相遣執」而已，梁帝不契悟，緣未備耳。

道信（西元五八〇—六五一年），先在吉州一帶（今江西地），住約二十年，然後北渡長江，在黃梅雙峰山（破頭山）立寺院，設佛像，開創道場，法席大開。是為禪宗四祖。道信傳弘忍（西元六〇二—六七五年），為禪宗五祖。籍黃梅，又住黃梅東禪寺，故亦稱黃梅大師。其住地在雙峰山之東十里，故又以「東山法門」稱之。此時來受學者達七百人，盛況空前。

弘忍門下，重要弟子有慧安、神秀、慧能等。慧安武后時為國師。神秀（卒於七〇六）移住荊襄，復北上京洛，甚得朝廷禮重，是為北禪。慧能南下韶州曹溪，為南禪。另有金陵牛頭山之法融（西元五九四—六五九年），得四祖道信開悟，傳化頗盛，是為牛頭禪（牛頭山在金陵附近）。數傳至徑山國欽（唐代宗賜號國一），時當西元七一四—七九二年，約與馬祖、石頭同時，此系後來終為南禪所融化。

慧能（西元六三八—七一三年），本籍河北，生於嶺南。二十餘參五祖，見神秀之偈（身是菩提樹，心是明鏡臺，時時勤拂拭，勿使染塵埃）而不可，另呈一偈云：❷

菩提本無樹，明鏡亦非臺，本來無一物，何處惹塵埃。

五祖印可，遂授法衣。慧能隱匿民間，不欲人知。至四十左右，始在曹溪弘化。傳法弟子四十餘人，最著者有⑴青原行思，⑵南嶽懷讓，⑶荷澤神會，⑷永嘉玄覺，⑸南陽慧忠。另一門人法海，集錄其言行，為施法壇經。元代有僧宗寶者校定異本，修定為《六祖大師法寶壇經》。茲簡說三大弟子於後：

㈠神會（西元六八六—七六二年）

荷澤神會，在六祖門人中年輩最晚，但宜先加講述。

神會於唐玄宗開元中北上南陽，天寶間復至洛陽，著《顯宗記》，大顯南禪；而指北禪（神秀一支）為漸，南禪為頓。後為神秀門下所謗，移徙荊州。安史之亂時，以香火錢助軍費，亂平，肅宗為造禪宇於洛陽荷澤寺，終於達成「以慧能為禪宗六祖」之願望（北禪以神秀為禪宗六祖）。神會卒於肅宗末年。圭峰宗密（西元七八〇—八四一年）即其四傳弟子。

神會北上為慧能爭正統（即爭取已為神秀所有之六祖名位），功勞甚大。唯禪之為禪，實由青原與南嶽二支發揚光大。而神會之如來禪，則與六祖之祖師禪有所不同，見後文之討論。

㈡行思（西元六六〇—七四〇年）

青原行思，江西吉州劉家子，從六祖甚早，後承命分化一方，住吉州之青原山，卒於開元二十八年。弟子有石頭希遷（西元七〇〇—七九〇年），廣東高要人，初參六祖，後參行思，思深許之，曰：「眾角雖多，一麟足矣。」後往南嶽，結庵於大石上，人稱石頭和尚。卒於德宗貞元六年。著有《參同契》、《草庵歌》。弟子有藥山惟儼（西元七五一—八三四

---

❷ 偈，形式是詩句，內容是佛家證道之言，以四句為常。梁時，傅大士（善慧大士）有句云：「有物先天地，無形本寂寥，能為萬象主，不逐四時凋。」此四句道家意味頗濃。

年）、天皇道悟（西元七四八—八〇七年）。藥山下開出曹洞宗，天皇下開出雲門宗、法眼宗。

㈢**懷讓（西元六七七—七四四年）**

南嶽懷讓，陝西人，先參安國師（弘忍門下之慧安），後至曹溪，侍六祖十五年，六組寂後，往南嶽弘化，卒於天寶三年。弟子馬祖道一（西元七〇九—七八五年），四川人，至南嶽，得懷讓開悟，侍奉十年，往江西弘化，門庭最盛，人稱馬大師。卒於貞元四年，弟子眾多，最著者為百丈懷海（西元七一九—八一四年）、南泉普願（趙州之師）等。百丈下開出溈仰宗、臨濟宗。

第二節　道信禪法與東山法門

在論及南禪之「如來禪」與「祖師禪」之前，還須對四祖道信之禪法與五祖弘忍之東山法門，略作說明。

一、道信禪法之特色

印順法師在所著《中國禪宗史》❸中，對道信與弘忍皆有所論。他指出道信禪法，有三大特色：

1.戒與禪合一——弘忍門下的禪風（禪與菩薩戒相合），其實是稟承道信而來。道信的菩薩戒法雖無明文可考，但從「南能、北秀」的戒法，以自身清淨佛性為菩薩戒體而言，可以想見為梵網戒本。道信的戒禪合一，極可能受到南方（天臺學）的影響。

2.楞伽與般若合一——達摩禪從南方而到北方，與般若法門原有風格上的共同。道信遊學南方，並深受般若學的影響。到他在雙峰山開法，就將《楞伽經》的「諸佛心第一」，與《文殊說般若經》的「一行三昧」融合起來，制為「入道安心要方便門」，而成為「楞伽」與「般若」統一的禪門。

3.念佛與成佛合一——念佛是大乘經的重要法門。在中國，自盧山慧遠結蓮社念佛以來，稱念阿彌陀佛，成為一個最平易通俗的佛教。達摩凝住壁觀，聖凡一如，原與念佛的方便不同，而道信引用一行三昧（一行三昧乃念佛三昧之一），「念佛心是佛，妄念是凡夫」——息一切妄念而專於念佛，心心相續，念佛心就是佛。道信的「入道安心方便」，即是這樣的方便。依念佛而成佛，雙峰禪門纔能極深而又能普及。從弘忍門下的念佛禪中，可以充分看出。

道信的禪法，「佛即是心，心外無別佛」，成立了「念佛」與「念心」的同一性。「念佛」是引用「一行三昧」的新方便，「念心」——觀心、守心，而沒有說到「念佛」，這正

❸ 參印順《中國禪宗史》自印本（慧日講堂流通）第二章。

是《楞伽》的舊傳統。❹

二、弘忍之東山法門

弘忍是黃梅人，但原籍潯陽，兩地分屬二省，而實只一江之隔。他自幼年便從道信出家（一說七歲，一說十二歲），他一直追隨道信，承受雙峰禪法，十餘年間，其名望掩蓋雙峰，號稱「東山法門」。

東山法門又稱東山宗，弘忍時代的禪門隆盛，引發獨樹一宗的信念。其中有二點很關重要：

第一是對法統承傳的重視。張說「大通禪師碑」有云：「自菩提達摩天竺東來，以法傳慧可，慧可傳僧璨，僧璨傳道信，道信傳弘忍。繼明重迹，相承五光。」（五光，即指「摩、可、璨、信、忍」五人而言。）

第二是「教外別傳」——不立文字，頓入法界，以心傳心的達摩禪，也被明確地提出來。弘忍門下（北方）的禪法，充分表現「不立文字」「頓入」「傳心」的禪宗特色。自弘忍傳法以來，「東山法門」的優越性，被佛教界發現，使東山成為當時的修道中心。

不過，禪法是應機的，不隨便傳授。學者有所領會，又得師長印證，即祕密「與法」，外人不與知。此所謂「與法」，正是「不立文字」「頓入」「心傳」（密意傳授，亦稱「意傳」）。這是道信弘忍承傳的達摩禪之真意。

東山門人眾多，神秀在京洛得朝庭禮重，其門人普寂推尊神秀為禪宗六祖，後來為慧能門人神會所攻，六祖之名銜，歸於不甚識字之慧能。此一史實，更見證了「不立文字，直指人心」確為禪宗之本色。下節即討論南禪之「如來禪」與「祖師禪」。

第三節　如來禪與祖師禪

在南禪未開宗派之前，圭峰宗密（神會之法裔，又為華嚴宗第五祖）已有三宗之判：

(1)四祖下牛頭法融一脈，弘法於江東。此一地區，受玄學之影響特深，法融之學，遂亦以「虛空為道本」，以「不須立心，亦不強安」為宗要，側重非心非佛。故圭峰判之名「泯絕無寄宗」。（非心非佛，即蕩相遣執之般若精神也。無寄，即不掛搭、不執著之意。）

(2)五祖下神秀一脈，化行京洛，多承楞伽舊義（傳心），主「清淨自心現流，漸而非頓」，故圭峰判之為「息妄修心宗」。（止息妄意，修清淨心，使心合理。）

(3)六祖下神會倡頓禪於京洛，以立知見直顯真心（靈知真性）為主，圭峰乃其四傳法

---

❹ 「念心」是：(1)知心體，體性清淨，體與佛同。(2)知心用，用、生法寶，起作恆寂，萬法皆如。(3)常覺不停，覺心在前，覺法無相。(4)常觀心空寂，內外通同。入身於法界之中，未曾有礙。(5)守一不移，動靜常住，能令學者明見佛性，早入定門。（引見印順《中國禪宗史》頁六七。）上說五事，即是道信門下「觀心」之五類方便。

裔，自判為「直顯心性宗」。

然而，直顯心性之南禪正統，實不在神會一系，而在於湘贛中心興起之「新禪風」。六祖云：

若欲求佛，即心是佛；若欲會道，無心為道。

此四句，先從正面說有（即心即佛），是存有地說；再從反面說無，是工夫地說、作用地說。成佛之「道」不能落於任何固定之形式，故須破斥一切相對有限之物，而顯絕對無限之道本身。這是融合真常唯心與般若性空之新禪風。（從思想傳承發展的脈絡上說，是真常唯心與般若性空；若直從工夫上說，便是頓悟成佛。）

以是，青原南嶽下之禪師，或說「即心是佛」，或說「非心非佛」（馬祖道一），或說「不是心，不是佛，不是物」（南泉普願），南嶽懷讓說「說似一物即不中」。這表示對真心真空，既能不落二邊，而又中道不住。

南方禪師有「如來禪」與「祖師禪」之分，但其實指，不甚明確。因為禪宗語錄，幾乎不提神會禪，所以對神會一系未有恰當之確解。依牟宗三先生之疏解❺，其基本關鍵是在「即心是佛」一語如何解釋，也就是對「如來藏性」的了解與說法的問題。對於如來藏性，可以有三種說法：

1.如來藏自性清淨理、亦即理佛性——此是相應阿賴耶系統而說者。

2.如來藏自性清淨心——在此，真心與真性是一，此是真常心系統之如來藏。

3.一切法趣色趣空、非色非空，只點實相為如來藏（實相無相，是謂如相）——此時，有實體意味的真心即被打破，而復歸佛法真相，此是天臺「性具」系統下如來藏。

神秀的漸教禪是第1說；神會的清淨禪（如來禪）是第2說；六祖下的南禪（祖師禪）是第3說。有人誤以為如來藏的「如來」指「如來佛」，這當然不對。又有人說如來禪是漸教禪，祖師禪是頓教禪，這也不中肯（半對半不對），因為如來禪與祖師禪都是頓教禪。簡切地說：

（甲）如來禪——唯真心（如來藏自性清淨心）——偏顯真心真性（所謂立知見、立靈知真心）。有所立即同時亦有了限制，所以必須破斥。（般若「蕩相遣執」，即是破斥的精神。）

（乙）祖師禪——不思善，不思惡，中道不住，不捨不著，歸於圓實（即心即佛——非心非佛——任他非心非佛，我只管即心是佛）——六祖禪。

一、神會的如來禪：頓悟眞心，直顯靈知眞性

以上舉第2個說法來解說「即心是佛」以及「直指人心，見性成佛」，乃是神會禪之立場。其所著重者，是就「如來藏真心（真性）」而講直下頓悟以成佛。《歷代法寶記》說神

---

❺ 參牟宗三《佛性與般若》第三部第二分第一章第二節「判攝禪宗」（下冊，頁一〇三九—一〇七〇）。

會每月作壇場為人說法——

　　破清淨禪，立如來禪。

可知「如來禪」之名是神會所立。而所謂「破清淨禪」是要破斥假藉「看心、看淨」之方便以「息妄修心」（修心以合理）之漸教禪（神秀禪）。所謂「立如來禪」，是立「頓悟如來藏性以得如來法身」，此即圭峰所謂「直顯心性宗」。「直顯」（不假漸修）即是「頓悟」。「心性」即靈知真性（真如心、靈知性，心性合一）。這仍然是荊溪所說「唯真心」、「偏指清淨真如」（指華嚴宗）。

神會禪所不同於華嚴宗者，不過偏重在頓悟真心，而不甚重視此心之「不變隨緣，隨緣不變」（如來藏緣起）之教說耳。

經教是教乘，禪家是宗乘。所謂「教外別傳」，乃指佛教內的「教外」（經教之外）之別傳（禪）。

故神會之頓悟禪、如來禪，實同於《起信論》華嚴宗之「唯真心」。此一系統必須預設一超越的分解，以顯示一超越的真心（靈知真性）。

(1)就華嚴教說，是別教一乘圓教；

(2)就神會頓悟禪說，是如來禪。

圭峰所倡「禪教合一」，便是以華嚴宗「顯示真心即性」之教，會合神會「直顯真性」之禪

（宗）。但六祖及青原南嶽下之禪者，並不同於神會禪。（圭峰亦知「直顯心性宗」有二類，但他只講第二類，而對第一類則引而不發。又，圭峰與百丈門下溈山同時，溈山早圭峰九年生，而後卒十二年。溈山與德山、洞山、臨濟，皆是親歷唐武宗會昌法難之高僧大德。）

禪教合一之簡示：

在理論教義上──禪教合一
在修行工夫上──禪淨雙修

- 般若教──牛頭禪（法融）
- 天臺教──祖師禪（慧能）
- 華嚴教──如來禪（神會）
- 唯識教──漸教禪（神秀）

二、六祖的祖師禪

六祖之祖師禪，有三個重要的基本義旨。

㈠無所住而生其心──直指本心，見性成佛。❻

當初六祖半夜聽五祖說《金剛經》，至「應無所住而生其心」❼，六祖言下大悟：一切

---

❻「直指本心」，本心指佛家之般若智心（非儒家之道德仁心）。「見性成佛」，性指空寂性（非儒家的內在之道德性）。

❼無所住（不住著），故如如呈現。是為「無所住而生其心」。無所執滯，萬法自生。本心具足，無待於外。

萬法不離自性（自性、謂空寂性）。他對五祖陳述自己之所見：

> 何期自性本自清淨！（期、謂料想）
> 何期自性本不生滅！
> 何期自性本自具足！
> 何期自性本不動搖！
> 何期自性能生萬法！

「何期」猶今言「何曾料想到」。自清淨、無生滅、自具足、不動搖（不浮動搖蕩）、生萬法，凡此，皆在人的期望與料想之外（沒有想到竟能這樣）。「自性」指自己的本性，即「本來無一物」的空寂性。但此空寂性，必須通過「無所住而生其心」，始能如如呈現。不住著於色聲香味觸法而生其心，此即般若心、清淨心、無念心。般若呈現，空寂性始呈現。可見六祖並不像神會就無所住而分解成一個靈知真性，分為空寂之體與靈知之用而成真心即性；而是無任何住著之般若心照見空寂性。空寂性「本來無一物」，而「般若非般若，是之謂般若」，般若亦本來無一物，此之謂智如不二。不二而二，亦可說為「如如智與如如鏡」。如如智即心，如如鏡即性。故五祖謂六祖曰：

> 不識本心，學法無益。若識本心，見自本性，即名丈夫、天人師、佛。

句中之「本心」，即無所住的般若心；「本性」，即空寂性。「若識本心」數句，即「直指本心，見性成佛」之義。必須直就著「無念無住的般若清淨心」而無心（不住著），始能見「本來無一物」的空寂性而成佛。

念念住著，即是生滅緣起的萬法；念念不住著，即是般若。自性若迷，即是眾生；自性若悟，即是佛。❽故曰：

佛自性中作，莫向心外求。

佛是覺，不是釋迦（不是個體（某某人）成佛，而是覺者成佛。覺者即是佛）。「性」是綱主（性是王），故「性在，身心存；性去，身心壞。」《中論》云：「以有空寂故，一切法得成。」此乃就「因緣生」而言之，並不是本體論的生起論也。

㈡自性生萬法——「性生」並非本體論的生起論

既然性生不是本體論的生起論，然則五何期句中最後一句「何期自性能生萬法」，應如何了解？曰：

「生」是依前第三句「自性本自具足」之意而來。「自性能生萬法」，即「自性能含具萬法」之轉語，故「生」乃含具義、具現義，實則其本身並無所謂「生」也。自性真空，故

❽ 由此四句，可見佛家不離眾生而成佛，眾生之外，並無一個「本非眾生」的佛。

真如本性本無所謂起不起、生不生。生起變化而成萬法，是由於思量（心識活動幻起萬法）。心識萬法不離空如（自性真空），以如為相，以如為位，於是而有「自性生萬法」（自性含具萬法）的漫畫式（寫意的，描述的）正表詞語。實則，此乃含具不捨不著、無生無滅的萬法實相而為功德聚（法身佛）。六祖所說，正是智者所謂「點空說法」也。

六祖全靠自悟，他並無經院式之訓練，對經院式之分析與教相之分判亦無興趣，故必須以天臺圓教之「一念心即具十法界」加以規範，方能對它有恰當相應的了解。❾

圭峰宗密——

(1)以教方面之空宗配禪方面之「泯絕無寄宗」（牛頭禪）

(2)以教方面之唯識宗配禪方面之「息妄修心宗」（神秀禪）

(3)以教方面之華嚴宗配禪方面之「直顯心性宗」（神會禪）

圭峰明知直顯心性有二類，卻只講第二類的神會禪，對第一類直顯心性之「六祖禪」無所交代，此表示圭峰對天臺宗仍然無安排。牟先生以為——

(4)當以天臺圓教配六祖之圓頓禪，亦即後來所謂之「祖師禪」。

㈢無念、無住、無相——不捨、不著、不斷斷

六祖又云：

以無念為宗，以無住為本，以無相為體。

從此三句，尤可見出其精神與天臺圓教相應。《壇經》機緣品載臥輪禪師偈云：

> 臥輪有伎倆，能斷百思想，對境心不起，菩提日日長。

六祖認為此偈未明心地，因示一偈：

> 惠能無伎倆，不斷百思想，對境心數起，菩提作麼長？（惠能、慧能，通用。）

臥輪自以為有伎倆，實則為法所縛而陷於滯執。他是「息妄修心宗」。而惠能無伎倆，不斷百思想，此正是天臺宗所特重的「不斷斷」（以不斷為斷，不斷而斷），於百思想中無住無著，乃是思而不思，此便是解脫。「本來無一物」是一法不可得；「不斷百思想」，則是不壞假名（有）而說諸法實相（空），三千宛然「即空即假即中」，兩者（不斷與斷，或假名與實相）似相反而實相成。

至於「無念」乃境界語、工夫語，不是存有論上的有無語。「無念」乃「於念而無念」（不為念所縛）。「於念」是存有論的有念，而「無念」是工夫上的無執無著，亦「於諸境

---

❾ 依牟先生，無論「天臺性具」（性具一切法）、「華嚴性起」（性因緣生起一切法）、「禪宗性生」（自性生萬法），皆非所謂「本體論的生起論」。佛家之空寂性，不同於存有層說的實體性的本體。佛陀說「如來藏我」，已自言乃為接引外道（之怕說無我者）之方便權宜。說梵天，是執實；說藏我，則無我相（中道第一義空）。

心不染」之意。「無念」顯示一個宗旨，故曰「以無念為宗」。

「無住」是所以實現此無念之宗旨者，「於諸法上念念不住」即無縛矣，此便是「以無住為本」。

「無念、無住」，即是「無相」。「無相者，於相而無相」（不著相），亦即般若經所謂「實相一相，所謂無相」。無相乃是他的體性（故名實相），所以說「以無相為體」。

彼「看心、觀淨，不動不起」者，是有相禪。離一切相，不著一切相，直從自性空寂處直心而行（由無念心而行），則一切還歸於無相——禪、戒、定、慧、懺悔……一是皆無相，此即是「一行三昧」（萬行化為一行），只此一行，更無餘行，此便是圓頓禪、祖師禪。

第四節　禪家五宗之宗風

六祖亦尊重經教，只因重在心悟，故不落知解言詮。後來南禪專重在「無心為道」一語之撥弄，亦即專重在「拈花微笑」❿此一主觀之領受。於是——

1. 「即心是佛」是禪；
2. 「非心非佛」亦是禪；
3. 「任他非心非佛，我只管即心是佛」，亦是禪；
4. 「佛之一字，我不喜聞」（石頭門下天然丹霞語），同樣是禪。

隨之而來的，揚眉瞬目，擎拳豎拂，畫圓相，舉一指，棒打口喝，呵佛罵祖，都是順著「無心為道」一語而來的一些奇詭的姿態，說穿了，即是「作用見性，當下即是」。根本上還是《般若經》之「不捨不著」，這原本是修行人之圓證圓悟，亦是共義，不但佛教，實亦儒道二家之所共。

職是之故，過分誇大「教外別傳」，而又截取此一「別傳」為宗，以與他宗相抗，反而顯得自己小，而不免陷於孤單。蓋「教外別傳」這個「教」字，是指「禪、教」相對而言的經教，而不是總述的佛教之教。所以，禪宗只是佛教內的教外別傳，並非外於佛教而有一個禪宗也。

一花開五葉，本是同根生。但南禪五宗，風姿各別，須當略為一說。為便於參照，先列出各系宗支源流於後：

---

10. 《大梵天問佛決疑經》載：釋迦在靈山會上，手拈金色婆羅花遍示諸眾，眾人默然無語，惟迦葉破顏微笑。釋迦知葉已悟心法，便道：「吾有正法眼藏，涅槃法門，實相無相，微妙法門，不立文字，教外別傳，付囑摩訶迦葉。」

六祖慧能—南嶽懷讓—馬祖道一—百丈懷海—溈山靈祐—仰山慧寂（溈仰宗）
　　　　　　　　　　　　　　　　百丈懷海—黃檗希運—臨濟義玄（臨濟宗）
六祖慧能—青原行思—石頭希遷—藥山惟儼—雲岩曇晟—洞山良价—曹山本寂（曹洞宗）
　　　　　　　　　　石頭希遷—天皇道悟—龍潭崇信—德山宣鑑—雪峰義存—雲門文偃（雲門宗）
　　　　　　　　　　　　　　　　　　　　　　　　　　　　　　雪峰義存—玄沙師備—羅漢桂琛—清涼文益（法眼宗）

㈠**溈仰宗**——

由溈山靈祐（西元七七一—八五三年）仰山慧寂（西元八一四—八九〇年）師徒開宗。化地一在潭州（今湖南地），一在袁州（今江西地）。此宗先開先謝，僅三四傳而絕。其禪風體用圓融，師資濟美，父慈子孝，上令下從。

㈡**臨濟宗**——

由臨濟義玄（卒於西元八六七年）開宗。臨濟，曹州（山東地）人，化地在鎮州（河北地），為南禪北行之始。

北宋時回化南方，在五宗中傳燈最盛。一度分為楊岐（在袁州）、黃龍（在南昌）二派，

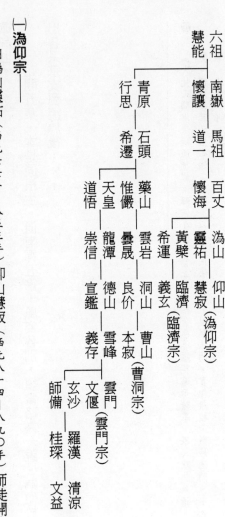

至南宋，黃龍派趨衰，楊岐復臨濟宗名。

此宗禪風以棒喝見稱，峻烈莫比。南宋大慧宗杲（臨濟十一傳）倡看話禪。自此以後，禪流皆以「看話頭」為入門。

(三)曹洞宗——

由洞山良价（西元八〇七—八六七年）、曹山本寂（西元八四〇—九〇一年）師徒開宗（以六祖住曹溪之故，不敢稱洞曹，故稱曹洞）。

其禪風回互叮嚀，親切綿密，頗重傳授。化地一在高安，一在臨川（皆江西地）。曹山一脈二三傳而斷，賴洞山另一弟子雲居道膺（雲居寺在廬山）單傳，至南宋而興盛。後東渡傳入日本。

(四)雲門宗——

由雲門文偃（卒於西元九五〇年）開宗。化地在乳源（廣東地），後北行江浙，更入京洛，北宋時最盛，入南宋而微。

此宗禪風，如奔流突止，頗為急切，而亦簡潔明快。

雲門弟子德山緣密嘗歸結為雲門三句：⑪

---

⑪ 雲門三句另一順序：(1)截斷眾流——撥開現實上一切利害之顧慮，透顯本體（理）。(2)涵蓋乾坤——只有本體才能涵蓋乾坤，透體便自然涵蓋天地萬物。(3)隨波逐浪——本體含具的天理不能掛空，必須流行於事。天理隨時在事（生活）中表現，有如春風化雨，流行起用。

①涵蓋乾坤（顯發精神心靈之涵蓋性——開顯）。
②截斷眾流（離事以顯理，絕對而普遍——超絕）。
③隨波逐浪（與具體之現實渾成一片——圓滿）。

㈤法眼宗——

由清涼文益（西元八八五—九五八年）開宗，住金陵，卒後謚號法眼，因以名宗。其禪風先緩後激，古稱巧便。一傳天臺德韶，再傳永明延壽，著《宗鏡錄》一百卷，導唯識、天臺、賢首教入本宗；又以禪融淨，開禪淨一致之風。北宋中絕於中土，而轉行於高麗。

第五節　公案話頭舉隅（六則）

禪家之分派，實無基本宗旨上之差異，而只是接引手法之不同。公案話頭，有時能顯示一規路，但有時則只是當機之表現手法。手法既須「當機」，故局外人之揣想，常不免刻舟求劍，強作解人。但中國人特別喜歡這一套，又特別善於這一套，故亦不得不介紹一二。隨錄隨解，證會解釋之言，另起行頂格。⓬

一、即心是佛

> 師（大梅法常）初參馬祖，問：「如何是佛？」祖曰：「即心是佛。」師即大悟，便隱山深居。馬祖聞之，乃令僧問：「和尚見馬大師，得個甚麼，便住此山？」師曰：「大師向我道，即心是佛，我便向這裡住。」僧曰：「大師佛法，近日又別。」師曰：「怎麼生（怎麼樣）？」曰：「又道非心非佛。」師曰：「這老漢，惑亂人，未有了日。任他非心非佛，我只管即心是佛。」其僧回，舉似馬祖，祖曰「梅子熟也。」

六祖有言：「若欲求佛，即心是佛；若欲會道，無心為道。」這是融會真常唯心與般若性空的新禪風。自南嶽青原以下的禪師，或說「即心是佛」，或說「非心非佛」，或說「不是心，不是佛，不是物」（南泉語），對於真心真空，能夠不落兩邊，而又中道不住，此其所以為殊勝，為超絕。馬祖東說西說，無非「作用見性」⓭「無心為道」。他當然不是「惑亂人」，但如果你不會，便會造成自己之惑亂。大梅深徹此意，故能深得馬祖之心。

> 龐居士聞之，曰：「還須勘過。」便去相訪。纔相見，士便問：「久嚮大梅，不知梅

⓬ 蔡仁厚《儒家思想的現代意義》（臺北：文津出版社），頁三九八—四一五「禪宗話頭證會舉隅」一文，請參閱。

⓭ 「作用見性」，不肯定實體，也不確立宗旨教條，只順各人之身心活動（視、聽、言、動）而隨宜指證性的功能作用。故有云：「行住坐臥，皆是坐禪；挑水擔柴，無非妙道。」亦猶此意也。

子熟也未？」師曰：「熟也。你向什麼處下口？」士曰：「百雜碎！」師伸手曰：「還我核子來。」士無語。

龐居士亦是馬祖門下大大有名的人物。他不輕信梅子熟了，要實地勘過。大梅自承梅子已熟，問他何處下口，他說「百雜碎」，這也是很厲害的一手。我亂咬一通，把你嚼得稀爛破碎，看你如何應付？沒想到大梅不動聲色，只伸手向你取回那顆咬不爛的「核子」（不壞的種子）。遇到如此大方的主人，你還能有何話說？只好「無語」而回。

二、野鴨子、大機大用

師（百丈）侍馬祖行次，見一群野鴨子飛過，祖曰：「是甚麼？」師曰：「野鴨子。」祖曰：「甚麼處去也？」師曰：「飛過去也。」祖遂把師鼻，扭負痛失聲。祖曰：「又道飛過去也。」師於言下有省。

野鴨子，飛過去，乃是眼前現象，所謂「境」也。學佛之人，不可心隨境轉。天空野鴨飛過去，誰不知道？而老和尚竟來問你，自是隨機考問。你卻漫不經心，只當做平常說話，這便不是「常惺惺」的道理了。水，會流過去；雲，會飄過去；野鴨子，會飛過去；「心」、卻不可以隨境而轉。若是心也流走了，還出甚麼家？作甚麼佛？所以必須加以提醒。但平常說話，「言之諄諄，聽之藐藐」，沒有用的！這時就得使出辛辣手段，把鼻一扭，讓你負痛失聲，回歸自己。

卻歸侍者寮，哀哀大哭。同事問曰：「汝憶父母耶？」師曰：「無。」曰：「汝被人罵耶？」師曰：「無。」曰：「哭作甚麼？」師曰：「我鼻頭被老和尚扭得痛不徹（徹、盡也，止也）。」同事曰：「有何因緣不契？」師曰：「汝問取和尚去。」同事問祖曰：「海侍者有何因緣不契，在寮大哭，祈和尚為某甲說。」祖曰：「是伊會也，汝自問取他。」同事歸寮曰：「和尚道汝會也，教我問取汝。」師乃呵呵大笑。同事曰：「適來哭，如今為何卻笑？」師曰：「適來哭，今來笑。」同事罔然。

野鴨子，飛過去，固然是境；鼻頭痛，哀哀哭，亦是境。百丈以境示意，是想從馬祖處得個印證，那同事來回傳遞消息，果然使百丈這點省悟獲得證實，不覺便呵呵大笑起來。在旁人看，你這人哭笑無常，好沒來由。但百丈自己清楚，適來之哭，今來之笑，皆是境，何來常！那同事乃是個老好人，所以罔然。

次日，馬祖升堂，眾纔集，師便卷卻席，祖便下座。師隨至方丈，祖曰：「我適來未曾說話，汝為甚便卷卻席？」師曰：「昨日為和尚扭得鼻頭痛。」祖曰：「汝昨日向甚麼處留心？」師曰：「今日鼻頭又不痛也。」祖曰：「汝深明昨日事。」師作禮而退。

哭與笑是境，鼻頭痛不痛，亦是境。百丈三番兩次，只為要印證「一切都是境，而我心永在作主，實無流走」。馬祖問今日事，他答以昨日如何如何，問他昨日事，又答以今日如何如何；在外人看，乃是答非所問，而馬祖聽來，卻覺字字落坎，故立即肯許，曰：汝深明昨日事。

> 他日，師再參侍立次，祖目視繩床角拂子，師曰：「即此用，離此用。」祖曰：「汝向後開兩片皮，將何為人？」師取拂子豎起。祖曰：「即此用，離此用。」師掛拂子於原處。祖振威一喝，師直得三日耳聾。

馬祖目視拂子，這個動作本身，其含意是不定的；只看你如何回應，如何領受。百丈說「即此用，離此用」，是表示對任何物事，皆不可起執著，必須「不捨不著，不即不離」，乃能顯發大機之用。這個回應，可謂靈利無比，好極了。所以馬祖亦別無話說，而卻擔心百丈日後多逞口舌，反而把做人成佛的正事給耽誤了。百丈知馬祖之意，便取拂子豎起，表示「我有這個在」。人能自信，當然很好。但若自以為是，便將形成執著（即而不離），故再以「即此用，離此用」加以提醒。而百丈誤以為老和尚亦不過重覆我說的話，便覺得「大事已了，天下已定」，乃將拂子掛回原處。孰料馬祖振威一喝，天崩地塌，竟使百丈耳聾三日！其實，耳聾事小，生死事大。當百丈躊躇滿志，掛回拂子之時，實已墮入「離而不即」，行將耽虛沉空。而且，你果真以為「即此用，離此用」便可永為準據乎？否否，大大不然。試想想，「空」尚且要「空掉」（所謂空空），何況你這六個字！馬祖振威一喝，力分兩面：一面喝掉你這個「自以為是」，一面以獅子吼震醒你，使你從空幻夢境中猛然回頭。此便是馬祖起死回生的大機大用。

按：馬祖是六祖之後，唯一享有「祖」字尊稱的大師。在他生前，人皆稱馬大師而不名。百丈後來也成為大禪師。黃檗在百丈門下時，百丈為他舉此公案，黃檗聽到馬祖振威一喝，不覺吐舌。（心想，好險呀！）他耳聞如同親見，所以驚心動魄；但亦由於當下警悟，故不須耳聾三日，只伸伸舌頭便過關了。百丈見他深契馬祖，便問：「子以後莫要嗣馬祖去？」檗曰：「不然。今日因師得見馬祖大機之用，然且不識馬祖。若嗣之，恐喪我兒孫。」（祖孫父子，倫常有序，不可越位，不可忘恩。否則，便有斷喪後代之虞。黃檗乃英靈漢子，而又如此誠朴厚直，所以終成大器。）丈曰：

> 如是如是。見與師齊，減師半德；見過於師，方堪傳授。子甚有超師之作。

百丈之言，大是不凡，而亦極其老實。我初次讀到這幾句，深心感動不已。有這樣的老師，纔會得到這麼好的弟子；有這樣的弟子，纔會遇到這麼好的老師。禪宗能在中國大放異采，良非偶然。

三、黃檗佛法無多子

師（臨濟）初至黃檗會上，行業純一。時睦州為第一座，問師曰：「上座在此多少時？」師曰：「三年。」州曰：「曾參問否？」師曰：「不曾參問，不知問個什麼？」州曰：「何不問堂頭和尚，如何是佛法的的大意？」師便去問，聲未絕，檗便打。師下來。州曰：「問話怎麼生？」師曰：「某甲問聲未絕，和尚便打，某甲不會。」州曰：「但更去問。」師又問，檗又打。如是三度問，三度被打，師白州曰：「早承激勸問法，累蒙和尚賜棒。自恨障緣，不領深旨，今且辭去。」州曰：「汝若去，須辭和尚了去。」師禮拜退。州先到黃檗處曰：「問話上座，雖是後生，卻甚奇特。若來辭，方便接伊。已後為一株大樹，覆蔭天下人去在。」

臨濟在黃檗會上三年，居然不曾問過一句話，亦不知問個甚麼，可謂「參也魯」矣。一旦受人激勸，前去參問，卻又三度發問，三度被打。他挨了打亦不怨怪別人，只恨自己障緣，不領法旨。記語說他「行業純一」，洵非虛誇。而睦州慧眼獨具，看出這個後生將可成為覆蔭天下人的大樹。既循循誘導於前，又為先容代請於後，可謂情義深摯，肝膽照人。

師來日辭黃檗，檗曰：「不消它去，只往高安灘頭參大愚，必為汝說。」師到大愚，愚曰：「甚處來？」師曰：「黃檗來。」愚問：「黃檗有何言句？」師曰：「某甲三度問佛法的的大意三度被打，不知某甲有過無過？」愚曰：「黃檗與麼老婆心切，為汝得徹困（徹底解答了你的困惑），更來這裡問有過無過。」師於言下大悟，乃曰：

「原來黃檗佛法無多子！」愚搊住曰：「這尿床鬼子，適來道有過無過，如今卻道黃檗佛法無多子，你見個甚麼道理？速道，速道！」師於大愚肋下築三拳。愚拓開曰：「汝師黃檗，非干我事。」

大愚與黃檗同為馬祖再傳⓮，故彼此相知。佛法的的大意，即在汝心，打你是要你回頭，逼你向內悟，勿再向外求。三度來問，三度打你，何等老婆心切，你還懵懂不知嗎？但這種話黃檗不能直對臨濟說，必須另開機緣，所以指點他去參大愚。大愚果然不負所望，三言兩語便說得臨濟「大夢覺醒」，竟能靈光爆破，悟出「黃檗佛法無多子」來。蓋佛法「的的」大意，本無許多，當下歸一，只此便是。「無多子」（子，讀輕聲），猶言「沒有很多，就這麼一點點」。但臨濟這句悟語真切可靠否？還須有一轉語，方得證實。所以大愚催他「速道，速道」（悟道不容擬議，必須當機說出）。沒想到這後生小子全然是黃檗的風格路數。黃檗當初打他三次，他竟要在我大愚身上找回來。也罷，我雖然愛才，但亦不能搶人法裔。所以說「汝師黃檗，非干我事。」

又按：黃檗有云：「除此一心法，更無別法。」臨濟亦云：「說法道人，聽法道人，是諸佛之母。」臨濟此語，乃是直指人心，見性成佛。但亦須當下現前，不捨不著始得。再者，佛法雖無多子，終須婆心接人。臨濟「三玄九要」，便正是建立「化門」頭事：

⓮ 大愚之師歸宗禪師，黃檗之師百丈禪師，同師馬祖。故大愚與黃檗同為馬祖再傳。

一曰句中玄，

二曰意中玄，

三曰體中玄。

由體有意，由意有句，言有差別，惟意則一；意有差別，惟體則一。其實，三玄一也，而亦無所謂一。而古塔主改「意中玄」為「玄中玄」，非臨濟之意。明得句中玄，可以自了；明得意中玄，可為天人師；明得體中玄，可為諸佛師。三玄中各分三要（初要、中要、上要），乃是化門入道次第。到體中玄之要，依然返本還原，此便是正法眼藏。另，曹洞宗有「五位君臣」之說：⓯

1.正位——空界，本來無物。

2.偏位——色界，萬象有形。

3.偏中正——捨事入理，則偏中有正。

4.正中偏——背理就事，則正中有偏。

5.兼帶——冥契眾緣，不墮諸有，非染非淨，非正非偏，能入能出，縱橫自在。

這五位之說，自亦頭頭是道。而臨濟曰：「人人赤肉團中，有個無位真人」（無位真人，指「心」而言）。這是從「位」中透出來，指個「無位真人」教人自悟自證，所以尤為直截。

四、平常心是道

趙州問南泉⑯：「如何是道？」泉曰：「平常心是道。」

南泉出自馬祖門下，俗姓王，常自稱「王老師」，活了八十七歲。其徒趙州更長壽，從唐代宗大曆之末活到唐亡之前十年，一百二十歲。

趙州行腳參方，走遍天下。早年機鋒迅疾，所向披靡，人一見到他，便大聲喊叫：「南泉一隻箭來也！」

其實，一切精采奇詭，遲早總要歸於平實。若是不平不實，便亦不正不常。古往今來，亦曾有「不平實、不正常」的大道乎？道既平常，心如何可以不平常！心到平處，自然能常。而心之歸於平常，亦只是不著意，只是安然而行。所謂「平常心是道」，實際上亦仍然是「無心為道」另一方式的表現。

老年的趙州，既平實，亦風趣。有僧問趙州：「如何是佛？」曰：「殿裡底。」（佛無相，不可問，問則著相。如今你偏要問，所以乾脆指個泥菩薩給你看。）曰：「殿裡豈不是泥塑像？」曰：「是」。又問：「如何是佛？」曰：「殿裡底。」（泥塑像不是佛，我纔是佛——佛陀亦是一個我。你怎麼總是向外求？好吧，老僧慈悲，再指佛陀塑像與你做個榜樣。）僧曰：「學人乍

---

⑮ (1)正中偏（君位），(2)偏中正（臣位），(3)正中來（君視臣），(4)偏中至（臣向君），(5)兼中到（君臣合）。

⑯ 趙州從諗，師從馬祖門人南泉普願。趙州與黃檗同年輩而長壽，活到唐朝亡前十年，達一百二十歲。

到叢林，乞師指示。」（這個漢，誠心誠意，真是個老實人。面對老實人，須說老實話。）州曰：「吃粥也未？」曰：「吃粥了也。」州曰：「洗缽盂去。」僧忽然省悟。

佛是覺，不是釋迦。覺須由我覺，佛須由我成。成佛之人，正是吃粥洗碗之人。這本是平平常常的道理，所以老老實實的參方僧人亦能省悟。

五、龍潭紙燭

師（德山）往龍潭，至法堂，曰：「久嚮龍潭，及乎到來，潭又不見，龍又不現。」潭引身曰：「子親到龍潭。」師無語，遂棲止焉。

常言臨濟喝，德山棒。二位都是棒喝交加的大禪師。德山初訪龍潭，本是慕名而來，卻又心高氣傲，出語張狂，咄咄逼人。而龍潭輕輕一言，既老實，又平靜，竟使那個來勢洶洶的獅子兒，再亦發不出威風來。一陣山雨，落入秋潭，遂棲止焉。

一夕侍立次，潭曰：「更深，何不下去？」師珍重便出。卻回曰：「外面黑。」潭點紙燭度與師，師擬接，潭復吹滅。師於此大悟。

侍立、珍重，何等彬彬有禮！但有外面之禮，還須內在之悟。深夜侍師，燈光熒熒，心裡該是暖暖的。等到開門一看，外面竟是黑洞洞的世界。「外面黑」，且問裡面如何？老和尚以紙燭度與你，你真想接來照亮世界、照亮自己不成？光明豈能由人度？你又如何能從他人之手接得光明？縱然你接了紙燭，出得門來，山風一吹，依然熄滅。那時，外面裡面，全歸昏黑，你將如何？燭光是外，不是你自發的光明，要它何用？何況紙燭是龍潭點燃的，與你何干？它想度與你，是慈悲；你伸手去接，卻是貪便宜。是以立下殺手，一口吹滅！此方是龍潭真慈悲。德山不是凡品，故能於此大悟。若是俗子，便不免惱怒起來，要打罵老和尚去也。

六、雲門敲門（附、日日是好日）

師（雲門）往參睦州。州纔見來，便閉卻門。師乃扣門。州曰：「誰？」師曰：「某甲。」州曰：「作甚麼？」師曰：「己事不明，乞師指示。」州開門，一見便閉卻。一連三日，皆如是。至第三日，又扣門，纔開，師擠身進入，州便擒住曰：「道，道！」師擬議，州便推出門，掩門，折師一足，師負痛失聲，忽然悟入。

「己事」謂何？成佛是也。自己無個入處，所以登門向人求教。但敲門容易入門難。如今門已為你開，你卻不進來，當然「閉卻」。第三日雲門看出一點端倪，知道「入門」亦是「己事」，必須自己進去。所以門纔開，便擠入。擠入是對的。但當睦州一把抓住，要雲門速速開口說話時，他內心尚未通透，一時不知說甚麼好。

其實，睦州的意思亦甚簡單。你連番敲門，我連番為你開，第三日你終於知道自己擠進來，但「入門者是阿誰？」你為何答不出？這個不識，所以被推。我推你出去，你卻又走得不爽快，不利落。身露門外，腳陷門內，隔成兩截，勢必折足。但「形」有內外，「心」無內外；腳折負痛，大叫一聲，方知這喊叫者正是入門者。

「真我」既已透顯，自然悟入去也。之後，睦州教他參見雪峰，得受宗印，遂為雪峰法裔，後來，更開創了雲門宗。

雲門有自述語云：「雲門聳峻白雲低，水急游魚不敢棲。」可見其門風甚為峻急。不過，雲門亦有風和日麗之時。一日雲門對僧眾說：「十五日以前不問汝，十五日以後道將一句來。」每月三十天，前半月與後半月的日子，並無不同。每日每時，都可以好好過生活，每日每時，亦都是自證成佛的好時刻，這那裡用得著分別，用得著揀擇？但眾人參禪久了，卻變得神經過敏，總以為這裡藏有一個「宗旨」，那裡亦有一番「深意」，揣摩猜測，反而摸不著頭腦。雲門見無人答話，於是自言自語，說：「日日是好日。」

是的，日日都是「好日子」。但不會使用，亦是枉然。趙州有言：「人皆為十二時使，老僧卻使得十二時。」若有人問，趙州如何使那十二時？曰：謾胡猜！趙州老漢使他趙州的，我使我的，「己事」自了，管他趙州老漢則甚？今且讓我也自言自語：

雲門日日是好日　　趙州使得十二時

況是勿忘勿助長　不由情識由良知

我的證會到此為止，你還會麼？

第四卷　宋明時期：儒家心性之學的新開展

引　言

（一）

從魏晉到隋唐這七八百年中，中華民族的心智力量並沒有衰竭。

⑴魏晉階段，文化生命有歧出，有虛脫，但仍有道家玄智之開顯與玄理之暢發。

⑵南北朝階段，文化生命進入睡眠狀態，但社會風教與家庭倫常持續不變。而對佛教之譯習，亦仍然是心智的活動。

(3)隋唐之時，天下一統，文化生命開始有第一步的豁醒——表現於政治制度以定國安邦。心智力量則表現於對佛教之消化、分判，自開宗派。

但就中華民族之「原生本命」而言，仍然是在歧出失軌之中，還欠缺一步思想義理的豁醒，以昭顯文化理想，端正文化生命的方向和途徑。（譬如，隋唐之時，出入佛老者眾矣，卻無一人能夠像宋儒般「返求六經而後得之」。）

中唐之時，雖有韓愈提揭道統之說❶，力倡孔孟仁義之教。其門人李翱亦有「復性書」之作，但或者只是外部的呼聲，或者只是先機之觸發。在主觀方面，振動文化心靈之力量有所不足，而客觀方面，佛教（尤其禪宗）正如日中天，文化生命返本歸位的契機尚未到來。而且還有一段黎明前的黑暗（五代）必須通過。經歷了唐末五代的劫難，而後纔能剝極而復，否極泰來。這就是宋明儒學之復興。

（二）

宋明儒學有六百年之發展，他們重建道統，把思想的領導權從佛教手裡拿回來，重新挺顯了孔子的地位，使民族文化生命返本歸位，而完成了第二度的「合」（第一度的合，是西漢）。

他們最大的貢獻，是復活了先秦儒家的形上智慧。道家講玄理所顯發的「無」的智慧，以及佛教講空理所顯發的「空」的智慧，雖皆達到玄深高妙的境地，但由玄智空智而開顯出來的「道」，畢竟不是儒聖「本天道為用」（張子語）的生生之大道。儒家之學，一面上達天德，一面下開人文，以成就家國天下全面的價值。這樣的道，當然比佛老更充實、更圓滿。

（三）

北宋儒者之學，通常稱之為「理學」，這個「理」字當然有它的實指，而不只是平常所謂義理、道理的意思。道家講「玄理」，佛教講「空理」，而宋明儒所講的，則是「性理」。

1.所謂「性理」，並不指說是屬於性的理，而是「即性即理，性即是理」。但程伊川和朱子所說的「性即理也」，卻不能概括「本心即性」的「性理」義，故稱宋明儒學為「性理學」，又不如名之為「心性之學」，或許更為恰當。

2.但「心性」不是空談的。一個人自覺地過精神生活，作道德實踐（表現道德行為），便不能不正視心性。念茲在茲，時時講習省察，豈能視為空談？縱或有人空談，魚目又豈能混珠？空談者自是空談，豈可因這等人而忽視心性之學的本質與價值？

---

❶ 韓愈「原道」文中，繼「允執厥中」之後有云：「堯以是傳之舜，舜以是傳之禹，禹以是傳之湯，湯以是傳之文武周公，文武周公傳之孔子，孔子傳之孟軻，軻之死，不得其傳焉。」此即儒家道統之傳。其實，在《論語》《孟子》書中，亦皆有相當顯豁之指點。拙著《孔孟荀哲學》卷上第九章第三節之一，傳道之儒，可參閱。

3.心性之學也就是「內聖之學」。內而在於自己，自覺地作聖賢工夫（道德踐履），以完成各自的德性人格，這就是所謂「內聖」。儒家之教，立己以立人，成己以成物，它必然要由內聖通向「外王」，外而達之天下，行仁政王道以開濟事功。但宋明儒講習學問的重點，畢竟偏於內聖一面。外王一面欠缺積極的開發。這就是所謂「內聖強而外王弱」（牟先生語）。

（四）

「內聖之學」又名「成德之教」。成德的最高目標是「聖」，是「仁者」，是「大人」。而其真實的意義，是要在個人有限的生命中，取得無限而圓滿的意義。這就是「即道德即宗教」（同時是道德，亦同時是宗教）的儒家之教。依照儒家教義來說，道德即通無限。道德行為雖然有限，而道德行為所依據的實體，以成就其為道德行為者，則無有極限。人隨時體現這個實體以成就其道德行為之「純亦不已」，便可以在有限之中而取得無限的意義。有限而無限，性命天道通而為一，這就是儒家的宗教境界。

這內聖成德之教，亦可名曰「道德的宗教」。它既與以捨離為首要義的「滅度的宗教」（佛教）相異，亦與以神為中心的「救贖的宗教」（耶教）不同。這是自孔孟以下先秦儒家本有的弘規（孔子「踐仁知天」、孟子「盡心知性知天」，便是這個弘規的基本模型），並不是宋明儒者的憑空新創。宋明儒者所講習的，便是順著這個本有的弘規而引申發揮，調適上遂。以是，世俗所謂「陽儒陰釋」一類的言詞，根本是不知學問之實的顢頇語、鶻突話。（我看不出宋明儒學中有任何一個可以作為中心義旨的觀念，或有本質相干性的工夫話頭，是來自佛老的。）❷

（五）

北宋諸儒，上承儒家經典本有之義，以開展他們的義理思想；其步步開展的路數，是由《中庸》《易傳》之講天道誠體，回歸到《論語》《孟子》之講仁與心性，最後纔落於《大學》講格物窮理。

到了宋室南渡，胡五峰首先消化北宋儒學而開出湖湘學統；朱子遵守伊川之理路而另開一系之義理，陸象山則直承孟子而與朱子相抗。理學之分系，於焉成立。

到了明代，王陽明呼應陸象山而開出「致良知」教。劉蕺山呼應胡五峰而盛言「以心著性」之義；接著為大明之亡絕食而死，六百年之理學亦隨之而告終結。

本卷所述，即是宋明六百年的儒家哲學。（各章所陳述的基本義理之根據，皆請參閱牟先生《心體與性體》、《從陸象山到劉蕺山》。拙撰《宋明理學北宋篇》、《宋明理學南宋篇》與《王陽明哲學》，亦可參看。）

❷ 參蔡仁厚《中國哲學的反省與新生》（臺北：正中書局）頁三〇七—三一九「從陽儒陰釋說起：平章學術之一例」。

第一章　周濂溪「默契道妙」

前言（宋初三先生與邵康節）

北宋儒學初起之時，胡安定（瑗）、孫泰山（復）、石徂徠（介），皆卓然有儒者之矩範，故後世尊稱為「宋初三先生」。這一輩學者的精神企向，主要可以歸結為三點：

一是恢復師道尊嚴，重視人格教育。

二是重建道統的呼聲。

三是文化意識的覺醒。

但他們只是文化生命復甦回向的先驅人物，對於義理心性之學，還沒有達到開光顯立的使命。

另有邵康節（雍），他年長周濂溪六歲，長張橫渠九歲，長二程二十歲。他們同住於洛陽，相互為友。但學問各歸自己，似乎不見互為影響之處。邵子自是北宋一大家（所謂北宋五子，即指他與周、張、二程而說）。

但邵子的「易圖」「易數」之學，乃屬專家之學，必須有聰明，有閒暇，始能學得成。程明道說過：堯夫（邵子之字）欲將其學傳與某兄弟，但學他那套學問，非十年不為功。某兄弟那得此閒工夫！由這件事，亦可旁證在康節的學術生命中，道德意識與文化意識，皆不甚突顯，與文化生命的脈動，相關性並不大。（在北宋儒學中，應屬別派。）

第一節　濂溪的風格與論贊

周濂溪（西元一〇一七—一〇七三年）名敦頤，字茂叔，道州營道（今湖南道縣）人。他做過幾任地方官，輾轉於江西、湖南、廣東各處，所至皆有政聲。他半生在江西，晚年隱居廬山蓮花峰下。黃庭堅謂濂溪人品甚高，「胸懷灑落，如光風霽月。」

二程十五六歲，奉父命從學，濂溪每令尋孔顏樂處，所學何事？明道嘗言：「自再見周茂叔後，吟風弄月而歸，有吾與點也之意。」又謂：「周茂叔窗前草不除去。問之，云：與自家意思一般。」侯師聖學於伊川，未悟，訪於濂溪。濂溪曰：「吾老矣，說不可不詳。」留與對榻夜談，越三日乃還。伊川聞其言語，大為驚異，曰：「非從周茂叔來耶」？濂溪善於開發人，往往如此。

朱子嘗謂：「濂溪在當時，人見其政事精絕，則以為宦業過人；見其有山林之志，則以為襟懷灑落，有仙風道骨；無有知其學者。惟太中知之❶，宜其生兩程夫子也。」又作周子像贊云：

道喪千載，聖遠言湮。不有先覺，孰開後人。

書不盡言　圖不盡意　風月無邊　庭草交翠❷

第二節　以誠體合釋乾元

周濂溪的著作不多，重要的是《通書》（又名易通），《太極圖說》。《通書》開宗明義第一章，便以《中庸》之「誠體」合說《易傳》之「乾元」「乾道」。

誠者，聖人之本。「大哉乾元，萬物資始」，誠之源也。「乾道變化，各正性命」，誠斯立焉。純粹至善者也。「元亨」，誠之通；「利貞」，誠之復。大哉易也，性命之源乎！

❶ 二程之父名迥，官至太中大夫。為南安守時（今江西大庾），與濂溪為同僚。知其學德，因命二子受學云。

❷ 「書不盡言」，書指《通書》。「圖不盡意」，圖指《太極圖說》。末二句，則順「吟風弄月」與「窗前草不除」而來。

引號中各句，皆《易傳》之言。周子以「誠之源，誠斯立，誠之通，誠之復」配合易傳之言作解，這種合釋，可謂天衣無縫。

《中庸》講到天地之道時，有下列各語句：

> 天地之道，可一言而盡也。其無物不貳，則其生物不測。（二十六章）
>
> 誠者物之終始，不誠無物。（二十五章）
>
> 誠則形，形則著，著則明，明則動，動則變，變則化。唯天下之至誠為能化。（二十三章）
>
> 唯天下之至誠，為能盡其性。（二十二章）

「不貳」謂專精純一，亦即是誠。「誠」本是真實無妄之意，是形容名詞；而它所指的實體，則是天道。「生物」謂創生萬物（生物之生，是動詞）。「生物不測」，是說天道之創生萬物，莫知其所以然，是神妙不可測的。「誠」字轉為實體字，便名之曰「誠體」，誠即是體，亦即是天道。❸

誠體生化萬物，一切事物皆由誠而成始成終。在這成始成終的過程中，物得以成其為物，成其為一個具體而真實的存在。如果將這個誠體撤消，物便不能成始成終，而將歸於虛無，故曰：「不誠無物」。

誠，能起創生、改變、轉化，有生化萬物的功能和作用，故能「形、著、明、動、變、化」。天道「至誠無息」，聖人與天合德，亦至誠無息，故能與天地同功而至於「化」。聖人之所以能化，是因為聖人能「盡其性」之故。常人未必能盡其性，故必須通過「誠之」的工夫，等到既復其誠，亦同樣可以盡性，而達於「化」境。誠即是性（天命之謂性）。離此誠以言性，便是歧出，便將喪失天性。所以性與天道都只是一個誠體。（「性」與「天道」是形式地說，而「誠」則是內容地說。）

濂溪以《中庸》之「誠」說《易傳》之乾彖之義，自然合拍，恰切無比。《中庸》與《易傳》顯發儒家形上智慧的思路，實在是相同的。

第三節　乾道變化即是誠體流行

若將這創生的終始過程應用到乾卦彖辭，則所謂「乾道變化，各正性命」，亦正顯示一個誠體流行的終始過程。再就乾卦卦辭而言，「元、亨、利、貞」，亦同樣表示誠體流行的終始過程。濂溪說「大哉乾元，萬物資始，誠之源也」。便已指出「乾元」就是誠體發用流行的根源。又說「乾道變化，各正性命，誠斯立焉」。

---

❸《中庸》第二十章：「誠者，天之道也；誠之者，人之道也。」「誠之」，使之誠也。常人生命未至於「誠」，故須做「誠之」的工夫。

乾道變化是指說誠體之流行，而誠體流行的實體即是乾元，所以「誠體」就是乾元。

濂溪又從元亨說「誠之通」，於利貞說「誠之復」。復，由「立」而見；通，承「源」而來。誠之「源、立、通、復」正就是乾道（天道）之「元、亨、利、貞」。二者皆表示天道誠體之無間朗現，終始貫徹。就誠體自身說，或就誠體之終始過程（亦即天道之生化過程）說，都是「純粹至善」的。所以濂溪又引易繫傳上云：

> 一陰一陽之謂道，繼之者善也，成之者性也。

在乾道變化之中，於元亨處便見於陽之申，於利貞處便見有陰之聚。所謂一陰一陽之謂道，即是表示：道，乃是誠體之流行，是一個有「陽之申、陰之聚」之軌迹的終始過程。人能繼續這個無間歇無流逝的生化之道，而不使它斷滅止絕，便是「善」。能在自己的生命中成就這個道，這個道便成為個體的「性」。人有了至善的誠體以為性，纔能完成這個道於自己的生命中以莊嚴充實我的生命，並成就我的德性人格。所以《通書》首章之末又總贊一句：「大哉易也，性命之源乎」！意思是說，《易》之一書，是真正能參透性命之根源者。

據上所述，可知濂溪之「默契道妙」（吳草廬語），是從《中庸》《易傳》悟入，所謂「千載不傳之祕」（黃梨洲語），它劈頭便把握住了。乾彖與繫傳諸語，只須用一個「誠」字點撥，便實義朗現。乾道之變化，實只是一誠體之流行，這是儒家最根源的智慧。握住此義，便綱領在手，而可以無所歧出，無所走作。

拙撰《宋明理學・北宋篇》有一表，錄列於此以助解：

誠體即乾元
- 大哉乾元，萬物資始，誠之源
  - 元
  - 亨
  - 誠之通——於此見陽之申
- 乾道變化，各正性命，誠斯立
  - 利
  - 貞
  - 誠之復——於此見陰之聚

一陰一陽之謂道
- 繼之者善
- 成之者性
- 易乃性命之源，誠為聖人之本

第四節　誠體與寂感

《通書》誠下第二章云：

> 聖，誠而已矣。誠，五常之本，百行之源也。靜無而動有，至正而明達者也。……

所謂「聖，誠而已」，乃就人之體現上說，亦即就聖人之為「聖」說。就聖人之盡誠，而看出誠體是道德的創造之源，所以說「誠」是「五常之本，百行之源」。就其為本為源，亦即就其為「體」而言，則「靜無而動有，至正而明達」。這二句是對誠體本身的體悟。靜時無聲無臭，無方所，無形迹，一塵不染，純一不雜，故曰「靜無」。靜時雖然無，但卻並非死體，所以動時則虛而善應；當其應事，則因其所應之事而有方所、有形迹，故曰「動有」。動時雖然有，而其為一塵不染，純一不雜之虛體，則依然如故。下句「至正、明達」是呼應「靜無、動有」而言。故靜無即以「至正」來了解，動有即以「明達」來了解。明，是「自誠明」❹之明；達，是「利貞」之達：通而有定向，利而有終成。

「靜無而動有」，與《太極圖說》開端二句「無極而太極，太極動而生陽」，表示同一思理。（解見下第六節）「無」與「有」雖借《老子》之詞，但濂溪所謂「靜無動有」實與《易傳》繫辭「寂然不動，感而遂通」之義相通，仍純然是儒家之義理。

《通書》聖第四云：

> 寂然不動者，誠也。感而遂通者，神也。動而未形，有無之間者，幾也。誠精故明，神應故妙，幾微故幽。誠神幾曰聖人。

《易傳》繫上云：

> 易，無思也，無為也，寂然不動，感而遂通天下之故。非天下之至神，其孰能與於此？

此所謂「寂然不動，感而遂通」，乃是先秦儒家原有的，亦是最深的玄思（形上智慧）。濂溪便通過這句話來把握誠體，所以說「寂然不動者，誠也。感而遂通者，神也」。寂，是就誠體之「體」說；感，是就誠體之「用」說。總之，誠體只是一個寂感真幾。說「天道、乾道」，猶是形式的抽象的儱侗字，所以落實說個「誠體」，誠體仍覺儱侗，所以再落實說個「寂感」。

這是對誠體之具體的了解——內容的了解。誠體由寂而感，其幾甚微，動而未形，若有若無，有無之間，發微不可見，故曰「幾」。濂溪又以「明、妙、幽」說此「誠、神、幾」。誠體至精，純一不雜，故明。神感神應，感而遂通天下之故，故妙。動而未形，發微不可見，故幽。而真正能夠體現此道妙者，則為聖人，所以說「誠神幾，曰聖人」。

依濂溪之體悟，這個作為寂感真幾而能起創生作用的誠體之神，又實即「太極之理」。(義見《通書》動靜章第十六、理性命章第二十二，參拙撰《宋明理學・北宋篇》第一章第四、五兩節。)它動而無動相，靜而無靜相，它神感神應，妙運生生，所以陰陽氣化的混闢(幾微之始與生成之著)，實際上即是誠體的流行與充周(周遍充滿)。他的《太極圖說》，由太極陰陽

---

❹《中庸》第二十一章：「自誠明，謂之性；自明誠，謂之教。誠則明矣，明則誠矣。」自誠而明，是孟子所謂「堯舜性之」的性之；自明而誠，是孟子所謂「湯武反之」的反之。「性之」是安然而行，自然合道；「反之」是反省自覺，克己復禮，這是在工夫中以復其誠。既復其誠，則與前者並無差異。所以又說「誠則明矣，明則誠矣」。

五行之生化萬物，敘述一個由宇宙到人生的創化過程，以彰顯「由天道以立人極」之義；便是根據《通書》言誠體寂感的義旨推衍出來。❺

第五節　作聖工夫

《通書》思第九云：

洪範曰：「思曰睿，睿作聖」。無思，本也；思通，用也。幾動於此，誠動於彼。無思而無不通為聖人。不思，則不能通微；不睿，則不能無不通。是則無不通生於通微，通微生於思。故思者聖功之本，而吉凶之幾也。易曰：「君子見幾而作，不俟終日。」又曰：「知幾其神乎！」

這一章正式言作聖工夫。凡就內聖之學而言工夫，必落在「心」上說。心為主觀性原則。主觀地通過心之自覺明用，以體現天道誠體，是之謂工夫。濂溪引《尚書・洪範》「思曰睿，睿作聖」之句而言「思」，意在由「思」以明「心之用」。

思，是心之通用（一般性的作用）。孟子有「思誠」之說❻。思誠是思誠體（不是思經驗對象），誠體因心之思而朗現。誠與思合一。濂溪根據洪範「思曰睿，睿作聖」，仍然是以「同於思誠的道德意義的思」以言聖功。「無思，本也」，是指無思無為的「無思」，這正是思的最高境界。但「無思」並非槁木死灰之謂。以無思為本，只是表示以無思為「體」，有體必有用，故下句云「思通，用也」。思通是思以通微。思以無思為體，以通微為用。思以通微而至其極，便是「無不通」。濂溪以「無不通」規定「睿」，故曰「不睿，則不能無不通」。到達「無不通」時，便知此思已進到無思之思的最高境界，故曰「無思而無不通為聖人」。

既是無思，又是思之無不通，則此思決非「有計慮、有將迎」的有作為之思，而是無作無為，唯是一誠體流行之思。這不是經驗界或感性界的思，而是一種超越的睿思。所以說「思曰睿，睿作聖」。

以「無思而無不通」之「睿」，彰顯證實誠體之流行，誠體即在「無思而無不通」中重新建立，全體朗現。所以睿思過程，亦即誠體建立（彰顯）之過程。故曰「幾動於此，誠動於彼」。思之功全在幾上用，而思之通微即是通「幾」之微。幾動是現象，屬經驗層；而知幾之知，通微之思，則屬超越層，乃是清明心體之用。（如實而言，此清明心體之用，即是誠體之用。故濂溪所說之思，實乃誠體注入其中之思。）幾一動，誠體之思與知，即照臨於幾之動而隨

---

❺《太極圖說》全文之疏解，請參閱拙撰《宋明理學・北宋篇》第三章。下文第六節亦有講論。

❻《孟子・離婁上》：「誠者，天之道也；思誠者，人之道也。」

感隨應。此便是「幾動於此，誠動於彼」❼之實義。

在動之微處，或吉或凶，或善或惡，皆由此出，故須知幾、審幾，而且須慎於幾。人常戒慎恐懼而保持其清明心體，即能知幾之微（通微）；知幾而至於神感神應，即是「無思而無不通」而為「善」。易辭傳下云：「顏氏之子，其殆庶幾乎！有不善未嘗不知，知之未嘗復行也。」有不善未嘗不知，即表示顏子能常保其清明心體，故能知幾之微；知之未嘗復行（不貳過），即表示知之即化之。王龍溪所謂「纔動即覺，纔覺即化」是也。顏子庶幾近乎「無不通」之睿境矣。通微之思而至於無不通之睿，則幾之動乃全吉而無凶，全善而無惡，此便是「無思、思通」之全體大用，而誠體亦復於此得其建立而全部朗現。此時，主觀地說的「思」與客觀地說的「誠體」完全融合而為一，誠體寂感之神，即是思以通微的思用之神。故易曰：「知幾其神乎！」

但體現誠體的工夫，不能只注意心之思用，而應進一步更內在地注意到心之道德的實體性之「體」義，此便是孟子所說的「本心」。濂溪言作聖工夫，不知直承孟子之本心說，反而迂曲尋其根據於《尚書．洪範》，不免捨近而求遠。由於濂溪之默契道妙是從《中庸》《易傳》入，因而對於孔子之踐仁知天與孟子之盡心知性知天，還沒有十分真切的理解，他的不足夠或不圓滿處，有待於後來之發展。但他對於誠體之神、寂感真幾的積極體悟，使先秦儒家本有的形上智慧，得以甦醒復活，實已為宋明六百年的內聖成德之教，開啟了最佳之善端。

第六節　《太極圖說》的思想架構

道教方面，先有太極圖或無極圖，以表示其修煉之歷程。濂溪見之，一時覺得有趣，遂加以改作，又恐人不明所以，故另作「圖說」以寄意。持平而言，太極圖雖可能源自道教，而太極「圖說」則斷然是濂溪自己之思想。自儒家義理而言，不必說道教之圖，即使濂溪之太極圖，亦無多大價值。沒有此圖，圖說之義理，依然可以獨立理解。濂溪藉圖以寄意，而其所寄之意，亦全本於《通書》以為說。茲將《太極圖說》全文分段錄於後。

一、圖說全文

無極而太極。太極動而生陽，動極而靜；靜而生陰，靜極復動。一動一靜，互為其根。分陰分陽，兩儀立焉。陽變陰合，而生水火木金土，五氣順布，四時行焉。五行一陰陽也，陰陽一太極也，太極本無極也。

五行之生也，各一其性。無極之真，二五之精，妙合而凝，乾道成男，坤道成女。二氣交感，化生萬物。萬物生生，而變化無窮焉。

---

⑦ 此二句，牟先生《心體與性體》書中以為，若改作「幾動於彼，誠動於此」，則較順適。於誠動處言「此」，從主體也。誠體之動照臨於彼幾之動，則「思」（知）之「通微」義益發豁顯。

惟人也，得其秀而最靈。形既生矣，神發知矣，五性感動，而善惡分，萬事出矣。聖人定之以中正仁義（自註：聖人之道，仁義中正而已矣），而主靜（自註：無欲故靜），立人極焉。故聖人與天地合其德，日月合其明，四時合其序，鬼神合其吉凶。君子修之吉，小人悖之凶。

故曰：「立天之道，曰陰與陽；立地之道，曰柔與剛；立人之道，曰仁與義。」又曰：「原始反終，故知死生之說。」大哉易也，斯其至矣。

二、圖說之義理骨幹

濂溪之「默契道妙」是從《中庸》《易傳》悟入。此《太極圖說》亦正展示「由天道以立人極」之義。而綜觀圖說之思理或語脈，則又與《通書》動靜第十六、理性命第二十二，以及道第六，聖第二十等各章，實相承接。茲抄錄有關各章於後，以便參較：

(1)動靜第十六：

動而無靜，靜而無動，物也。動而無動，靜而無靜，神也。動而無動，靜而無靜，非不動不靜也。物則不通，神妙萬物。水陰根陽，火陽根陰；五行陰陽，陰陽太極；四時運行，萬物終始；混兮闢兮，其無窮兮。

(2)理性命第二十二：

厥彰厥微，匪靈弗瑩。剛善剛惡，柔亦如之，中焉止矣。二氣五行，化生萬物。五殊二實，二本則一。是萬為一，一實萬分。萬一各正，小大有定。

(3)道第六：

聖人之道，仁義中正而已矣。守之貴，行之利，廓之配天地。豈不易簡，豈為難知，不守不行不廓耳。

(4)聖第二十：

聖可學乎？曰：可。有要乎？曰：有。請問焉。曰：一為要。一者，無欲也。無欲，則靜虛動直。靜虛則明，明則通。動直則公，公則溥。明通公溥，庶矣乎！

試以此四章與《太極圖說》對照而觀，即可看出：《圖說》第六句「一動一靜，互為其根」以下，至次段「而變化無窮焉」，此一長段與動靜章「水陰根陽」以下八句。以及理性命章「二氣五行」以下八句。不但義理相合，語脈亦相類似，甚至相同。

甲、如《圖說》「一動一靜，互為其根」即是動靜章「水陰根陽，火陽根陰」之義，水之陰根於火之陽而來，意即陰之靜根於陽之動而來；火之陽根於水之陰而來，意即陽之動根於陰之靜而來；此即所謂「一動一靜，互為其根」。

乙、又如《圖說》「五行一陰陽也，陰陽一太極也」二句，與動靜章「五行陰陽，陰陽太極」以及理性命章「五殊二實，二本則一」，其語法義理皆同。所謂五殊，即五行之殊異，亦即圖說「五行之生也，各一其性」之意。所謂二實，是指陰陽之氣。二氣之本，即是太極。太極是理，亦可名之為「一」，故曰「二本則一」。

丙、又如《圖說》「五氣（五行）順布，四時行焉」，「二氣交感，化生萬物。萬物生生，而變化無窮焉」各句，與動靜章「四時運行，萬物終始；混兮闢兮，其無窮兮」以及理性命章「二氣五行，化生萬物」各句，其思理語脈，亦相近合。

丁、此外，《圖說》「聖人定之以中正仁義，而主靜，立人極焉」一整句，依濂溪二則自註看來，實即《通書》道第六與聖第二十兩章之簡括。

至於後段所說，則是本於《易傳》而立言，與天地合德數句，本於《易・乾卦文言》，「夫大人者，與天地合其德，與日月合其明，與四時合其序，與鬼神合其吉凶」。立天之道數句，見《易・說卦傳》。原始返終二句，見《易・繫辭傳上》。

從以上之比觀，可知《太極圖說》之義理骨幹，主要不外乎《通書》這四章之義。❽其與《通書》不同，而又關乎義理者，只有「無極而太極」、「太極動而生陽」，「太極本無極」三句。下文將疏導之。

三、圖說關鍵句解義

(1)「無極而太極」與「太極本無極」：

「太極」是實體字，「無極」則是狀詞。朱子以太極即道體，道體無方所、無形狀、無聲臭影響，而又無乎不在，故以「無極」說之。「太極」是道體的表詮，「無極」是對道體的遮詮。無極者，無有窮極、無有限極之意。說「無極」是無窮極、無限極，並非隨意作解，在先秦典籍中正有根據：

《詩・大雅》文王之什云：「上天之載，無聲無臭。」

《易・繫辭傳上》云：「神無方而易無體。」

同篇又云：「易、無思也，無為也。」

凡是作為極至之理（第一原理、最高原理）的實體概念，總是無有窮極、無有限極的，這是極為通常的思路。「無極而太極」亦是如此。「太極」即是無聲無臭、無形無狀、無方所、無定體，而一無所有的「寂然不動，感而遂通」的極至之理。故曰「無極而太極」。「無極」乃是無有窮極的遮狀字，而「太極」則是在如此遮狀下之表詞。二詞所指，正是一事。故「無極而太極」，意即「無極之極」或無有極至的極至之理。（因為無可窮究其何所極至，而得

---

❽ 依牟先生之衡定，濂溪之學，當據《通書》之思路為綱，以規定《太極圖說》；而不可據《太極圖說》以議論《通書》。此意甚諦。《宋元學案・濂溪學案》先列《通書》，後列《太極圖說》是也。

以為極至之理。）

又，下句「「太極本無極」」，亦是說太極本是無有窮極、無有限極的極至之理。而不是說太極是本於無極而來。「無極」二字出於《老子》二十八章「復歸於無極」，王弼注云「不可窮也」。不可窮，亦是無有窮極之意。可見老子用「無極」，亦是作狀詞看。

(2)「太極動而生陽」：

太極既是無聲無臭、無方無體的極至之理，它如何能動？這個問題，應貫通《通書》的思理來了解。「無極而太極，太極動而生陽」二語，實即《通書》第二章言誠體「靜無而動有」一語之引申。「靜無」即是無極而太極；「動有」即是太極動而生陽。靜無之「靜」與動有之「動」，皆是所謂「時也」。意思是說，靜時以顯誠體之無聲臭、無方所，而為無有窮極的極至之理；此之謂「無極而太極」。動時則顯示其落於「有」之範圍而呈現出動之相；此之謂「太極動而生陽」。同理，動極而靜，靜時之靜顯出靜之相，此便是「靜而生陰」。此處「生陽、生陰」之「生」，只是解說上之引出義，而不是客觀上之生出義。動相之動即是「陽」，靜相之靜即是「陰」。並不是「動」則實實生出一個「陽」，「靜」則實實生出一個「陰」。若是如此，太極便是氣，而不是理、不是神了。

《太極圖說》全文之述解，見於拙撰《宋明理學·北宋篇》第三章第四節及其附表，可參閱。

濂溪此文，由太極陰陽五行之化生萬物，敘述一由宇宙到人生之創化歷程，並就此以見人極之根源，此即所謂「由天道以立人極」之義。「太極」是宇宙生化之最高原理，由太極誠體之顯為動靜之相而生陰陽，由陰陽之變化而生五行，由太極真體與二氣五行之妙合，而生萬物，而生人，宇宙之創化乃告完成。最後說明聖人之立人極，並盛贊聖人之德，上與天同。此則又是「立人極以合太極」。文末，以天地人三極之道，以及生生之易作結。全文思理謹嚴，潔淨精微，而共計連注不過二百六十餘言。洵可謂體大思精之作。

茲再列一簡表於此以助解：

- 無有限極的太極真體
  - 由動而顯示陽
  - 由靜而顯示陰
- 由陰陽五行之分合變化而生生不息
  - 男性由陽健之乾道而生
  - 女性由陰順之坤道而生
- 總起來說
  - 由太極而立人極（本天道以立人道）
  - 由人極以合太極（立人德以合天德）
  - → 天人合德
- 人道申展
  - 合天人
  - 通物我
  - 徹幽明
    - 推其始，生有自來
    - 返其終，死有所歸
    - → 安身立命，易道其至矣

第二章　張橫渠「思參造化」

第一節　張子生平與關中學風

張橫渠（西元一〇二〇—一〇七七年）名載，字子厚。世居大梁，其父迪，仕於仁宗朝為知州，卒於官。諸孤皆幼，不克歸，以僑寓陝西鳳翔郿縣為橫渠鎮人。橫渠雖少孤，而志氣不群。年十八，慨然以功名自許，欲結客取洮西之地，上書范文正公，公知其遠器，責之曰：「儒者自有名教可樂，何事於兵！」以《中庸》一卷授焉。遂翻然志於道，已而求諸釋老，無所得，乃返求六經，終成一代大儒。

橫渠少濂溪三歲，而於二程為表叔。嘗坐虎皮，講易於京師（開封），從者甚眾。一夕，與二程論易，次日，謂人曰：「比見二程，深明易道，吾不如也。可往師之。」即日輟講。其服善從公，可謂大君子之心矣。

嘗為雲巖令，為政以敦本善俗為先。神宗時，召對問治道，對曰：「為政不法三代，終苟道也」云云。帝悅之，留京師任職。以論政與王安石不合，託疾歸橫渠。終日危坐一室，左右置簡編，俯而讀，仰而思，有得則識之；或中夜起坐，取燭以書。其志道精思，未嘗須臾息也。《宋史·道學傳》謂：其學以易為宗，以中庸為的，以禮為體（治體），以孔孟為極。巍然為關中士人宗師。學者稱橫渠先生。橫渠嘗云：「學必如聖人而後已。知人而不知天，求為賢人而不求為聖人，此秦漢以來學者之大蔽也。」又曰：

為天地立心，為生民立命，為往聖繼學，為萬世開太平。

此言最能表出儒者之精神、器識與弘願。後世王船山最推尊橫渠，其自撰墓銘曰：「抱劉越石之孤忠，而命無從致；希張橫渠之正學，而力不能企；幸歸全於茲邱，固含恤以永世。」

在北宋諸儒中，周濂溪一直在南方。他孤明先發，開千年學術之暗，對宋明儒學有深遠的影響。但在當時，卻並不顯赫。二程少年時，雖嘗從學，但並不師承周子。直到一百餘年之後的朱子，纔出來表彰周子《太極圖說》。雖然朱子並不真能相應地了解濂溪體悟太極誠體的思路，但他極力表彰濂溪之學，卻發生了重大的影響。而橫渠與二程的關洛之學，則皆顯揚當世。橫渠年長於明道十二歲，但大器晚成，發皇較遲。所以關學與洛學，實同時並起，而又聲氣相通。不但橫渠與二程數度相聚講論，而橫渠卒後（橫渠之卒早於明道八年，早於伊川三十年），其門人呂氏兄弟與蘇季明等亦先後從學於二程。然而，關中學者卻亦自有一種篤於古道，以及切實於政事教化之風貌。

橫渠門人首推藍田呂氏、呂氏兄弟六人，四人列於學案。長曰大忠，字晉伯。次曰大防，字微仲。次曰大鈞，字和叔。又次曰大臨，字與叔。大防於哲宗元祐間官居相職，位最貴顯。他與晉伯、與叔合居，相互切磋論道，考定冠昏喪葬之禮，一本於古；故關中言禮者，以呂氏為首。伊川曾說：「子厚以禮教學者，最善，使學者有所據守。」關中學者用禮而漸以成俗，伊川以為「自是關中人剛勁敢為」。游定夫亦說：「關中學者躬行之多，與洛人並」。而和叔之「鄉約」，尤著成效。《宋元學案》列大防為橫渠同調，見卷十九、范呂諸儒學案。而晉伯、和叔、與叔，則並為橫渠弟子，見學案卷三十一、呂范諸儒學案。

在呂氏兄弟中，惟與叔年少於二程，而亦較深於學。橫渠既卒，與叔東見二程先生，明道教以識仁，與叔默識心契，豁如也。伊川以為：「和叔任道擔當，風力甚勁。然深潛縝密，有所不逮於與叔。」與叔與伊川論中和，言皆有本，反較伊川為明通。伊川曾說：「與叔守橫渠甚固，每橫渠無說處，皆相從，纔有說了，便不肯回。」伊川說此話，意若有所憾。實則，與叔並非固蔽不服善者。不然，明道教以「識仁」，勿以「防檢、窮索」為學，何以虛心樂從？可知與叔守橫渠之說，必是於師門義理有真切之體悟與貞信，故能守其所當守，而不輕易從人。與叔卒，年僅四十七。朱子曾說：「與叔惜乎年壽不永。若某只如呂年，亦不見得到此田地。」

洛學是以民間講學的方式，從事一種啟迪多士以開發文化新生命的思想運動，要求人在身心上做切己工夫，己立之後，自能了當得天下事物。而關學則更想落實到世事上，通過禮俗風教與經濟生活，來倡導新風氣，建立新人生。當橫渠倡學關中之初，少有和者。和叔與橫渠為同年友，心悅而好之，遂執弟子之禮，於是學者靡然知所趨向。橫渠慨然有志三代之法，以為仁政必自經界始；和叔亦喜講井田兵制。橫渠之教，以禮為先；和叔秉其意，訂為「鄉約」，加以推行，關中風俗為之一變。

呂氏鄉約分為四大綱：

一曰德業相勵　二曰過失相規　三曰禮俗相交　四曰患難相恤

每一綱皆列舉實踐之目，規定督責之法。（鄉約全文，請參看《宋元學案》卷三十一）。其精神主旨是揭舉人人所能行者，而以團體力量來互相督勉。既自由自主，而又相為夾持，引導而進。在一般宗教國家，可以靠宗教團體維繫禮俗。中國雖有佛教傳入，但它是出世教，所以社會風教與日常生活之軌道，仍需由儒家主持維繫。儒聖之學，本與社會人生不相離，而儒之為教，亦正要將形上之道、理，落實於生活行事，貫徹到立身處世、待人接物上來。禮之與法，相輔相濟。法所不禁而為理所不容者，亦須靠禮教來裁正。儒家之禮教，一面靠人自覺自律，一面亦須有社會公眾之制裁。呂氏鄉約之用意，正在於此。

呂氏兄弟不但以進修成德、幹濟世事為務，而且特嚴異端之教。大臣富弼告老在家，而崇信佛氏，與叔特別致書相責，曰：「古者三公，內則論道於朝，外則主教於鄉，此（指信佛氏）豈世之所望於公者」！富弼悚然，復書愧謝。二程亦嚴於辨儒佛，明道尤多正大中肯之言。然明道既卒，伊川復以「聖人本天，佛氏本心」為言。聖人果真只本「天」而不本「心」乎？伊川此言，固不免太阿倒持，授人以柄。學者據此意，馴至以為只有禪家言心，言心則必學禪。豈不謬哉！

第二節 天道性命相貫通

橫渠的著作，以《西銘》與《正蒙》最為重要。《西銘》所說，乃儒家共許之義，所以自二程以下，皆相推尊無異辭。（解見本章下第六節）但就思參造化、自鑄偉辭而言，則《正蒙》一書纔更足以代表張子之思想。濂溪《通書》精微簡約，而《正蒙》則篇幅繁多，體大思精，是宋明儒中自家鑄造❶而又最為思理精嚴的偉作。而且首先表示「天道性命相貫通」的，亦以《正蒙》書中的若干語句最為精切而諦當。「誠明篇」云：

> 天所性者通極於道，氣之昏明不足以蔽之；
> 天所命者通極於性，遇之吉凶不足以戕之。

此條是表示「天道性命相貫通」最為明顯而又最為精當的語句。前句指出「性」與「道」（天道）相通，後句指出「命」與「性」相通。而前後二句又皆有表有遮，首句表示通極於

❶《張子全書》卷十二語錄有云：「當自立說以明性，不可以遺言附會解之。若孟子言不成章不達，及所性、四體不言而喻：此非孔子曾言，而孟子言之，此是心解也。」據此，可知橫渠乃自覺地鑄造新辭以立說者。

道的「性」，是以「理」言的性，所以稟氣之昏濁或清明，皆不足以蔽塞它，它是純然至善的性。次句表示通極於性的「命」，亦是以「理」而言的命，所以命遇命運之吉凶順逆，皆不足以戕害它，它是可以內在而作為吾人之大分的性之所命（亦是天之所命）的命。

這「天道性命相貫通」的意識，本是宋明儒者所共同的（亦是先秦儒家本所函蘊），但自覺地如此精要地說出來，橫渠是第一人。而且亦是《正蒙》書中最為中心的觀念。橫渠之足以成為「儒門之法匠」，亦主要就在這一點上。牟先生說：

> 《正蒙》沉雄弘偉，思參造化。他人思理，零星散見，或出語輕鬆簡約。惟橫渠持論成篇，自鑄偉辭；誠關河之雄傑，儒家之法匠也。然思深理微，表之為難，亦不能無滯辭。❷

橫渠是大器晚成的儒者，而《正蒙》陸續成篇，直至卒前一年，始出以示人。但其初稿，二程或曾部分過目，而其中的義理觀念，在橫渠與二程書信往返或見面論學時，亦必常有吐露。二程皆對《正蒙》有微辭，甚至誤會橫渠「以器言天道」。

其實，橫渠並非以器言天道，亦未使用「清虛一大」為集詞語。他分別地言「清」、言「虛」、言「一」、言「大」，是用以形容道體，亦即以太虛神體說道體。這是對道體的另一種表示，與濂溪以誠體、以寂感真幾、以太極說道體，意正相類。不同之詞語，只是對「即存有即活動」之形上實體的諸般表示，只是同一義的展轉引申。而且明道言誠體、神體、易體等等，就客觀義理而言，其體悟之道體，與橫渠實相近合。只是明道說來精熟圓融，更能貼切「於穆不已」的原義而已。

由於《正蒙》成書較晚，橫渠在世時，明道未及窺其全豹，而「太和篇」之初稿可能較今本更多隱晦，或因明道之議而有所修改，亦未可知。凡客觀地思參造化以表明各概念之分際，皆不免有「苦心極力之象」，而不易表現「明睿所照」。橫渠之生命，實有其原始浩瀚之氣象。而《正蒙》一書，不但思理精嚴，而義理性亦極豐富。但其行文用詞，則不免如牟先生所說「帶點烟火氣」。其書之所以有隱晦、有滯辭、蕪辭，乃至不免「意偏言窒」而不夠潔淨明通，實以此故。當然，個人言語文字之善巧不善巧，以及語言文字本身之局限，亦有關係。而橫渠之行文亦確有不夠善巧處。然其沉雄剛拔，精思力踐，實令人起敬畏之心。所以朱子亦說「橫渠嚴密」，又說「橫渠之學，苦心力索之功深」。❸

以下將依據《正蒙》太和篇、誠明篇、大心篇，分別論述橫渠之「天道論」「性論」與「心論」。

第三節　正蒙的天道論

---

❷ 見牟先生《心體與性體》第二部、分論一、第二章引言。

❸ 皆見《張子全書》卷十五所載「朱子論橫渠」之語。

一、太和之道

《正蒙·太和篇》首段云：

> 太和所謂道。中函浮沉升降、動靜相感之性，是生絪縕相盪、勝負屈伸之始。其來也，幾微而簡；其究也，廣大堅固。起知於易者，乾乎？效法於簡者，坤乎？散殊而可象為氣，清通不可象為神。不如野馬絪縕❹，不足謂之太和。語道者知此，謂之知道；學易者見此，謂之見易。不如是，雖周公才美，其智不足稱也。

「太和所謂道」，猶言「太和，所謂道也」。這是以「太和」規定「道」。太和即是至和。太和而能創生宇宙之秩序，即謂之「道」。這是總持地說。若進而分解地說，則可以二組詞語來表示：一是氣與神，二是乾知坤能之易與簡。這是太和篇的總綱領。

「道」含有三義：⑴能創生義，⑵帶氣化之行程義，⑶秩序義（理則義）。有時可以偏就其中某一義說，但必須三義俱備，方是道之全義。而就行程義說道，卻並不是就此實然平鋪之氣化本身說道，而是提起來就此能創生之至和說道。因此，說太和不離野馬絪縕，可；若說野馬絪縕即是太和，便大誤。橫渠之言，乃是指點的描述語，是就天地大生廣生之充沛豐盛，而指述其所以然的至和之道而已。

是故，橫渠亦終必由「太和」進而言「太虛」，在義理上纔提得住。由太虛寂感之神纔能提起太和而顯示道的創生義。所謂「中函浮沉升降」云云，即是指說在太和之道的創生過程中，因為它是帶著氣化的行程而言，所以⑴函有陰陽氣化之浮沉升降、動靜相感之性（相感者是氣，而所以感之性能、則依於道而有），⑵亦因而有氣聚而相感的施受變化：施、則陽伸而勝（浮、升、動，亦含在內）；受、則陰屈而負（沉、降、靜，亦含在內）。此一施一受之相續無間的變化，便是所謂「絪縕相盪」，而「大生廣生」。

下文又提及「乾知坤能」、「氣與神」，其實，太和之道之所以為道，乃在「乾知坤」處，在「神」處；而不在「坤能」處，不在「氣」處。故雖乾坤並建，而又必「以乾統坤」。神不離氣，但畢竟神是神，而不是氣；氣是氣，而不是神。（若言「神即氣，氣即神」，則須解「即」為圓融相即，相即不離，而不可誤認「即」為即是，為等同。否則，必將造成混亂。）

二、太虛與氣

「太和篇」次段云：

> 太虛無形，氣之本體。其聚其散，變化之客形爾。至靜無感，性之淵源。有識有知，物交之客感爾。客感客形與無感無形，惟盡性者一之。

---

❹ 野馬，指春月澤中之游氣。絪縕，是交密之狀。野馬，絪縕，語出《莊子・逍遙遊》與《易繫》下篇。

第一句「太虛無形」，是承上段「清通不可象為神」而說，如今即以「清通無象之神」來規定「太虛」。「太和」一詞是總持地說，「太虛」一詞則由分解（與氣分而為二）而建立。

1.**氣以太虛為本體**：「太虛無形，氣之本體」，是說虛而神的太虛，乃是氣之本體。乾稱篇亦有「太虛者，氣之體」之言。氣以太虛（清通之神）為體，則氣始活，始能說化。「活」即變化之謂。如浮沉升降、動靜相感、絪緼相盪、勝負屈伸，皆氣之活用。或聚或散，亦是氣之活用。故曰「其聚其散，變化之客形爾」。客者，過客之客，是暫時義。客形，意即暫時之形態，亦即氣之變化所呈現的「相」。氣之變化雖有客形，而太虛清通之神，則是遍運於氣的常體。牟先生謂「客形」乃橫渠鑄造之美辭，由客形二字可以看出「氣」雖是《正蒙》書中重要的觀念，卻並非主導性的觀念。主導性的觀念是「太虛之神」，是「道體」（太虛神體）。世有割截太虛之神而指說橫渠為唯氣論或氣化之宇宙論者，其為謬誤，顯然可見。

2.**太虛與寂感**：此太虛之體或清通之神，亦即吾人之「性」。❺而「至靜無感」（寂然不動）即是性體最深之根源。（是性體自身之最深奧、最隱密處）。而從個體生命處說，則「識」與「知」亦是一種感的形態，此感的形態，亦是性體自身接於物時所呈現的暫時之相，此即所謂「客感」（感的暫時形態）。若問客感客形如何與「至靜無感」的性體（道體）通而為一？那就必須「盡性者」方能達到。在盡性工夫中，清通虛體之神全通澈於客感客形，而妙運之以成其為生生之變化；而生生之變化中的客感客形，亦全融化於清通虛體之神中，而得其條理以成其實（即由客歸主以得其真實化）。至此，全體是用，全用是體；即寂即感，寂感一如。故曰：「惟盡性者一之」。

3. **氣之聚散與兼體不累之神**：「太和篇」第三段云：「太虛不能無氣，氣不能不聚而為萬物，萬物不能不散而為太虛。循是出入，是皆不得已而然（自然而然）也。然則聖人盡道其間，兼體❻而不累者，存神其至矣。」氣之變化，乃自然之變化。聖人盡道（盡道與盡性，其義一也），故不偏於彼，亦不偏於此，而能兼顧兩面，既不滯於聚而執實，亦不滯於散而淪虛，其聚其散，皆吾清通虛體之寂感神用。此亦孟子所謂「君子所過者化，所存者神」之義也。

乾稱篇有云：「道則兼體而無累」。誠明篇亦云：「天本參和不偏」。就「道」就「天」而言「兼體無累」、「參和不偏」，意同於由「聖人」盡性、存神而言「兼體而不累」。不偏滯而能兼合兩面體相，方能完成生化之大用。總之，兼體是不偏滯於氣之兩體，而能通貫而為一之謂。兼體無累即是盡性存神也。（橫渠不言「太極」，而太虛神體之圓一，即

---

❺ 按：從「太虛清通之神」遍運乎氣而為氣之體而言，亦可說「性」，此是天命之性。天地之性與從個體生命處說性，其義一也。就「太虛清通之神即是吾人之性」而言，亦是「天道性命相貫通」之義。

❻ 「兼體」之體，非本體之體，乃體相之體，亦即氣之變化所顯示之相狀。太和篇有言：「兩體者，虛實也，動靜也，聚散也，清濁也；其究，一而已。」聖人盡道，兼顧兩體而不偏，故能清通生化，此之謂「兼體」而「不累」。此亦存神過化之境界也。

太極也。）

三、太虛即氣的體用不二論

「太和篇」第四段云：

> 知虛空即氣，則有無、隱顯、神化、性命，通一無二。……此道不明，正由懵者略知體虛空為性，不知本天道為用……不悟一陰一陽，範圍天地，通乎晝夜，(乃) 三極大中之矩；遂使儒、佛、老、莊混然一途。

「虛空即氣」，即上段「太虛不能無氣」一語之義。不能無氣，意即不能離氣，是說太虛神體之妙用不能離氣而見。因為清通虛體之神，即在氣化之不滯處見，即在氣之聚散動靜之貫通處見也。故「虛空即氣」之「即」，乃相即不離之即，通一無二之即。而不是等同義之即。這種神體氣化之宇宙論的圓融詞語，乃是道德的理想主義之圓融詞語，而不是自然主義唯氣論的陳述。牟先生說，必須念念提醒此義，於儒者言天道性命之宇宙情懷，乃可不生誤解。

「此道不明」數句，乃沉雄剛大之言。蓋釋氏所謂空，老氏所謂無，皆非儒聖本天道創生之大用而言。❼儒者言太虛神體、言天道性命，則在於明宇宙之生化即是道體之創造。故言虛言神，不能離氣化；氣化是實事，亦不可以幻妄論。就化之實、化之事而言，說「氣化」；就即用以明體、通體以達用而言，說「神化」。天道神化，不能虛懸而掛空，故必然是虛不離氣、即氣以見神，必然是神體氣化之不即不離。實理主宰乎實事，乃是立體直貫地成其為道德之創造。所以「範圍天地之化而不過」、「通乎晝夜之道而知」的「一陰一陽之謂道」（生生之易道），正是「大中至正之矩」：天以此成其為天，地以此成其為地、人以此成其為人，無非是一道德之創造——此所以為天地人三極之大中至正之矩。若不明此義，徒以「空」「無」「虛」字相差不遠，「遂使儒佛老莊，混然一途」，此便是義理之混淆與悖謬。

「神」，或從氣之清通說，或從神體之清通說，茲略示之如簡表：

神
- 就氣之清通說神——氣之質性
  - 神氣、神采、神情
  - 鬼神
    - 氣之屈——鬼（陰）
    - 氣之伸——神（陽）
    - （皆從氣上說）
- 就太虛神體之清通說神——清通不可象
  - 參和不偏、兼體不累
  - 陰陽不測、生物不測
  - 所過者化、所存者神
  - 聖而不可知之之謂神
  - （皆從體上說）

❼ 按：拙撰《宋明理學·北宋篇》第四章註四，以千餘言之長註、論述佛老「空、無」之義，可參看。

又按：橫渠有云：「鬼神，二氣之良能也」。意謂鬼神乃陰陽二氣屈伸變化之本能。陰屈為鬼，陽伸為神，皆無非氣之變化而已。此表示鬼神之「神」乃從「氣」說，地位不高。而儒家對鬼神持「非其鬼不祭」之態度。而祭祖先則乃慎終追遠報本返始，並無利害層上之祈求。故儒家對鬼神存而不論，亦不媚鬼神。事實上，儒家言神，其關乎義理者，皆從「體」上說（不從氣上說）。

第四節　正蒙的性論

一、性之立名：體萬物而謂之性

乾稱篇云：

> 妙萬物而謂之神，通萬物而謂之道，體萬物而謂之性。

太虛之體，即寂即感，能妙運萬物而起生生之用，此便是虛體之神，故曰「妙萬物而謂之神」。太虛神體藉資氣化而通貫於萬物，此一生化過程即可名之曰道，故次句曰「通萬物而謂之道」。神，是天德，亦即太虛神體之德，簡言之可曰太虛神德。第三句之「性」，即是就此太虛神德而言。太虛神德妙通於萬物而為萬物所本所據，因而遂為萬物之體（體萬物），此體即是萬物之性，故曰「體萬物而謂之性」。

誠明篇云：

> 性者，萬物之一源，非有我之得私也。
>
> 未嘗無之謂體，體謂之性。

性雖具於個體，卻為萬物共同之源，非我所得而私。故性是涵蓋乾坤而為言，是絕對地普遍的。此性是我之性，亦是天地萬物之性。言「性」，是為建立道德創造之本源。此本源乃是實體、實有，故曰「未嘗無」。而性，即是此實體、實有，故曰「體、謂之性」。

合虛與氣以成化，可以說「道」，而「性」則必須超越分解地偏就虛體而言❽。凡言天、言道、言虛、言神，皆結穴於性。神是天德，亦即太虛神體之德。此太虛神德妙通於萬物而為萬物之體，此便是萬物之性。

(1)從「超越地分解以立體」而言，性同於太虛神德，這是性的本義。

(2)從「性必函道德的創造」而言，性便同於生化之道。而性體的具體意義，則必須就太虛神德之寂感而言。至寂之虛即是感之體，神感神應即是寂之用，而這個寂感真幾，實際上就是「性」。

---

❽《宋明理學·北宋篇》頁一三九、一四〇，有分說，可參閱。

二、由兼體、合兩見性體寂感之神

誠明篇云：

> 性、其總，合兩也。命、其受，有則也。不極總之要，則不至受之分。盡性窮理，而不可變，乃吾則也。

此所謂「合兩」，即太和篇「兼體不累」與誠明篇「參和不偏」之義。❾性之「總」義，由「合兩」而見。「總」是總合虛實、動靜、聚散、清濁之兩體（體、指事體或體相），而不偏滯一隅一象以成化；性體寂感之神，即由此不偏滯以成化而見。太和篇云：「聖人盡道其間，兼體而不累者，存神其至矣。」此處之「合兩」，即太和篇所謂「兼體」。合兩而不偏滯，即是兼體而不累。其所以能兼體而不累，是由於虛而神。「所存者神」，乃能「所過者化」。故「性其總，合兩也」，是說總合貫通虛實、動靜、聚散、清濁之兩體而不偏滯、以見性體寂感之神。而並不是說，性是合虛實、或合動靜、或合聚散、或合清濁之兩而成；若是如此，便成大雜燴，焉得為「性」？

次句「命、其受，有則也」。命、是天之所命或性之所命。有命就有受，吾人稟受此命，乃是有定則而不可移者，所以說「其受，有則也」。

下句「極總之要」，意即盡性之極。性之實以合兩之總為要，盡性之極，即是具體地盡之於「兼體無累」之中。能如此盡性，纔真能「至受（命）之分」。分者，定也。亦即性分之所定。道德創造中之一切行為，皆是天之所命、性之所命，皆是必然的義務，必須承受而至之，此便是吾人之大分，所以說「不極總之要，則不至受之分」。由盡性窮理以至於命之分、而不可加以改變的，即是吾人道德生命之極則。所以說「盡性窮理，而不可變，乃吾則也。」

三、天地之性與氣質之性

橫渠分別「氣質之性」與「天地之性」，亦同時講「變化氣質」，意思是要變化氣質之偏與雜，以彰顯性體本然自存之善，使它成為具體的善、呈現的善。這就是盡性、成性的工夫。

誠明篇云：

> 形而後有氣質之性。善反之，則天地之性存焉。故氣質之性，君子有弗性焉。

性體純粹至善，人人所固有。但因有時呈現，有時不呈現，因此必須通過反（復）的工夫以使它呈現。性體妙萬物而為萬物之體，何以會有不呈現之時？因為人受形氣之限制，不能不

❾ 參本章第三節二之3「氣之聚散與兼體不累之神」。

有氣質之偏。性體不能呈現、或雖有微露而不能盡現，皆是由於氣質之偏的限制。

橫渠說「氣質之性」一詞之意，乃是就人的氣質之偏或雜（所謂氣質之特殊性），而說一種性。在中國思想傳統中，從「生之謂性」一路下來，所說的氣性、才性之類，都是說的這種性。到宋儒乃綜結之曰「氣質之性」。西方人說的人性，以及一般所謂脾性、性向，亦是指這種性。這種性是形而下的，實只是生物、生理、心理三串現象之結聚。在這裡，無法成就真正的道德行為，亦開不出道德創造之源。

先秦儒家如孟子中庸所說的性，則是要由「生之謂性」推進一步，就真正的道德行為之建立，而開出道德創造之源的性。這種性不但是道德創造之源，而且亦同時是宇宙創造之源。是絕對普遍的、超越的、形而上的。所以正宗儒家所說的性，直通天命天道而為一。宋儒承繼之，即以此為人之正性。濂溪開端，對天道太極誠體有積極之體悟，但對這種性尚未加以正視。到橫渠，則十分能正視天道性命之貫通，而結穴於此性，並直接名之為「天地之性」（天地之化的淵源）。此種性既是萬物之一源，是絕對之普遍，當然不同於氣性、才性。

氣質之性雖常拘限或隱蔽天地之性，但「善反之，則天地之性存焉」。在善反之中亦函有變化氣質之工夫。氣質之性雖有其獨立性，而形成一套自然之機括，但就道德實踐而言，則並不以此為準，故曰「氣質之性，君子有弗性焉」。弗性，並非不承認這種性，而只是表示不以之為本、為體、為準之意。

氣質之性既是限制原則，亦同時是表現原則。性體之表現，不能離開個體生命之氣質資質。而且表現之亦同時是限制之（即使是聖人，孔子、釋迦、耶穌之形態亦有不同，這各不相同，便是各人表現時所顯示的限制）。個體生命的表現永遠是在限制中表現。正視這種限制，由率性而盡性，以求衝破此一限制，使道德生命通於無限，是即緊切的道德實踐之工夫。

橫渠在《正蒙》與《經學理窟》中，屢次提及「成性」之義，可見他對此義之鄭重。此「成性」義影響南宋胡五峰甚大。胡子《知言》書中言「盡心」以「成性」，以立「天下之大本」。（中庸云：「中也者，天下之大本也。」大本之中，實即天命之性也。）其言「成性」顯然是根據橫渠而來。變化氣質，移易其「氣之偏」而通化之，亦正是橫渠所謂「學」的工夫。「必學而至於如天，則能成性」，是即無異於說「盡心易氣以成性」。成性之關鍵，必須落在心志之「盡」上，故橫渠又有「心能盡性」之言。（見下心論一節）

第五節　正蒙的心論

一、心能盡性、仁心無外

誠明篇云：

心能盡性，人能弘道也；性不能檢其心，非道弘人也。

《論語·衛靈公》記孔子之言曰：「人能弘道，非道弘人」。橫渠以「心能盡性」解人能弘道，以「性不能檢其心」解非道弘人。

「心能盡性」，心是主觀性原則，性是客觀性原則。從本心之真切覺用以盡此性，以充分地彰顯此性。到了真切覺用調適上遂而全幅朗現，則性體之內容全在心，心亦全體融於性，於是心性通而為一，而主客觀兩面亦遂獲致其真實之統一。

「性不能檢其心」，檢、定也，察也。性潛隱自存，亙古常在，但它不能自己起作用，必須通過心之覺用，纔能朗現。但心之覺用，其實亦就是性體之主觀性，性體之虛明照鑑即是心也。到得主客觀通合為一時，便是「即心即性、心性是一」。試看大心篇云：

> 大其心，則能體天下之物。物有未體，則心為有外。世人之心，止於聞見之狹。聖人盡性，不以見聞梏其心。其視天下，無一物非我。孟子謂盡心則知性知天，以此。天大無外，故有外之心，不足以合天心。

橫渠言心，實本於孔子之仁與孟子之本心。所以說「大其心，則能體天下之物」。末句又謂「天大無外，故有外之心，不足以合天心」。合天心的無外之心，即是與萬物為一體的仁心本心。客觀面的天與性之無外，必須通過主觀面的心之無外，乃能得其具體義與真實義。所以橫渠又說「天體物不遺，猶仁體事無不在也。」❿所謂「仁體事無不在」，(1)就仁心而言，是感通一切、遍潤一切而不遺；(2)就仁道而言，是顯現一切、遍成一切而不遺。

據此可知，橫渠不但正式說出「天道性命相貫通」而且實已通徹到「心性天是一」的境界。只因「太和、太虛、氣」等等一套詞語所造成的煙霧，掩蔽了他的義理之實，而不免有虛歉之感。其實主客觀兩面之合一，固已函於《正蒙》的義理之中。當然，《正蒙》有滯辭、蕪辭，因此說到義理得清澈圓熟，橫渠自非明道之比。

二、心之「知用」義：見聞之知與德性之知

橫渠繼分別「氣質之性與天地之性」之後，又分別「見聞之知與德性之知」。由心之囿於見聞或不囿於見聞，而引出二種知之差異。

大心篇云：

> 見聞之知，乃物交而知，非德性所知。德性所知，不萌於見聞。

從認知活動而言，見聞之知所表示的心靈活動，是「萌於見聞」，是在感觸知覺中呈現，所以它是囿於經驗、受制於經驗的。而且就經驗知識之成立而言，心靈之活動亦必須囿於經驗之範圍中，纔能真有知識成果。橫渠雖分出見聞之知，但卻並未積極探究經驗知識之構成，

---

⑩ 見《正蒙》天道篇。「體」字乃就仁心之「感通、貫潤」與「知痛癢、不痲木」而說。「體物、體事」二句，意謂遍潤一切而無所偏失，曲成萬物而無所遺漏。所謂「天大無外」、「仁心無外」，亦此意也。

因而亦沒有在此成功一個積極的知識論。他只著重表示：「萌於見聞」而為見聞所限的心靈活動，並不能進到「體物不遺而無外」的境界。⓫

而「德性之知」則「不萌於見聞」，而是發於性體的知，亦即「知愛知敬、知是知非，當惻隱自然惻隱，當羞惡自然羞惡，當辭讓自然辭讓」的知。這種知，由本心性體自己起用，當然不萌於見聞。其知用之活動，只是那超越的道德本心在無外之呈現中，自顯其「自主、自決、自有天則」之朗潤，以遍照一切，曲成一切；因此，並沒有專為它所適應的特定之經驗對象。客觀地說的「性天之無外」，實際上即由主觀地說的「本心知用之無外」來證實。故橫渠所謂德性之知，只在表示：由超越的道德本心之知用、來反顯德性心靈之無外，而並無認知的意義。

據此可知，見聞之知與德性之知的對揚，雖說是心之「知用」，卻仍是指向道德心靈之呈現，而並不重在純認知活動之探究。所以說，橫渠雖分出見聞之知，卻並未在此成功一個積極的知識論。

三、橫渠之「仁化篇」與性體心體五義

1. 仁化篇簡述

牟先生在《心體與性體》書中，曾類聚橫渠言仁之語句，並謂可題曰「仁化篇」。此一類聚，很有意義。我在《宋明理學・北宋篇》第七章第四節曾錄列原文，加以解說，並為各

條原文標示主旨，以助了解。今只列述其題旨如下：

㈠仁心無外，體物不遺。（第1.條）

㈡仁敦化，化行而後仁德顯。（第2.3.4.5.條）

㈢仁通極於性，以靜為體。（第6.7.條）

㈣合內外而成其仁。（第8.條）

㈤仁德如天。（第9.條）

㈥敦篤虛靜者，仁之本。（第10.條）

依據上列各條之意，可知橫渠言仁，實與明道同一思路。但橫渠之言仁散在各處，關中弟子恐亦無所警悟契會。呂與叔在橫渠卒後，特赴洛陽東見二程先生，其所錄明道之答問仁，有當機之指點性，其警策性亦大，故與叔聞之，深有契悟。其所記之短文，即有名之《識仁篇》。

牟先生講心性義理，曾作「性體五義」與「心體五義」之約述，茲亦錄列於此。

2.性體與心體五義

⑴性體義——乾稱篇云「體萬物而謂之性」，性即是體，故曰「性體」。

---

⑪ 按：康德所說的「先驗知識」，是成功經驗知識的先驗原則，或是純形式的知識如數學、幾何等。這種先驗知識亦可說「不萌於見聞」，但卻不是橫渠所說的德性之知。先驗知識並無德性的意義，它所表示的心靈活動亦不是德性的，而是純認知的——不過屬於純形式的而已。

(2)性能義——性體能起宇宙之生化與道德之創造（道德行為之純亦不已），故曰「性能」。

(3)性理義——性體自具普遍法則（理則），性即是理，故曰「性理」。

(4)性分義——性體生化乃天命之不容已。而道德之行為乃吾人之本分，亦當然而不容已。性體所定之大分，即曰「性分」。

(5)性覺義——性體寂感之神的虛明照鑑（神之明），即是心。依此而可以言「性覺」。

對應性具五義，心亦具五義：

(1)心體義——心，體物而不遺，心即是體，故曰「心體」。

(2)心能義——心以動用為其體性（動而無動之動）；心之靈妙，能起宇宙之創造與道德之創造，故曰「心能」，心即是能。

(3)心理義——心悅理義，而亦自具理義（仁義內在），即活動即存有，「心即理也」，此是心之自律義。

(4)心宰義——心之自律，即所以主宰而貞定吾人之行為者。道德行為皆心律之所命，當然而不容已，必然而不可移，此便是吾人之大分。（依成語習慣，不說心分，故曰「心宰」。心宰，亦即性分也。）

(5)心存有義——心，亦動亦有，即動即有，心即是存有（實有），即是存在之「存在性」或「存在原則」。此存在性或存在原則，乃使道德行為與天地萬物所以成其為真實存在者。心即存有，則心而性矣（心性是一）。

第六節 《西銘》的理境及其踐履規模

一、《西銘》原文⓬

乾稱父，坤稱母，予茲藐焉，乃混然中處。故天地之塞，吾其體；天地之帥，吾其性。民，吾同胞；物，吾與也。

大君者，吾父母宗子；其大臣，宗子之家相也。尊高年，所以長其長；慈孤弱，所以幼其幼。聖，其合德；賢，其秀也。凡天下疲癃殘疾惸獨鰥寡，皆吾兄弟之顛連無告者也。

于時保之，子之翼也；樂且不憂，純乎孝者也。違曰悖德，害仁曰賊，濟惡者不才，其踐形、惟肖者也。知化，則善述其事；窮神，則善繼其志。不愧屋漏為無忝，存心養性為匪懈。

⓬ 西銘全文之句解，見《宋明理學·北宋篇》第四章第二節。又，頁九十六、九十七之表，綜括西銘大意，亦可參閱。

惡旨酒，崇伯子之顧養；育英才，潁封人之錫類。不弛勞而厎豫者，舜其功也；無所逃而待烹者，申生其恭也。體其受而歸全者，參乎；勇於從而順令者，伯奇也。富貴福澤，將厚吾之生也；貧賤憂戚，庸玉女於成也。存，吾順事；沒，吾寧也。

二、《西銘》開示的理境與踐履規模

二程對《正蒙》雖有微辭，但對《西銘》則一致推崇。明道曰：「西銘，某得此意。只是須他子厚如此筆力，他人無緣做得。孟子以來，未有人及此。得此文字，省卻多少言語！要之仁孝之理備於此。須臾而不如此，則便不仁不孝也」。又曰：「據子厚之文，醇然無出此文也。自孟子之後，蓋未見此書。」⑬明道對《西銘》之推尊，可謂甚至。

伊川亦推尊《西銘》。其答門人楊時（龜山）論西銘書云：「橫渠之言，誠有過者，乃在正蒙。西銘之為書，推理以存義，擴前聖所未發，與孟子性善養氣之論同功。豈墨氏之比哉？西銘明理一而分殊，墨氏則二本而無分。分殊之蔽，私勝而失仁；無分之罪，兼愛而無義。分立而推理一，以止私勝之流，仁之方也；無別而說兼愛，至於無父之極，義之賊也。子比而同之，過矣。且謂言體而不及用，彼欲使人推而行之，本為用也；反謂不及，不亦異乎？」⑭龜山疑及西銘有類於墨，又謂西銘言體而不及用，伊川為之解惑，並推尊西銘，甚為諦當。

自伊川提出「理一而分殊」之詞以說西銘，後儒乃順其說而多有議論。茲引朱子之說以明其義：

> 西銘之書，橫渠先生所以示人，至為深切。而伊川先生又以「理一而分殊」者贊之，言雖至約，而理則無餘矣。
>
> 蓋乾之為父，坤之為母，所謂理一者也。然乾坤者，天下之父母也，父母者，一身之父母也；則其分不得而不殊矣，故以民為同胞，物為吾與也。
>
> 自其天下之父母言之，所謂理一者也。然謂之「民」，則非真以為吾之同胞（兄弟）；謂之「物」，則非真以為吾之同類（人類）矣。此自其一身之父母者言之，所謂分殊者也。又況其曰同胞、曰吾與、曰宗子、曰家相、曰老、曰幼、曰聖、曰賢、曰顛連而無告，則於其間又有如是等差之殊哉！但其所謂理一者，貫乎分殊之中、而未始相離耳。此天地自然，古今不易之理，而二先生始發明之。⑮

朱子舉述西銘文字，以明其理一分殊之義，言甚具體而曉白。自理而言，萬物同一本源。自實踐之事而言，則大小之分，親疏之別，實不能不有等差之殊。

---

⑬ 兩條皆見《二程遺書》第二上。

⑭ 《二程遺書》伊川文集卷之五。

⑮ 見《張子全書》卷一，西銘總論所引朱子語。

試以仁孝而言，仁孝之理是一，而踐行仁孝之事則是分殊。由理一推分殊，則知親疏之別與本末先後之序，以成就其仁孝之事，而不流於墨氏兼愛之弊；由分殊推理一，則知萬物同出一源，以彰著其一體之仁，而不流於楊氏為我之私。儒者以乾坤為大父母，繼天以立極，盡性以開展德行之實踐；西銘契切此義以陳述一體之仁的義理境界，又從主客觀兩面開示成己成物的踐履規模，此皆儒家共許之義。橫渠以二百五十餘言，發揮儒家之基本義旨，如此其精要周備而深醇，宜乎二程以下皆稱賞而推尊之。

第三章　程明道的造詣與地位

第一節　明道的地位與智慧

一、明道的造詣

程明道（西元一〇三二—一〇八五年）名顥，字伯淳，河南洛陽人。他逾冠中進士，先任主簿，調為上元知縣，有政聲。熙寧之初，受薦為太子中允行御史事，神宗命他薦舉人才，所薦數十人，以表叔張橫渠與弟伊川為首，天下咸稱允當。後遷太常丞，兼知扶溝縣事，亦著績效。哲宗立，召為宗正丞，未行而卒。五十四歲。

明道十五六歲時，奉父命與弟伊川問學於周濂溪，後來深造自得，成為一代大儒。《宋史．道學傳》說他：

> 資質過人，充養有道，和粹之氣，盎於面背。

後人亦常將他與顏子相提並論，認為都是天生的完器。明道卒，元老大臣文彥博為他題墓，曰：「明道先生」。伊川特撰一序，附於後，文曰：

> 周公沒，聖人之道不行；孟軻死，聖人之學不傳。道不行，百世無善治；學不傳，千載無真儒。無善治，士猶得以明乎善治之道，以淑諸人，傳諸後；無真儒，則天下貿貿然莫知所之，人欲肆而天理滅矣。先生生乎千四百年之後，得不傳之學於遺經；以興起斯文為己任，辨異端，息邪說，使聖人之道煥然復明於世。蓋自孟子以後，一人而已。然學者不知道之所向，則孰知斯人之為功；不知所至，則孰知斯名之稱情也哉！

伊川以孟子後第一人推尊其兄，而天下後世服其言，可見這段話並非虛譽。

黃梨洲《宋元學案》明道學案上，有一段案語，言之甚為諦當，而文字亦甚美。

> 明道之學，以識仁為主，渾然太和元氣之流行，其披拂於人也，亦無所不入，庶乎所過者化矣。故其語言流轉如彈丸：說「誠敬存之」，便說「不須防檢，不須窮索」；說「執事須敬」，便說「不可矜持太過」；惟恐稍有留滯，便與天地不相似。此即孟子說「勿忘」，隨以「勿助長」救之，同一掃迹法也。鳶飛魚躍，千載旦暮。朱子謂「明道說話渾淪，然太高，學者難看」。……其實不然。引而不發，以待能者。若必

魚筌兔跡以俟學人，則后羿有時而改變繩墨彀率矣。朱子得力於伊川，故於明道之學未必盡其傳也。

明道沒，伊川作《明道先生行狀》，有云：

> 先生之學，明於庶物，察於人倫。知盡性至命，必本乎孝弟；窮神知化，由通於禮樂。辨異端似是之非，開百代未明之惑。秦漢以後，未有明於斯理也。謂孟子沒而聖學不傳，以興起斯文為己任。其言曰……（請參閱拙撰《宋明理學·北宋篇》頁二二一—二二三）

二、二程遺書之鑑別

明道為宋儒一大家，有非常顯赫之地位，他那開創性的智慧，亦非他人所可幾及。但自從朱子承接伊川而完成一系之義理以後，後世稱「程朱」者，大體只是紹述伊川與朱子。而對明道，則只泛泛稱讚他的人品造詣，與他如「春陽之溫」、「時雨之潤」般的零碎風光，或者引述他幾句有高致、富玄趣的話頭，而深致歎賞。至於明道所開闢的義理綱維，在牟先生《心體與性體》以前，未見有人曾經確切地講出來。

牟先生整理《二程遺書》，甚費心力，先後編抄數次而後定稿。他(1)以二程性格之不同為起點，(2)再以劉質夫所錄明道語四卷（遺書第十一至十四）為標準，(3)復以二先生語（遺書

前十卷）中少數注明者為軌約。如此而後，始獲得鑑別明道智慧之線索。依牟先生之意❶

㈠遺書前十卷，標為「二先生語」者，可視為二程初期講學之所發，此期以明道為主，伊川為副。

㈡明道心態具體活潑、富幽默、無呆氣。故「二先生語」中，凡語句輕鬆、透脫、有高致、無依傍、直抒胸臆、稱理而談，而又有沖虛渾含之意味者，大體皆是明道語。故關於道體、易體、誠體、於穆不已之體，以及天理實體之圓融妙悟語，凡未注明者，皆應歸明道。

㈢明道語句簡約，常是出語成經，洞悟深遠；又常順經典原文加幾個口語字，予以轉換點撥，便順適條暢，生意盎然，全語便成為真實生命之呈現。《上蔡語錄》有云：「伯淳常談詩，並不下一字訓詁。有時只轉卻一二字，點掇地念過，便教人省悟。」談詩如此，就論、孟、中庸、易傳抒發義理，亦常如此。此其所以無學究氣、無典冊氣、無文章氣，而常能相應不失也。

㈣明道喜作圓頓表示，伊川喜作分解表示。朱子所謂「明道說話渾淪，學者難看」，實乃圓頓表示為朱子所不喜也。（故朱子編《近思錄》，即不選錄明道之「識仁篇」。）

以上四點，乃鑑別明道智慧之關鍵。牟先生詳檢遺書，費極大之心力，將明道語錄輯為八篇（見下第四章第一節中段）。

三、明道對聖賢人格的品題

明道的義理綱維，下文將分節論述，此處先選錄若干語句，以略見明道品題聖賢人格之智慧。

1.「顏子所言不及孔子。無伐善，無施勞，是顏子分上事。孔子言安之，信之，懷之，是天理上事。」（遺書六）

2.「仲尼、元氣也。顏子、春生也。孟子、并秋殺盡見。」（見、讀如現。此謂孔子有如元氣。顏子有如春生，孟子則連秋殺之氣一起顯現。）

「仲尼無所不包；顏子示不違如愚之學於後世，有自然之和氣，不言而化者也。孟子則露其才，蓋亦時然而已。」

「仲尼、天地也。顏子、和風慶雲也。孟子、泰山巖巖之氣象也。觀其言皆可以見之矣。仲尼無迹，顏子微有迹，孟子其迹著。」（遺書五）

3.「孔子言語句句是自然，孟子言語句句是實事。」（同上）

4.「孔子儘是明快人，顏子儘豈弟（愷悌），孟子儘雄辯。」（同上）

5.「孟子有功於道，為萬世之師。其才雄。只見雄才，便是不及孔子處。人須當學顏

---

❶ 參見《心體與性體》第二冊、明道章之引言。

子，便入聖人氣象。」（同上）

6.「顏子合下完具，只是小，要漸漸恢廓。孟子合下大，只是未粹，索學以充之。」（遺書三）

7.「顏子默識，曾子篤信，得聖人之道者，二人也。」（遺書十一）

8.「曾子易簀之意，心是理，理是心，聲是律，身為度也。」（遺書十三）

9.「鳶飛戾天，魚躍於淵，言其上下察也。此一段，子思吃緊為人處。與「必有事焉而勿正心」之意，同活潑潑地。會得時，活潑潑地；不會得時，只是弄精神。」（遺書三）

10.「人須學顏子。有顏子之德，則孟子之事功自有。孟子，禹稷之事功也。」（遺書十一）

按：二程品題聖賢人格之文獻，其詳請參閱《宋明理學・北宋篇》頁二三〇—二三四。

第二節「一本論」的總意指

「一本」之論，最能顯出明道圓頓之智慧，亦只有明道纔能特顯此圓頓之智慧。牟先生闡發此「一本」之義蘊，實最為明道之知音。茲再加條理，分節而簡述之。

一、天人是一

> 天人本無二，不必言合。（遺書第六）

天理與人本不相隔，到得天理如如呈現，則人就是天，天亦就是人。這時言天人合一，或言合天人，皆多一個「合」字。

> 合天人，已是為不知者引而致之。天人無間。夫不充塞，則不能贊化育。言贊化育，已離人而言之。（遺書第二上）

聖人生命，通體是天，通體是理之充塞，是誠體之流行。誠體之充塞流行，即是天地之化育，無須再說「贊」化育。天人是一，不可離人而言天，而所謂合天人之「合」，贊化育之「贊」，皆只是為不知「天人無間」者引而致之耳。

> 言體天地之化，已賸一體字。只此便是天地之化，不可對此個別有天地之化。（遺書第二上）

此條用「體」字，與「贊」字「合」字詞意類同。不是我去體驗、體會或體貼那「天地之化」，只我這裡（天理充塞、誠體流行）便是天地之化，不可對「此個」別有天地之化。否則，便是兩個路頭，便是二本，而不是一本而現。

> 若不一本，則安得「先天而天弗違，後天而奉天時」？（遺書第二上）

「先天、後天」二句，見《易・乾文言》。大人（聖人）通體是天，通體是理。自理而言之，天亦不能違之，何況人與鬼神？就此而言，便是「先天而天弗違」，這是聖人生命之先天性。但體道之聖人，亦仍有其個體生命之現實性與局限性，由此而言，便是「後天而奉天時」，這是聖人生命之後天性。所謂奉天時，是奉天地之化（生、長、收、藏）。

但進一步圓頓地說，只大人便是天地之化，便是天時。在此，先天後天之分，則泯消而化掉。這就是圓頓化境之「一本論」。若仍有先天後天之分，便是分解地言之，便仍有二本之迹。如此，便不能至於圓頓之境。

從先天之體上顯一本，人易識之；從體現之用上顯一本，便不易識。然而，真正的一本，卻必須在「通體達用，一體而化」上顯，此即圓頓化境之一本。明道所謂「若不一本，則安得先天而天弗違，後天而奉天時」？這正是先天後天通貫起來說。

又同卷一條云：

> 只心便是天，盡之便知性，知性便知天。當處便認取，更不可外求。

孟子所謂「盡其心者，知其性也；知其性，則知天矣。」明道順之而教人當下認取，不可外求。（以心去知天，便是外求。故此「知」字，乃證知之知，非認知之知。「只心便是天」，即心即性即天，心、性、天，一也。）孟子的義理境界，一經明道點撥，便豁然通暢。（此便是明道顯現的智慧。）

通體達用、一體而化：圓頓化境之一本
- 心性天是一
  - 只心便是天
  - 盡之便知性
  - 知性則知天
- 先天後天貫而為一
  - 先天而天弗違
  - 後天而奉天時
- 只大人便是天地之化（天人本無二）

二、三事一時並了

窮理盡性以至於命，三事一時並了，元無次序。不可將窮理作知之事。若實窮得理，即性命亦可了。（遺書第二上）

「窮理盡性以至於命」，語見《易・說卦傳》。明道說「窮理、盡性、至命，三事一時並了，元無次序」。這個「了」字，乃了當之了，不是了解之了。此三事中，「窮理」是重要關鍵。「不可將窮理作知之事，若實窮得理，則性命亦可了」。這句已含有「知行合一」之義。不可將「窮理」作「知」之事，意即不可視窮理為外在之知解。如只視為外在之知解，則與盡性、至命便有了次序。而三事便不能一時並了。只有明白窮理是究明「性命之理」而徹知之，徹知之極而朗現之，纔可說「若實窮得理，即性命亦可了」。能「了」，則「盡」、「至」字亦含在其中。徹知「性命之理」而朗現之，則「性」自然盡，亦自然可「至於命」（與天命合一）。命處之至，並無工夫可言。積極的工夫，只在「窮理」與「盡性」（窮理、盡性，其義一也）。

三、一本而現之道

> 道，一本也。或謂以心包誠，不若以誠包心；以至誠參天地，不若以至誠體人物。是二本也。知不二本，便是「篤恭而天下平」之道。（遺書第十一）

或人認為，以誠包心，或許比以心包誠好些；以至誠體人物，或許比以至誠參天地好些。但依明道，凡言「包」言「參」言「體」，皆表示彼此之對待，凡此類兩端之關係，便是二本，而不是「一本」之道。若言一本，只應是「只心便是誠，只誠便是心，只心便是天，只誠便是天；此心此誠之形著、明動、變化，即是天地之化，更無所謂「參」，亦無所謂「體」。包、參、體皆是多餘之字。如此，方是圓頓之一本，亦纔是具體而真實之道（道之圓頓表現）。

所謂「道、一本也」，是剋就人之「為道」而說。人為道而至於明澈之境，成為圓頓之顯現，此方是具體而真實之道。故明道所說「道、一本也」，其實意應是：「道，一本而現也」。若言包、參、體，便不是一本，而是二本。「一篤恭而天下平」，篤恭便能天下平，天下平是由於篤恭，二者一本而現。若篤恭只是篤恭，另外還有個「天下平」之道，便不是一本而現，亦不是道之圓頓表現。

> 「大人者，與天地合其德，與日月合其明」者，非在外也。「範圍天地之化而不過」者，模範出一天地耳。非在外也。如此，「曲成萬物」豈有遺哉？(同上)

聖人「作易」，乃是其精誠之心的寫照。「聖人以此洗心，退藏於密，吉凶與民同患，神以知來，智以藏往」。❷故聖人之心即是天地之化，即是「先天而天弗違，後天而奉天時」。所以能「模範出」天地之化，亦自能「曲成萬物而不遺」。如此，則外而非外，實與天地之化如如為一。

牟先生指出，明道解「範圍」為「模範出」，是虛靈地超越地總言之。而「曲成」句則是細密地內在地分言之。「範圍天地之化而不過」，是「大德敦化」❸而無外。表示聖人治易，能相應如如以「模範出天地之化而不過」。「曲成萬物而不遺」，是「小德川流」而無

❷ 語見《易・繫辭傳上》第十一章。

❸ 「大德敦化」與「小德川流」，皆見《中庸》第三十章。

內。無內，則雖小而非小，小德亦即大德；無外，則雖大而無大，大德亦即小德。大小之分既泯，則範圍與曲成之分亦泯化而為一體。上述之意，可用表示之如下：

(1)道一本而現——至誠之｛形、著／明、動／變、化｝即是天地之化

不離人而言化育（非在外也）——聖人之心與天地之化如如為一

若言〈參、贊／體、合〉則是二本（有對待，兩個路頭）。

(2)聖人作易之心〈範圍天地而不過——大德敦化而無外／曲成萬物而不遺——小德川流而無內〉

體物不遺——大人之心即是天地之化

明道之所以言「一本」，無非要烘托出「純亦不已」的本體宇宙論、創生直貫之實體而已。而當下體證這個「純亦不已」之實體，只是一個誠，只是這實體直上直下的立體直貫。「一本」義的表達方式，必是圓頓的。在明道的詞語中，如像「只心便是天，盡之便知性，知性便知天。當處便認取，更不可外求。」「窮理盡性以至於命，三事一時並了，元無次序。」「居處恭，執事敬，與人忠。此是徹上徹下語，聖人元無二語。」這些話都是「一本」義的圓頓表示。

在圓頓之「一本」中，並不是體用不分，形上形下不分，亦不是如朱子般心神屬於氣，而性只是理。又如明道所說「道亦器，器亦道」，「氣外無神，神外無氣」，亦只是直貫創生的體用不二之圓融語，而並不是體用不分，道器不分；雖則分之，亦不是如朱子般心神屬於氣，而道則只是理。

由此可知，在明道的「一本」義下，分解地說的「形而上者為道，形而下者為器」，與圓融地說的「道亦器，器亦道」，二者實相含攝而並非相礙。

附按：熊十力先生《新唯識論》自序及印行記中，亦有「萬化一本」之言。謂萬化皆一理之流行，萬物皆一理之散著。人己非異體，物我無二本，究萬物而歸一本，要者反之此心。又謂盡人道以合天（即人而天），體萬化不測之妙於人倫日用之中，莫美於中國儒聖之學。

第三節　對天道的體悟

一、道不即是陰陽，而亦不離陰陽

繫辭曰「形而上者謂之道，形而下者謂之器」。又曰「立天之道，曰陰與陽；立地之道，曰柔與剛；立人之道，曰仁與義」。又曰「一陰一陽之謂道」。陰陽亦形而下者也，而曰道者，惟此語截得上下最分明。元來只此是道，要在人默而識之也。（遺書第十一）

陰陽雖不即是道，而道亦不離乎陰陽。陰陽是形而下之氣，而曰「一陰一陽之謂道」者，是要在一陰一陽之變化中，當下體悟「於穆不已」之道體，換言之，於穆不已之道體，必須藉資一陰一陽之變化而顯現它自己。

明道說「惟此語截得上下最分明」，這句話很詭譎。依常情看，「一陰一陽之謂道」這種句子，實無截分上下（形上形下）之意，人若質實地認為此句是表示陰陽即是道，便正是誤混上下而不分，如何能說是「截得上下最分明」？

依牟先生之疏通[4]，這不是分解地截得上下最分明，而是「圓融地截得上下最分明」。既截分而又圓融，既圓融而又截分，形上即在形下之中，形下即在形上之中，此其所以為詭譎。亦惟詭譎，始能融分解於圓融中，雖圓融而又不失上下之分。故下文繼之曰「元來只此是道，要在默而識之也。」（元來道不即是陰陽，而亦不離乎陰陽；只有在一陰一陽之變化中，乃能當下體悟於穆不已之道體；並無一個與陰陽相截離、而「只是理」的道也。此意，字面上不可見，故要人「默而識之」。）

明道此語，顯然是道器上下之圓頓表示。惟圓頓始能默識，唯默識方顯圓頓。（此猶如維摩詰當下默然，便是不二法門，乃是頓教也。頓即函圓。故曰圓頓。）在此，不容分解籌度，而須默識心通、當下即是。

二、道亙古而常存，超有無而遍在

「一陰一陽之謂道」，自然之道也。「繼之者善也」，有道即有用，「元者善之長也」。「成之者」卻只是性，「各正性命」也。故曰：「仁者見之謂之仁，智者見之謂之智，百姓日用而不知，故君子之道鮮矣」。如此，則亦無始，亦無終；亦無因甚有，亦無因甚無；亦無有處有，亦無無處無。（遺書第十二）

繫傳上第五章云：「一陰一陽之謂道，繼之者善也，成之者性也。仁者見之謂之仁，智者見之謂之智，百姓日用而不知，故君子之道鮮矣。」明道先疏解此段文，而語甚簡略。此即上蔡所謂「只轉卻一二字，點掇地念過，便教人省悟」者是也。「一陰一陽之謂道，自然之道也」，此所謂「自然」，是指說道之自然而本然，並非一般自然之義。「繼之者善」，是說將「道」繼續下去而不斷絕，便是善。而「成之者卻只是性」，是說能成就此「道」者，便是吾人之性（性，能完成此道），這是「性之義用」。

性何以能成就道？因為性是道德創造之真幾，能盡性，便能完成此道之生化於一己之生

---

❹ 見《心體與性體》第二冊，頁三四三—三四四。

命中，亦是重現此道於一己的道德行為之純亦不已中。這顯然是「率性之謂道」之義。但常人都不能充分而圓滿地各盡其性，所以有仁者見之、智者見之云云，而結之曰「故君子之道鮮矣」。

明道點掇地念過此段文字，目的在說明：道本身「亙萬古而常存，超有無而遍在」。故下文又說「如此，則亦無始，亦無終」云云。意謂人對於道雖見仁見智而皆不能盡道之全，但道本身卻無有始終而亙古常存，並永遠呈現其生化之大用。

又曰「亦無因甚有，亦無因甚無」，是說道之存有，是自存自有，不是因著甚麼旁的東西而存有，亦不因旁的東西而歸於無。這表示「道」超越有無，不可以相對的有無而論之。又，「亦無有處有，亦無無處無」，是指出道之遍在，無所謂「有處有」、「無處無」。若說有的地方就有，便函著無的地方就無。如此，則道不遍在。所以不能以「有」或「無」來說「道」。

> 言有無，則多有字。言無無，則多無字。有無與動靜同。如冬至之前，天地閉，可謂靜矣，而日月星辰亦自運行不息，謂之無動可乎？但人不識有無動靜爾。（遺書第十一）

此與前條所謂無始終、無有無，以及亦不少、亦不剩之理境，完全相同。橫渠《正蒙·大易篇》第十四有云：「大易不言有無，言有無，諸子之陋也。」太和篇亦云：「知虛空即氣，則有無、隱顯、神化、性命，通一無二。」又云：「知太虛即氣，則無無。」（二句即氣之即，乃相即不離之意。）橫渠所說之義，正與明道相同。凡承《中庸》《易傳》而來者，對儒家這種充盈型之智慧，皆有共同之契會。

三、天道生生

> 「生生之謂易」，是天之所以為道也。天只是以生為道。繼此生理者即是善也。善便有一個元的意思。「元者善之長」。萬物皆有春意，便是「繼之者善也」。「成之者性也」，成卻待他萬物自成其性始得。（遺書第二上）

天以「生」為道。此道是「生道」，亦即「為物不貳，生物不測」的創生之道。此「生道」亦即「生理」，是所以能「生生不息」的超越之理。這個生道、生理，亦可名：易體、神體、於穆不已之體。「一陰一陽之謂道」，即是指點這個道（「一陰一陽」之變化亦猶「生生」之義）。由生生不息指點「易體」（生生之謂易），即可顯示「天之所以為道」即是生生之道。能繼復而呈現此生道、生理，便是善。善，「便有一個元的意思」。元是始，是首，是一價值觀念，是眾善之長，萬善之源；這是提起來而超越地說。「萬物皆有春意，便是繼之者善也」，則是落實於萬物而內在地說。亦即由萬物之春意、生意、生機洋溢，便可指點出生道生理之無所不在，以見天道生生之「於穆不已」。

此條又解釋「成之者性也」，而說「成卻待他萬物自成其性始得」。此句意不顯豁，大體是說物各付物，各歸自己而一一成就之。

遺書第十一，有數條論「生物不測」之神用，錄列於此，以供參閱：

1.「生生之謂易」，生生之用則神也。

2.「窮神知化」，化之妙者、神也。

3.天地只是設位，易行乎其中者，神也。

4.中庸言誠，便是神。（按：神、是誠體之神，不是以氣言之的神。）

5.「鼓萬物而不與聖人同憂」。聖人、人也，故不能無憂。天則不為堯存、不為桀亡者也。

此第5.條據繫傳上「一陰一陽之謂道……顯諸仁，藏諸用，鼓萬物而不與聖人同憂，盛德大業至矣哉。」此言天道顯之於仁，藏之於生化之大用，於穆不已地「鼓萬物而不與聖人同憂」。天地無心而成化，故不與聖人同憂。明道於此指點曰：「聖人、人也，故不能無憂」。聖人之憂即是聖人之仁。既言天道「顯諸仁」，則聖人憂患之仁心，實即天道之見證。參贊天地之化育，亦即聖人仁心之化育。在內容意義上，聖人仁心之化育（存神過化），與天地之道的化育，等同為一，此便是所謂「一本」。

天道之生化，雖然不為堯存、不為桀亡，不與聖人同其憂患，但在「一本」之下，亦必須重視聖人仁心之化育，以證實天道生化的全幅義蘊，以肯認天道即仁體，以成其為真一本。明道真切於此義，故能首先正視孔子之仁，而謂「學者須先識仁，仁者渾然與物同體」；又能正視孟子之盡心知性知天，而謂「只心便是天」。

以上是明道對天道之體悟，雖甚為通透，但尚多就《易傳》之言而點撥之。下節換一名而曰「天理」，復就天理而重新體悟，此則為明道之自意語，更可顯出明道之姿態。

第四節　天理的涵義

二程全書、外書第十二，有一條云：

> 吾學雖有所受，「天理」二字，卻是自家體貼出來。

明道說「天理」二字，是他「自家體貼出來」。「體貼」二字是關鍵。原始經典中的「帝、天、天道、天命、太極、太虛、誠體、性體、心體、仁體、中體、神體，乃至天倫、天秩、天德、秉彝……」等種種名，全都是他體貼「天理」二字的底據。他是真能理會得這種種名的實義，而首先提出「天理」二字以代表之、概括之。「天理」這二個字，顯示儒家之言性命天道、乃澈底而嚴整的道德意識之充其極。把握了這一點，便一下子可以定住講「性理」與講「空理」的意識之不同。

一、天理恆常自存，是形上實有，亦是生化之理

遺書第二上，有三條云：

> 天理云者，這一個道理更有甚窮已？不為堯存，不為桀亡。人得之者，故大行不加，窮居不損。這上頭來更怎生說得存亡加減？是他原無少欠，百理俱備。
>
> 所以謂萬物一體者，皆有此理。只為從那裡來。「生生之謂易」，生則一時生，皆完此理。人則能推，物則氣昏，推不得；不可道他物不與有也。……
>
> 「萬物皆備於我」，不獨人爾，物皆然。都從這裡出去。只是物不能推，人則能推之。雖能推之，幾時添得一分？不能推之，幾時減得一分？百理俱在，平鋪放著。幾時道堯盡君道、添得君道多；舜盡子道、添得子道多？元來依舊。

以上三條相連而生，必須連在一起看。

第一條是說「天理」這個道理，無有「存亡加減」。無存亡，是說天理永恆常存自存，不因堯而存在，不因桀而消亡。無加減，是說就「人得之」以為性，乃圓滿而窮盡者，不因大行而增加，不因窮居而減損。它是「一」，但卻中含萬理，而可顯示多相。

第二條所謂「只為從那裡來」句中的「那裡」，是指一個本源。這本源即從「生生之謂易」來了解。天道之自體即是生生之易，此性之本源乃是創生之真幾。萬物「生則一時生，

皆完此理」（完具此創生之真幾）。人具備，物亦具備。只是(1)人「能推」，能盡性而推擴，重現道德創造。而(2)物卻因氣昏而「不能推」，不能盡性推擴以重現道德創造。但物亦本體論地具有此理。故不可說人以外的萬物就不具備此理（它只是不能實踐而推廣之耳）。

第三條借《孟子》「萬物皆備於我」之言而說「不獨人爾，物皆然，都從這裡出去」。上一條說「只為從那裡來」而說「萬物一體」；此條則說「都從這裡出去」而說「萬物皆備於我」。明道此義，未必是孟子之理路，而乃透到「生生之謂易」的本源而言之。上句是從客觀說，此句是從主觀說。（牟先生指出，「皆從那裡來」不一定邏輯上必然函著「皆完此理」。例如基督教，雖說萬物皆由上帝創造而來，卻並不能說每一個體皆完具上帝那樣的創造之真幾。但在儒家，則必然要貫下來，而肯定每一個體皆完具這樣絕對的創造真幾（創生性），所以儒家說道體，必然是「既超越而又內在」，此中關鍵，即在「天道性命相貫通」。）不過「雖能推之，幾時添得一分？不能推之，幾時減得一分？」此表示，本體論地說，每一個體所具的天理實體，恆常永在。而所謂能推不能推，只是「表現不表現，充盡不充盡」的問題，而於天理並不能有所增，亦不會有所減。

二、天理寂感與天理之尊高

「寂然不動，感而遂通」者，天理俱備，元無欠少，不為堯存，不為桀亡。父子君臣常理不易，何曾動來？因不動，故言寂然。雖不動，感便動；感非自外也。（遺書第

二上）

此條從「寂感真幾」說「天理」。寂感真幾就是生化之理，此生化之理的內容就是所謂「百理」，合寂感與百理而為一，則統曰天理。此所謂「天理」，不是脫落了誠體之神的「只是理」。它是理，亦是道，是誠、是心、是神。（理、道，是誠、心、神之客觀義；誠、心、神，是理、道之主觀義。）若「只是理」，如何能說寂感？如何能說生物不測，妙用無方？君臣父子乃至隨事而見的種種理（所謂百理、眾理、萬理）皆渾然完具於此寂體之中，而又隨感而顯現於萬事之中以成其為實事；如對父母便顯現為孝以成孝行，對子女便顯現為慈以成慈行，對君臣朋友等亦然，皆各有定常之理。凡此等等，皆寂感真幾、誠體之神所顯發，所以無一欠少。末句「感非自外」，是說此感並非來自於外之他感，而是天理（活體）之自感、能感；此所以為寂感真幾。

另遺書第三，謝顯道（上蔡）記明道之言有云：

> 太山（泰山）為高矣，然太山頂上不屬於太山。雖堯舜之事，亦只如太虛一點浮雲過目。

此條表示，現實的存在或現實的事業，無論如何高、大，它總是一個有限而不是最後的、絕對的。只有「天理」纔是最後的、絕對的。天理是一切價值之標準，是價值本身，一切事業因它而可能，亦因它而有價值。所謂「雖堯舜之事，亦只如太虛中一點浮雲過目」。這只是偏顯天理之尊嚴與崇高，無可比倫，而並非抹煞或輕忽事業。若通體達用，自其「曲成萬物而不遺」而言，則天理所曲成之事事物物（如功名事業），亦皆因天理之流行於其中，而有絕對之意義。所以，就「事」而言，堯舜之事與桀紂之事，皆如浮雲過目；但就「意義」而言，二者畢竟有別。堯舜之事是堯舜之德而成，其德皆天理、實理，其事是天行，是實事。事象本身雖如浮雲過目，而其意義則普遍而永恆。

三、天理秉彝與死生存亡之理

「立人之道，曰仁與義」。據今日，合人道廢則是。今尚不廢者，猶只是有那些秉彝卒殄滅不得。以此思之，天壤間可謂孤立！其將誰告耶？（遺書第二上）

此條以感慨語氣出之。字字句句，皆是實感實見，皆是真實性情之流露。當時士大夫大率皆談禪❺，而真能正視那些「秉彝」❻，覿體立定者，實只是寥寥幾個人，此其所以有「孤

❺《二程遺書》第二上，有一條云：「昨日之會，大率談禪，使人情思不樂，歸而恨之者久之。此說，天下已成風，其何能救？古有釋氏盛時，尚只崇設像教，其害至小。今日成風，便是言性命道德，先驅了智者。才愈高明，則其陷溺愈深。在某則才卑德薄，無可奈何他。……直須置之不論，更休曰「嘗試」。若嘗試，則已化而自為之矣。要之，決無取。」

❻《詩經·大雅》烝民之詩有云：「天生烝民，有物有則，民之秉彝，好是懿德。」秉、執也。彝、常也，謂常理常性。秉彝二字，即指性體。孔子謂「為此詩者，其知道乎！」孟子亦引此詩以證性善之說。

立」之感也。此感是真正的存在的實感，而其有見於「那些秉彝」，亦是真正的實見、灼見。實見、灼見不在多，便足以貞定乾坤，更無有能殄滅之者。當下在此立定，任何奇詭瑰麗之辭，皆不足以搖動它。此真是儒家道德意識透體挺立所洞悟的定常之體，據此即足以判開苦業意識之空理，而不相混淆。

這點秉彝，是真正的實有，終極的實有，是「先天而天弗違」者。無論人自覺或不自覺，無論人或繞出去說諸般教義，皆無有離此定常之體而能自足者。此真有如空氣，在你身外，亦在你身內，當下即是，反身自見。若問人生立處，此便是終極的立處。若問人生定盤針，此便是終極的定盤針。天理、實理、天道性命，皆從這裡說。乃至於種種名，種種說，亦無非要顯示這點秉彝，顯示這「本體宇宙論」的實體、實有。這是儒家的本質，亦是宋明儒共同的認定。而見之最透切、最明澈、最圓融者，則無過於程明道。

> 死生存亡皆知所從來，胸中瑩然無疑，止此理爾。孔子言「未知生，焉知死」，蓋略言之。死之事即生是也。更無別理。（遺書第二上）

若欲判儒佛，此亦是肯要之點。所謂「死生存亡皆知所從來」，既不是生物學的知，亦不是依無明業識或根塵四大去知；而是就道德價值而盡人道以知之。盡道而生，生其所應當生；盡道而死，死其所應當死。死生存亡皆盡道，以完成其道德之價值，此便是「死生存亡所從來」之理。於此胸中瑩徹，便見只此一理，「更無別理」。此理，即是天道性命之理，即是道德創造之真幾。人生在世，不是要在緣起性空上證空寂以求解脫，而是要盡此理以成德。此纔是真解脫，纔是大自在、大貞定。

孔子所謂「未知生，焉知死」，實際上即函說「既知生之道，即知死之道」。人生只此一道，更無他道。所以明道說「死之事即生是也，更無別理」。

總上所述，可知明道所體悟的「天理」，雖是本體論的實有，但決不只是靜態的實有，而是即存有即活動的動態的實有；決不只是理，而乃「亦是心、亦是神、亦是誠、亦是寂感真幾」之理。（牟先生特別名之為「本體宇宙論的實有、實體」。若是專以「本體論的實有」名之，則易使人想像為只是靜態的實有，或只是理。）

這統名曰理的「天理」，(1)就其自然的動序而言，亦可曰「天道」；(2)就其淵然有定向而常賦予（穆而不已地起用）而言，亦可曰「天命」；(3)就其為極至而無以加之而言，亦可曰「太極」；(4)就其無聲無臭、清通而不可限定而言，亦可曰「太虛」；(5)就其真實無妄、純一不二而言，亦可曰「誠體」；(6)就其生物不測、妙用無方而言，亦可曰「神體」；(7)就其道德的創生與感潤而言，亦可曰「仁體」；(8)就其亭亭當當而為天下之大本而言，亦可曰「中體」；(9)就其對應個體而為個體所以能起道德創造之超越根據而言，或總對天地萬物而可以使之有自性而言，亦可曰「性體」；(10)就其為明覺而自主自律、自定方向，以具體而真實地成就道德行為之純亦不已，或形成一存在地道德決斷而言，亦可曰「心體」。總之，它是「即存有即活動」的寂感真幾——寂然不動，感而遂通，而為創生感潤之實體，亦即「於穆不已」之奧體。

〔附識〕明道言「天理」，除了從「體」上而言的第一義的天理，還有從物情事勢之自然而必然上說的「第二義的天理」。如⑴「天下善惡皆天理（按：事物分善分惡皆天理使然），謂之惡者非本惡，但過或不及，便如此，如楊墨之類。」（遺書第二上）。又如⑵「事有善有惡，皆天理也（皆天理自然如此）。天理中物，須有善惡（謂有相對之比較）。蓋物之不齊，物之情也。」又如⑶「天地萬物，無獨必有對，皆自然而然，非有安排也。（按：萬物「無獨有對」之理，亦是事勢物情自然之理。）關於第二義之天理，《宋明理學・北宋篇》第九章第五節有疏解（共七條），可參閱。

第五節　識仁與定性

一、《識仁篇》大意

《識仁篇》是明道答呂與叔之問，而由與叔作成的語錄。後來編輯在《二程遺書》第二上，為學者所重視，所以特別獨立出來標名為「識仁篇」。原文如下：

學者須先識仁。仁者渾然與物同體。義、禮、智、信，皆仁也。識得此理，以誠敬存之而已。不須防檢，不須窮索。若心懈，則有防；心苟不懈，何防之有？理有未得，故須窮索；存久自明，安待窮索？

此道與物無對，大，不足以明之。天地之用，皆我之用。孟子言「萬物皆備於我」，須「反身而誠」，乃為大樂。若反身未誠，則猶是二物有對，以己合彼，終未有之，又安得樂？訂頑（西銘）意思，乃備言此體；以意存之，更有何事！

「必有事焉而勿正，心勿忘，勿助長」，未嘗致纖毫之力；此其存之之道。若存得，便合有得。蓋良知良能元不喪失。以昔日習心未除，卻須存習此心，久則可奪舊習。此理至約，惟患不能守；既能體之而樂，亦不患不能守也。

此「識仁篇」通篇都是說「仁」，而用詞則隨文而異；仁體、仁理、仁道、仁心，四詞通用。

明道曾說：「學者先須識仁，實有諸己，只要義理栽培。」（遺書第二上）。又說：「欲令如是觀仁，可以體仁之體。」（同上）兩處皆言「仁體」，仁即是體。識仁就是識仁體。照明道的理解，仁體是遍體一切而「與物無對」者。所以說「仁者渾然與物同體」。句中的「同體」是同為一體之意，而不是同一本體。以天地萬物為一體，渾然無「物與我、內與外」之分隔，便是仁的境界。亦就是以「仁者」表「仁體」之實義。目的本是說仁，只是藉著仁者之境界（與萬物為一體之境界）以表示之耳。所以接著說「義、體、智、信，皆仁也。識得此理（仁理），以誠敬存之而已。」

次段又說：「此道（仁道）與物無對，大、不足以明之」。因為仁道徹通物我內外之分隔，所以不與物為對；而「大」則仍是一個對待的概念，所以不足以表明此「與物無對」的仁道。孟子盡心上云：「萬物皆備於我矣，反身而誠，樂莫大焉」。亦是說這個與物無對、與萬物為一體的「仁」。人一念警覺，反身而誠，「上下與天地同流」（亦盡心上語）則我的生命與天地生命通而為一，天地之仁實即我心之仁。所以說「天地之用，皆我之用」（皆仁體之發用流行）。反之，若不反身而誠，則猶是與物為對，內外分隔。既是分隔對立之二物，縱然想要湊泊求合，亦是湊泊不上的。而一個與物有隔的生命，乃是封閉窒息而不能感通不能覺潤之生命。當然沒有「大樂」之可言。所以又說：「若反身未誠，則猶是二物有對，以己合彼，終未有之，又安得樂」？

之後，明道又舉橫渠「西銘」之意來作印證。西銘素為明道所推崇，他曾說：「西銘，某得此意。只是須他子厚如此筆力，他人無緣做得……要之，仁孝之理備於此。」[7]而此「識仁篇」，即是明道說他自己所得之意；這是可以與《西銘》「天地之塞吾其體，天地之帥吾其性。民吾同胞，物吾與也」的意思相印證的。所以說「訂頑意思乃備言此體」。此體即仁體。

三段又言及「識仁」之後，如何「存養」的問題。明道除了提出「以誠敬存之」之外，又引孟子之言「必有事焉而勿正，心勿忘，勿助長」。「必有事焉」便是勿忘；「勿正」便是勿助長。（正，期也。凡預期功效，即是助長，如宋人「揠苗」便是。）勿忘、勿助長，是消極的告誡語，正面工夫只在「必有事焉」❽。所謂必有事焉，亦不是硬把作。如以緊緊把捉為必有事焉，則便是「助長」了。故必有事焉，只是良知之靈昭不昧，真誠惻怛，此處「未嘗致纖毫之力」，只是反身以循理；此便是「存之之道」。

能「存」便能「有」，因為「良知良能元不喪失」故也。不過，雖然良知良能本不喪失，但常人總不免「習心未除」；既有習染，便須「存習此心」。此心即是仁心。而存習之「習」，當作習熟講。常言「義精仁熟」、「操存益熟」，與此所謂「存習此心」，皆是存養本心仁體以達習熟之境。存習既久，昔日的習染自然煙消雲散，所以說「久則可奪舊習」。到此地步，便能「體仁之體」，「反身而誠，樂莫大焉」，當然可以「不患不能守」了。

遺書第二上有一則云：「學者識得此仁，實有諸己，只要義理栽培。如求經義，皆栽培之意。」「義理栽培」與「以誠敬存之」之語意相同。凡經中言及存養之義，亦皆是栽培之意。

---

❼ 語出《二程遺書》第二上。「西銘」之疏解，見上第二章第五節。

❽ 此義，王陽明論之最精，見《傳習錄》中卷，答聶文蔚書。拙著《王陽明哲學》第六章第四節曾加論述，可參閱。

二、仁體的實義

遺書第二上有一條云：

> 醫書言手足痿痺為不仁，此言最善名狀。仁者以天地萬物為一體，莫非己也。……故博施濟眾，乃聖人之功用；仁至難言，故曰「己欲立而立人，己欲達而達人；能近取譬，可謂仁之方也已」。欲令如是觀仁，可以體仁之體。

「仁者」以天地萬物為一體，物我內外通而為一，萬物皆備於我，反身而誠，故曰「莫非己也」。此「一體」之言，明明標注為明道所說，朱子卻說：伊川語錄中，說「仁者以天地萬物為一體」，說得太深，無捉摸處。❾可見他對明道思路之漠視。又同卷有一條云：

> 醫家以不認痛癢，謂之不仁。人以不知覺，不認義理，為不仁。譬最近。

此條雖未註「明」字，但依前條語脈看，自亦係明道語。從「手足痿痺不仁」這句話，實最能反顯「仁」的意義。所以說「最善名狀」。而麻木「不認痛癢」，就是沒有感覺，是死的，所以謂之「不仁」，這是「身的不仁」。人麻木而不覺，不識義理，不明是非，則是「心的不仁」。反之，不安、不忍而有感覺，即是仁心之呈露、仁體之呈現。而義理、是非，乃是仁心之自發；有知覺、認義理，亦即認這仁心的自發之理。二程弟子謝上蔡以

「覺」言「仁」，正是本於明道之意而說。

> 孟子曰「仁也者，人也；合而言之，道也」。中庸所謂「率性之謂道」是也。仁者，人此者也。「敬以直內，義以方外」，仁也。若以敬直內，則便不直矣。行仁義、豈有直乎？「必有事焉而勿正」，直也。夫能「敬以直內、義以方外」，則與物同矣。故曰「敬義立而德不孤」。是以仁者無對。放之東海而準，放之西海而準，放之南海而準，放之北海而準。醫家言四體不仁，最能體仁之名也。（遺書第十一）

此條義最賅貫，牟先生以為可視為明道言仁之綜括。「一體」之義、「覺」之義，皆含在內。由「敬以直內、義以方外」體悟仁體，由「必有事焉而勿正」體悟仁心覺情之於穆不已、純亦不已；此便是吾人之性體。由此而合釋「率性之謂道」以及孟子「仁也者人也，合而言之，道也」之義。仁，是人之所以為人（發展其德性人格）的超越根據，亦同時是內在的實體。人而體仁於生活實事中，便是道。此即所謂「合而言之，道也」。人而體仁於身，實即「率性」之謂。所以從「人體仁以與仁合一」而言道，與「率性」之謂道，義正相同。從道再說到仁，則人體此道便是仁。「仁者人此者也」句中之「人」字是動詞，「此」字指道。所謂「仁者、人此者也」，意即「仁者，以人體道者也」。以人體之，則形式而客觀地

---

❾ 見《朱子語類》卷九十五，論程子之書。

說的道，便成為「具體而真實的」成人之道。

但此條中「敬以直內，義以方外，仁也」，與「若以敬直內，則便不直矣。行仁義，豈有直乎」？前後語意似有衝突不順。「敬以直內，義以方外」，若翻為語體句，便是「以敬來直我們內部的生命，以義來方正外部的事物」。然則下句何以說「若以敬直內，則便不直矣」？如此，豈不與上句「敬以直內」相衝突？但細看，卻又不然。語法上翻為「以敬」，是造句之必然，是語法問題。而明道說「以敬直內，則便不直矣」，其實意只在表示：拿一個外在的敬去直內，是無法直得起來的。故下句云「行仁義，豈有直乎」？

「行仁義」與「由仁義行」不同。[10]由仁義行是敬以直內；行仁義則是以敬直內。明道說「以敬直內便不直」，意在點示「敬」不是外在的東西，若拿外在的敬去直我們內在的生命，便直不起來，即使一時能直，亦只是偶然，並沒有稱體而發的必然性。

伊川朱子所謂「涵養須用敬」，是落在實然的心氣上說，卻正是這外在的後天的敬。而明道說「敬以直內」，則是指說發自仁體的敬；敬以直內，即是仁體流行。敬，直通於穆不已之仁體而由內發，亦猶仁義之由中而出。此皆非向外襲取，故敬義實即仁體。所以說「敬以直內，義以方外，仁也」。

明道言「仁」，還有一些短語，皆直接指點，具體真切。在《宋明理學·北宋篇》頁三二九以下，有一大段綜述之言，可參看。

三、《定性書》原文

承教諭，以定性未能不動，猶累於外物。此賢者慮之熟矣，尚何俟小子之多言？然嘗思之矣，敢貢其說於左右。

所謂定者，動亦定，靜亦定，無將迎，無內外。苟以外物為外，牽己而從之，是以己性為有內外也。且以性為隨物於外，則當其在外時，何者為在內？是有意於絕外誘，而不知性之無內外也。既以內外為二本，則又烏可遽語定哉？

夫天地之常，以其心普萬物而無心；聖人之常，以其情順萬事而無情。故君子之學，莫如廓然而大公，物來而順應。易曰：「貞吉，悔亡。憧憧往來，朋從爾思」。苟規規於外誘之除，將滅於東而生於西也。非惟日之不足，顧其端緒無窮，不可得而除也。

人之情各有所蔽，故不能適道。大率患在自私而用智。自私，則不能以有為為應迹；用智，則不能以明覺為自然。今以惡外物之心，而求照無物之地，是反鑑而索照也。易曰：「艮其背，不獲其身；行其庭，不見其人」。孟氏亦曰：「所惡於智者，為其鑿也」。與其非外而是內，不若內外之兩忘也。兩忘則澄然無事矣。無事則定，定則明，明則尚何應物之累哉？

---

⑩《孟子．離婁下》：「舜明於庶物，察於人倫，由仁義行，非行仁義也。」

> 聖人之喜，以物之當喜；聖人之怒，以物之當怒。是聖人之喜怒，不繫於心，而繫於物也。是則聖人豈不應於物哉？烏得以外者為非，而更求在內者為是也？今以自私用智之喜怒，而視聖人喜怒為如何哉？
>
> 夫人之情，易發而難制者，唯怒為甚。第能於怒時，遽忘其怒，而觀理之是非，亦可見外誘之不足惡，而於道亦思過半矣。
>
> 心之精微，口不能宣。加以素拙於文辭，又吏事匆匆，未能精慮。當否？佇報。然舉其大要，亦當近之矣。道近求遠，古人所非，惟聰明裁之。

四、定性與定心

《定性書》雖以「定性」名篇，而實義即是「定心」。

凡道德實踐，都應該「稱性體而動」，應該順性體發出的道德律令而行。性體之發出道德律令，是物來順應、自然而然的。那末，我們在表現道德行為時，也就應該順性體之所命自然而動纔是。但事實上並並不能常常如此，所以靜時感到寂寞無聊，而動時又不免為外物所牽引。如此一來，便顯得性不貞定。

實則，並不是性不貞定，甚至亦不是在表現中的性自己不貞定，而只是我們在工夫過程中表現「性」時，表現得不順適，因而使得「心」不貞定。由於心不貞定，就連帶說性不貞定，所以纔有「定性」這個詞語。其實，我們要求性之貞定，乃是要求如何使「心」不為外物所累，因而使我們能夠獲得「性之表現」時的常貞定。然則，所謂定性，並不是要求「性」貞定，而是要求性之表現時的「心」定。所以明道此文，亦大半就心而言。

何以討論「定性」而卻就「心」來說？這是因為表現性體必須靠心之自覺活動；沒有心之自覺活動，性體便只是潛存，而無法彰著顯現。所以凡是講到心性工夫的問題，總不直接就性而說，都是就心而言。同時須知，心之活動又有本心之呈現與習心之作用兩方面。

(1)就「本心」而言，其呈現自是常貞定；而「本心即性」，本心既常貞定，性體之表現（流行）自然亦常貞定。在這一方面，固無所謂浮動亂動，亦無所謂為外物所累。

(2)另一面的「習心」，則是心理學的心、經驗的心、感性的心。這方面的心，卻易為外物所牽引、所制約，因而遂為外物所累而不能常貞定。

據此可知，性無所謂定不定，定不定是落在心上說，而且是落在「習心」一面說。

一般而言，人在應事接物之時，總不免落在感性制約的處境中，所以很容易為外物牽引而累於物，而顯得動盪而不定。因此，亦就必須有一工夫來貞定它。這個貞定的工夫，(1)消極地說，是要從感性的制約中超拔解脫，不再為耳目見聞所蒙蔽，不再為外物所牽引，而回歸到自作主宰、自發命令、自定方向之本心（性體）。(2)積極地說，是直接使本心毫無隱曲地當體呈現。本心性體一呈現，則一切蔽於耳目、累於外物之事，便自然消失於無形。橫渠所說，是消極工夫上之問題，是就心易為感牲所制約而累於外物而言。明道之答，則是積極工夫的問題，是就本心性體之自身而說。

〔按〕：依橫渠《正蒙》「合天心」之本心，「體事無不盡」之仁心，以及「心能盡性」之義，心如果能充盡而朗現之，便可以彰著性體，性體彰著，則「客感客形與無感無形」乃能得其貫通之統一。盡性而一之，則心體貞定，性體之表現自亦常貞定，而不至為客感客形所累。如此，則「定性未能不動，猶累於外物」的困難，便自然克服而消解。

由此可知，此一難題之解答，必須歸到「本心之充盡」的積極工夫上。當橫渠致書明道討論此一問題時，是在著《正蒙》之前，當時或者未能十分明澈，到著《正蒙》之時，則已透進一步，其形上的本心義亦已不算弱，但橫渠客觀面之比重終嫌太過，主觀面不十分能凸顯挺立，因為他畢竟還沒有以孔子之仁與孟子之本心為主，所以不如明道之顯豁。

又，縱然已透到從積極工夫上說，亦仍然不可廢棄消極工夫之磨練。朱子便完全從消極工夫上說，而亦能顯示他的實踐工夫之緊切。朱子之不足處，是在他沒有「形上的本心義」，他視心為氣之實然，所以沒有從本心性體上說的積極工夫。

「定性書」所陳述的理境自然很高，但明道既是就本心性體而言之，則全文的義旨亦可得而解。他是就本心性體之「無將迎、無內外」而言大定，亦即「動亦定、靜亦定」之大貞定。本心性體原本就不能將它限制於內或外。當它朗現時，既不能將它隔絕地逼限於內、而不通於事；亦不能將它逐物地推置於外、以致內失其主。

「靜」既不空守孤明，或空虛寂寞，「動」亦不是徇物喪心，或為物所累。如此，自然能常貞定，而無處不灑然。否則，逼限於內，靜亦不安；推置於外，動亦有病。這是從習心著眼而作消極工夫時、所不能免的曲折與跌宕。假若從本心性體而作積極工夫，便不會有這些動盪的波浪。

明道說：「天地之常，以其心普萬物而無心；聖人之常，以其情順萬事而無情」。這二句名言，就是要證實這種常貞定的境界。而「自私」「用智」則是習心一面的事，從這裡騰躍一步而翻上來，便是天心（本心性體）之朗現。這就是全篇的總要。⓫

按：定性、定心、定分；定、猶止也。止於仁、止於孝、止於大分。明於分，止於分，物各付物，正是《定性書》中所謂「聖人喜怒不繫於心，而繫於物」之義。（當喜則喜，當怒則怒，該如何便如何，以分定（依從理之是非）即可。）遺書第七有一條云：「愚者指東為東，指西為西，隨眾所見而已。智者知東不必為東，西不必為西。惟聖人明於定分，須以東為東，以西為西。」這條所說的是什麼意？試以「正反合」解之。愚者無所思省，只順見聞習俗，這是「正」，是原始諧和（有福無慧）。智者能思省，知東南西北，只是當初指述方位之約定（約定而俗成，並無必然性）。這是「反」（不與俗偕，有智見，但不安不定，未必有福）。聖人是「合」，是第二度的諧和。聖人與人為徒，明於定分，各有所止。故不逞智，而福德兼修，德福一致，是「天地位，萬物育」的境界。

⓫ 《定性書》全文之疏解，可參閱拙撰《宋明理學・北宋篇》第十二章第三節，頁三三四—三四〇。又，頁三四三有四個表，亦可參證。

第四章　程伊川義理轉向與洛學南傳

第一節　二程異同

程伊川（西元一〇三三—一一〇七年）名頤，字正叔，小明道一歲。後世稱明道為大程子，伊川為小程子，合稱二程。

伊川年十八，遊太學，時胡安定為直講，以「顏子所好何學」試諸生，見伊川「學以至聖人之道」之論，大為驚喜，立即延見，處以學職。英宗神宗二朝，大臣屢次薦舉，皆不出仕。哲宗即位，以司馬光薦，召為崇政殿侍講。時文彥博為太師，侍立帝旁，終日不懈，帝告以稍事休息，亦不離去。而伊川為講官，在帝前亦不稍假借。有人對伊川說，君之嚴，視文公之恭，孰為得失？答道：「文公四朝大臣，事幼主不得不恭，某以布衣職輔導，亦不敢不自重也。」每當進講，伊川必「宿齋豫戒，潛思存誠」，希望感發君上之意，而講書之時，總要將道理關聯到君王身心上來。呂公著與范純仁入侍經筵，聽了伊川的講說，出而歎曰：真侍講也。這就是儒者為帝王師的型範。（諸葛亮「鞠躬盡瘁，死而後已」，與文天祥「人生自古誰無死，留取丹心照汗青」，則是另一型的典範。）

二程是親兄弟，又同時講學，一同授徒，他們留下的言教文字，稱為《二程遺書》或《二程集》。遺書中的語錄，除第十一至第十四卷為明道語，第十五至二十五卷為伊川語，其前十卷則標為「二先生語」，大都未經認定是誰所說。而後世講論程朱之學，實以朱子為主，而所謂「子程子」，通常都指小程子，幾乎不見大程子的義理綱領，這是「以一程概括二程」，而大程子在所謂「程朱性理學」中，卻隱而不顯了。

牟先生指出❶，《宋元學案》三個重要的學案（大程、小程、朱子）都編得不好，不足以顯示各家之義理綱領與思想架構。他詳檢遺書，費極大之心力與繁複之手續，重新選輯明道語錄為八篇：

1.天道篇　2.性情篇　3.辨佛篇　4.一本篇
5.生之謂性篇　6.識仁篇　7.定性書　8.聖賢氣象篇

明道既定，伊川之綱領亦自然顯示而出，其語錄亦輯為八篇：

1.理氣篇　2.天理篇　3.氣稟篇　4.才性篇
5.論心篇　6.中和篇　7.居敬集義篇　8.格物窮理篇

至於朱子，文獻特多，《心體與性體》第三冊全冊皆講論朱子學，而書中引錄的朱子文獻，亦無異於是一部「朱子選集」。

二程講學時，主動之靈魂在明道，明道卒後，伊川還有二十二年獨立講學之時間，他的生命氣質、心態性向自然顯發出來，而形成義理之轉向。但此一轉向，在伊川是不自覺的，而二程門人亦無人覺察，一直要到南宋朱子四十歲時，決定要走伊川的路，經朱子廣泛講論與弘揚，充分貫徹伊川之思路，而開出一個大系統。使得明道的綱脈自然隱沒。後來只稱賞大程子慧悟明徹，義理圓熟，造詣高深，人品和粹，而卻講不出明道之「學」。這是儒學史上一件非常殊異之大事。在此，亦反顯出牟先生講明「大程子、小程子、朱子」三家之學，實在是功莫大焉。

二程在性格性行上的差異，他們自己亦有所覺察：

《宋元學案·伊川學案》下有一則記載：二程隨父遊僧寺，明道從右門入，「從者皆隨之」；伊川從左門入，「獨行」。到法堂相會時，伊川歎曰：「此是某不及家兄處。」

《上蔡語錄》有云：某日，伯淳謂正叔曰：「異日能尊師道，是二哥（指伊川）；若接引後學，隨人才而成就之，則不敢讓焉。」

《程氏外書》第十二有一條云：朱光庭見明道於汝（汝、地名），歸謂人曰：「某在春風中坐了一月」。明道偶有諧語，伊川則無。明道渾是一團和氣，伊川則嚴毅。

《明道學案》下有一則記載：明道先生與門人議論，有不合者，則曰「更有商量」。伊川則直曰「不然」。

❶ 見牟宗三先生《心體與性體》第二冊、第一章引言。（臺北：正中書局）

明道講經典，也有他獨特的風格與活潑的啟發性。謝上蔡嘗謂「明道先生善說詩，他又不曾章解句釋，但優游玩味，便使人有得處。」

《程氏外書》有一條記二程講「忠恕」：

> 明道曰：「維天之命，於穆不已」，不其忠乎！「天地變化草木蕃」，不其恕乎！伊川曰：「維天之命，於穆不已」，忠也；「乾道變化，各正性命」，恕也。

二程的意思，其實是一樣的。但明道表達的情味及其說話的意態，可謂從容綿邈，意味深長。蓋天命不已，乃是實理流行，實德昭顯，豈不是盡己之謂忠嗎？天地之大德曰生，生德流行，陰陽變化，草木（萬物）蕃息，大生廣生，這正是天道之發用及於萬物，豈不是推己之謂恕嗎？明道的講說，何等蘊藉而從容。而伊川之解，則顯得大質實而執滯，將「天地變化草木蕃」這麼順達自然的句子，換成「乾道變化，各正性命」，不但太典實，太拘執，而亦不甚合乎「充擴得去」的「恕道」氣象。上蔡語錄有一條云：

> 或問明道先生，如何斯可謂之恕？先生曰：「充擴得去，則為恕。」心如何是充擴得去的氣象？曰：「天地變化草木蕃。」充擴不去時如何？曰：「天地閉，賢人隱」。

不過，朱子卻不喜歡明道的方式，認為明道說話渾淪，說得太高。因為朱子心態近於伊川，所以比較喜歡伊川的分解表達。伊川堅實，比較著重下學上達，循循有序。而其下學或下面著實的途徑，是落在《大學》的格物致知上。因而，對於道體與性體的體悟，不自覺地有了義理的轉向。對於「性即理」這句話的表述，也走向「性只是理」（性是理，不是心，心性二分，乃至心性情三分）。如此，乃顯示伊川在內聖成德之教的義理疏解上出現歧異。這便正是二程異同的關鍵所在。

第二節　伊川義理轉向：天理「只存有而不活動」

明道提出「天理」二字，伊川接著說「性即理也」，表示儒家思想中的「性」字即意指天理本體。伊川這句話，當然是儒家重要的「法語」，明道與所有的理學家（包括陸王）都是認同的。明道既卒，伊川開始獨立講學。在二十年獨立講學的時間裡，終於使他自己生命與思路漸次透顯出來。

伊川順自己質實的直線分解的思考方式，把道體性體，皆體會為「只是理」。既然只是理，就表示它不是心，不是神，亦不能就道體性體說寂感。道體的「心」義「神」義與「寂然不動，感而遂通」義既已脫落，則道體乃成為「只存有」而「不活動」（不能妙運氣化生生）的理，而本體宇宙論的創生義，亦因之泯失而不可見。講道體是如此，講性體亦然。伊川又將孟子「本心即性」離析為「心性情三分」、「性」只是理，是形而上的；「心」與「情」則屬於氣，是形而下的（後來朱子即承此而說「心」是氣之靈，「情」是氣之變）。理（性）

上既不能說活動，活動義便落在氣（心、情）上說。於是，性體亦成為「只存有」而「不活動」。

由於伊川對道體性體的體悟發生偏差，乃形成義理上的轉向。如前所說，這個轉向，伊川當時並不自覺，二程門人也未覺察，所以並沒有人順此轉向而走下去。一直要到朱子四十歲「中和參究」論定之後，才真正明朗出來。這時上距伊川之卒，已經六十多年了。朱子的心態，幾乎和伊川一樣。但他走上伊川的路，卻也經過幾番出入和曲折。如果以朱子後來所完成義理系統為準，則他四十歲以前的問學，都只是學思過程中的經歷，算不得「的實見處」（朱子自己語）。到四十以後，才順著他同於伊川的心態，而自覺地順成了伊川的轉向，終於開出了一個新的義理系統。

伊川對於道體性體的體悟，和北宋前三家（周、張、大程）確有不同。依前三家：

1.「道體」是「理」（天道本體即天理本體），就「理」說「存有」。性體亦然。

2.性與心、情之關係：「心」是實體性的道德本心（本心即性）。「情」是仁心覺情，是性體之流露。

而伊川，對客觀地說的「於穆不已」之體（道體），與主觀地說的仁體、心體、性體；皆未有明確而相應的體會。他⑴將「於穆不已」之體收縮割截為「只是理」；⑵又將孟子的「本心即性」析而為「心、性、情」三分。於是，「性只是理」（性中只有仁義禮智）；「仁是性，愛是情」（惻隱、羞惡只是情，與仁隔為形上形下兩層）；「心」是實然的心氣，是經驗的心。如此而後，心與性成為相對之二：

(1)性是先天的，心是後天的；

(2)性是超越的，心是經驗的；

(3)性是所知的，心是能知的。

這樣一來，道體、性體只是「理」，在理上說「存有」。此靜態的存有、實有，不含具活動性（創生性、妙運氣化生生不息），故牟先生判之為「只存有而不活動」。

道體、性體以外的「心體、仁體（惻隱）、誠體、神體」，皆不是理，只是氣的活動、氣的表現，於是，道德實踐的活動中心，完全落到由後天的凝聚之敬心說涵養，由「心知之明」說致知格物。這就是伊川的兩句名言：「涵養須用敬，進學則在致知」。（遺書第十八）朱子後來極成伊川之義，而明道所體悟的「道體」（含易體、性體、心體、仁體、誠敬之體等等）之實義，乃漸漸淡漠隱去而不顯。在今日看來，二程兄弟正好代表康德說的「自律道德」與「他律道德」兩路，這也是哲學史上的嘉話了。

第三節　仁性愛情

由於伊川直說「性即理」（心，不是性，亦不是理），所以對於「仁」的理解亦不同於明道，而直說「仁是性，愛是情」，終於開啟了朱子後來所極成的「心性情三分」的思想格局。

事實上，明道專言「仁體」，妙悟「於穆不已」之體，盛言「一本」之論，並無朱子所謂「太高」，亦無所謂單屬「上一截」。這根本不是高不高的問題，而是內聖道德實踐的本質問題。人之儱侗、恍惚、虛蕩、蹈空，只是其人道德意識之不真切，對道德實踐之本性認識不明透。明道說：「大道浩浩，何處下手？唯立誠才有可居之處。有可居之處，則可以修業也。終日乾乾，大小大事，都只是忠信所以進德為實下手處，修辭立其誠為實修業處。」❷這就是相應道德本性而來的切實、不蹈空。要說「下面著實工夫」，這就是最著實之工夫。要說「近」，此便是近，並不遠也。要說「下學上達」，此便是下學上達，要說「循循有序」，此便是循循有序。

然而，伊川對孔子之「仁」，卻「別有會心」，不與明道同一思路。《二程遺書》第十八，有一條云：

> 問仁，曰：此在諸公自思之，將聖賢所言仁處，類聚觀之，體認出來。孟子曰：「惻隱之心，仁也」。後人遂以愛為仁。惻隱，固是愛也。愛自是情，仁自是性，豈可專以愛為仁？……

此條分別仁與愛（惻隱）之不同，以點明「性」與「情」有形上形下之異。愛是情，而所以為愛之理，纔是仁。依伊川，凡愛、惻隱、孝弟，乃至博施濟眾等等，全都是統於仁性下而為其所主宰的具體情變之一相。而仁性則是對應「此等等情變之相」，而為其「所以然之理」。仁如此，其他理（如義、禮、智、信等等）對於它所對應的情變，亦是如此。

> 仁義禮智信，於性上要有此五事，須要分別出。若仁則固一，一所以為仁。惻隱則屬愛，乃情也，非性也。恕者，入仁之門，而恕非仁也。因其惻隱之心，知其為仁。……（遺書第十五）

此條分別仁是性、愛是情，與上條同。由於有惻隱之心，故能逆知有仁之理，這亦是「由存在推證其所然之理以為性」之義。⑴心依仁理，而有推己及人之恕，從其主者而言，故繫屬於仁而說「恕者仁之施」；實則，並非仁之理能實際存在地發出此推施之用。⑵同理，心依仁而表現愛人惜物之用，從其主者而言，亦繫屬於仁而說「愛者仁之用」；實則，亦非仁之理能實際存在地發出愛之情用。

性情對應而言，仁是性，是體；愛是情，是用。但此體用，是繫屬的體用，在體用之間有一間隔的罅縫；並非就是孟子所說之本心，亦非明道所體會之仁體而說「體用一源，顯微無間」。

按：就「即存有即活動」之實體說，是「體用一源，顯微無間」；就伊川之分解而言，

❷ 見《二程遺書》第一、二先生語中之伯淳語。

則不能如此說。雖然「體用一源，顯微無間」是伊川《易傳》序文之句，但依其仁性愛情之分解，即可知他並未諦當於此二語之實義，其造詣亦未至於此。

> 仁之道，要之只消道一公字，公即是仁之理。不可將公便喚作仁。公而以人體之，故為仁。只為公，則物兼照。故仁所以能恕，所以能愛。恕則仁之施，愛則仁之用也。
>
> （遺書第十五）

所謂公，是不偏不黨，是就仁之理而分析出的一個形式特性。由此形式特性（公）可以接近仁，可使吾人領悟仁，但卻不能說公便是仁。因為仁是實體字，而公只是屬性字。雖然「不可將公便喚做仁」，但「公而以人體之，故為仁」。依「公」這個形式特性，而以具體的人道（如愛、恕、惻隱、孝弟等）以體現而實現之，故成為仁。由「公」接近仁，是形式的接近，「公而以人體之」，便成為實際的接近，亦即人本於公心而依仁之理而進行實際的道德實踐，使仁理敷施發用，成德成善。

明道就仁心覺情而言仁體之感通無隔、覺潤無方，以及於穆不已、純亦不已，並由此而言「一體」之義，與伊川仁性愛情之路並不相同。仁體呈現，自然「廓然而大公，物來而順應」，此亦可以說「公」。但這個「公」字是仁體呈現之境界，不是就仁理而分析出的形式特性。依明道，工夫只在通過逆覺以使仁體呈現（先識仁，由麻木不仁之指點、當下體證之）；而不在先虛擬一公字，而依公發情以接近它。伊川之講法必歸於他律道德，而明道所言則是

自律道德。❸

第四節　論性與論氣

一、論性不論氣或論氣不論性

論性不論氣，不備；論氣不論性，不明。（一本此下云：二之則不是。）（遺書第六）

此條乃論性之法語。牟先生以為，無論是明道所說，或是伊川所說，皆可視為二人之所共許；而且不止二程所共許，亦是宋明儒者所共同遵守之法語，無人能反對。

所謂「論性不論氣，不備」，不備，不足夠之謂。朱子曾舉孟子為例，孟子說性善，未曾說到氣稟之限制。對於人何以「為不善」，孟子以為是由於人之「陷溺其心」、「不能盡其才」，而並非「天之降才爾殊也」。孟子的說法，就發明道德心性以及道德地鼓勵人而言，自然足夠；但就說氣稟之限制而言，則亦可說有不足夠處。經程子接一接，加以引申補足，當然很好。

---

❸ 按：從後天工夫（依公發情）去接近仁，是孟子所謂「行仁義」，乃是他律之路。必須仁當體呈現（欲仁仁至、反身而誠），亦即孟子所謂「由仁義行」，方是自律。

「論氣不論性，不明」。如告子、荀子，以及董仲舒、揚雄、王充、劉劭等言氣性與才性者皆是。程子所謂「不論性」，是指見不到超越的內在道德性或「天命之謂性」的性而言，並不是說這些人不討論人性問題。告子等亦皆論性，但他們所說的性是就「氣」一面而言的氣性、才性，是「生之謂性」這個原則下之性，是依「性者生也」這一古訓所理解的性。這一面的性，是就自然生命的種種特質而言之，而不是就道德生命而言性。這在程子（甚至整個宋明儒者）看來，便是「論氣不論性」。

所謂「不明」，是說見不到或不能說明人之道德實踐所以可能的超越的先天根據。此先天根據，依孟子而言，是就本心而見到的「內在道德性」之性；依《中庸》《易傳》而言，是就「於穆不已」的天命流行之體而說的「天命之謂性」的那個性、或者說是形而上的本體宇宙論的「道德創造性」之性，乃是人生的真本源，亦即人之道德實踐所以可能的真根據。

二、氣性、才性與氣質之性

從告子「生之謂性」下及荀子之說，董仲舒、揚雄、王充之說，以及劉劭《人物志》所說之才性，皆是「生之謂性」這個原則下的種種說法，到宋儒，乃總括為「氣質之性」。《二程外書》第七，有一條云：

> 性無不善，其所以不善者，才也。受之於天之謂性，稟之於氣之謂才。[4]才之善不

> 善，由氣之有偏正也。……然而才之不善亦可變之，在養其氣以復其善爾。故能持其志，養其氣，亦可以為善。故孟子曰：人皆可以為堯舜。……

所謂「才之不善亦可變之」，變、是變化氣質之偏，變之之道，在於「養其氣以復其善」。此已說到進德之學（見下節）。茲先列一表以略見「氣質之性」之意涵：

- 氣性
  - 氣稟：有清濁厚薄之異
  - 氣質：有剛柔緩急之別
  - → 氣質之性
- 才性
  - 材質、資質、才資、才能
  - 有智與愚、賢與不肖之分
  - → 材質之性

（氣質之性、材質之性）總名「氣質之性」吸納「生之謂性」一流

三、變化氣質是進德之學

「變化氣質」一語，經張橫渠提出之後，便為理學家所共同採用。變化氣質之偏雜，乃是進德之學。《二程遺書》第十八有云：

> 問：人有日誦萬言，或妙絕技藝，此可學否？曰：不可。大凡所受之才雖加勉強，止

---

❹ 孟子言才，乃指性之能，亦即為善之才，又曰「良能」。故孟子所說之才不從氣言。伊川是自成其說，不與孟子同。參孟子章第一節之五。

可少進，鈍者不可使之利也。惟理可進。除是積學既久，能變化得氣質，則愚必明，柔必強。蓋大賢以下即論才，大賢以上不論才。……

此條指出技藝方面之天才不可學，而變化氣質則可進德。「大賢以下」要論才。人在成聖成賢之前，須先成才成器；等到成聖之後，便只論德而不論才。因為成人格的本質，在德而不在才。聖賢自有其才，但不以才論，亦不以才為貴。所以孔子說「如有周公之才之美，使驕且吝，其餘不足觀也已」。成德性，成人格，是宋明儒學的核心，亦是其工夫真切落實之處。《遺書》第十九云：

> 生而知之，學而知之，亦是才。問：生而知之，要學否？曰：生而知固不待學，然聖人必須學。

「生而知之」，是天縱之才，「學而知之」，是學以成其才。生而知者固然無須待於學，但「聖人必須學」。伊川此言，極為諦當。蓋聖人不只立己，還要立人；不只成己，還要成物。親親、仁民、愛物，其中事理萬端，皆須歷練，故聖人「必須學」。而且，本質地說，進德之學無止境，天地間亦無現成之聖人，「學」豈可以「已」？從「於穆不已」起現「純亦不已」，是「誠而明」，是即本體即工夫；從「純亦不已」證顯「於穆不已」，是明而誠，是即工夫即本體。文王如此，孔子亦如此。而講心性之學、成德之教者，不冀生知，而必崇聖。孟子說「聖人者，人倫之至也」。人倫世界最高的人格型範，不是由天生就，而是靠人自己做成，故「學」不可以已。「進德」不可已，「聖人必須學」，旨哉斯言。

第五節　「論心」之實義

伊川論「心」之語，顯得很模稜依似，很難得知其確定的條理及其立言之分際，亦很難了解其概念的本質的主張究竟何在？❺他據孟子言「盡心、知性、知天」而說「心也、性也、天也，非有異也。」❻在伊川系統中，「心」與「性、天」有異質異層之不同，如何說「非有異也」？伊川言「心」之實義，應就「心譬如穀種」一條為準。《二程遺書》第十八：

> 或曰：「心譬如穀種，必得陽氣而生。」曰：「非也。陽氣發動處，卻是情也。心譬如穀種，心之理便是仁也。」

或人之意，以為五穀之種是心，陽氣鼓動是仁。伊川依形上形下之分，很容易看出其非。依

❺ 參《宋明理學·北宋篇》第十六章第一節。

❻ 見《二程遺書》第二十五。

伊川，心是總持地說，故可曰「譬如穀種」。分而言之，其所以具生之理是性（仁），實際之生發（陽氣發動）則是情。此義最為朱子所印持。《朱子語類》卷五有云：

> 程子曰：心譬如穀種，分而言之，其中具生之理是性，陽氣發動只是情，推而論之，物物皆然。

朱子對伊川論心之言，特別注重此義。朱子並就心之總持義，而極賞橫渠「心統性情」之語。伊川所說「性即理」、「仁性愛情」與橫渠之「心統性情」，朱子皆視為顛撲不破之法語。（但朱子所理解的「心統性情」，是否同於橫渠之本意，此則不易定。）茲依朱子之意，列為簡表以助解。

心（穀種）
- 生之理——是性（仁是性，是理）
- 陽氣發動——是情（愛是情，是氣）

→ 心性情三分

心統性情
- 心能明理——認知地統貫於未發之性
- 心能發情——行動地統貫於已發之情

第六節　居敬與格物窮理

《二程遺書》第十八有句云：

> 涵養須用敬，進學則在致知。

明道言存誠，是存養「仁體」，存養「於穆不已」之體。言「敬以直內，義以方外」，亦是直通「於穆不已」之體而言。故敬曰敬體，誠曰誠體，所謂「純亦不已」是也。一切後天的身心行為，莫不順此真體（敬體誠體）而化，亦即莫非此真體之流露。這是從先天的體上說工夫，不是從實然的心上說工夫。而伊川，卻是從實然之心上著眼，由涵養這「由振作、肅整、凝聚而表現的敬心」，來漸漸迫近那本心，使實然的心漸漸清靜而貞定，漸次如理而合道，以轉為道心。這是他說「涵養須用敬」的基本意指。

他雖說「涵養久，則天理自然明」❼，但他不說「心即理」，不從先天的本心說，只從後天的敬心說。如此而發出的道德力量不能沛然莫之能禦，沒有必然的強度性和普遍的穩固性，故繼「涵養須用敬」之後，又說「進學則在致知」。這是要以《大學》的致知格物窮理❽來助強道德的力量，使之由「心理學地道德的」進到「認知地道德的」，而認知地道德雖已見到義之所當為，亦能去為其所當為，但終究不是直接地發自道德本心之「純亦不已」，

❼《二程遺書》第十五。

❽《二程遺書》第二十五有一條云：「格、猶窮也，物、猶理也，猶曰窮其理而已也。」

所以是他律道德。

伊川既知「德性之知不假於見聞」，卻又要依「格物」方式去致此德性之知。格物則必須與物接，如何能不假於見聞？又如何能不知之於外？伊川已解「格物」為「窮理」，但「即物窮理」的理路，要到朱子才正式完成。伊川留下的問題，有如：

(1)既認定道體性體只是理，則《中庸》所謂中和之「中」，只須以「性即理」解之即可。但伊川又似乎感到所謂未發之中，不能說為即性即理，其中亦含有「心」字之義，所以當他與橫渠弟子呂大臨論辯中和問題時，便顯得糾結而不順。

(2)他既反對「中即性」，又反對以「本心」說「中」。

(3)中，到底是性，還是心？

(4)心性是一，還是二？

(5)如是一，如何一？如是二，如何二？

在伊川，皆顯得不夠明徹而確定。「中和」問題，亦嚴重地困惑了朱子，經數年之苦思與論辯，終於為他所釐清，而順成了伊川「涵養須用敬，進學則在致知」的工夫格局。所謂涵養於未發，察識於已發，以及即物窮理的主張，皆是本此而來。最後，便開出了認知心下「致知究物」之認識的「能所為二」之「橫列系統」。

第七節　洛學南傳的線索

程氏門下有二大弟子，一是謝上蔡（良佐，字顯道），一是楊龜山（時，字中立）。南宋初期的洛學，主要便是通過他二人而傳下來。二程門人論學，大體皆順明道的綱領走。上蔡以「覺」訓「仁」，龜山就惻隱說仁，以「萬物與我為一」說仁之體，固然明顯地本於明道，就是論及致知格物窮理，亦不取伊川「能所對立」之方式，沒有以「知」認「所知」的認知的意義。龜山言「中」，主張驗之於喜怒哀樂未發之際。這是靜復以見體，亦即逆覺體證的工夫。此仍然是明道義，而與伊川論中和之意不同。胡安國曾說，龜山之見在《中庸》，並指說這是「自明道先生所授」。可見程門高第實是遵循「以明道之義理綱維為主的二程學」而發展。

不但謝楊二人如此，即使專師伊川的尹和靖，亦只守一個居敬集義工夫，而並未順著伊川所開發的泛格物論以為「學的」。因為內聖成德之教的本質工夫，本不在於格物而窮理。一直要到朱子出來，捨明道而極成伊川之學，纔落實於《大學》講即物窮理，終於轉成另一系統。但亦因此而顯出其中的問題性，所以先有湖湘學者之致辯，後有象山之相抗。關此，見後章。茲先述洛學南傳之二支。

一、上蔡湖湘之學

胡安國初任湖北荊門教授，楊龜山來接替他的職事，二人從此相識。後再出任湖北提舉，謝上蔡正在湖北應城做知縣。安國尊師道，特請龜山寫介紹書，以高位修後進之禮與上

蔡相見而問學。此後並常有書信往返，故安國之學，「得於上蔡為多」。（黃梨洲語）

安國以春秋學名於世，對於洛學而言，他的功績在於學脈之護持與承續。而真能消化北宋諸儒之學而有所發明的，是安國的少子胡宏（五峰）。五峰少年時，曾隨長兄致堂問學於龜山，後數年，二程門人侯仲良避亂荊州，五峰又奉父命從之遊，這是他早年與洛學的直接淵源。後來他優遊衡山二十餘年，「玩心神明，不舍晝夜」，「卒開湖湘學統」。（全祖望語）

五峰著《知言》一書，確能上承北宋前三家之規範而繼續開發，對於明道「識仁」之旨，體之尤為真切。故曰「欲為仁，必先識仁之體」，「一有見焉，操而存之，存而養之，養而充之，以至於大，大之不已，與天同矣。此心在人，其發現之端不同，要在識之而已」。就良心發現之端而警覺之，這正是逆覺體證的工夫。從逆覺體證之充塞上，以彰顯仁心之本來如此的真體，則其永恆遍在，「與天同矣」，人能彰顯仁心真體，便是「仁者」，便是「大人」。明道云「學者須先識仁，仁者渾然與物同體」，五峰承之，從逆覺以言「識仁之體」，亦可謂之善於紹述了。五峰門人胡廣仲、胡伯逢等對於上蔡「以覺訓仁」之義，亦頗有發明，可見明道、上蔡言仁之旨，甚為湖湘學者所鄭重。

二、龜山閩中之學

龜山少上蔡三歲，而後三十二年卒，所以龜山門人亦遠較上蔡為盛。黃梨洲說「龜山門下，豫章最無氣燄，而傳道卒賴之」。又引劉蕺山之言曰：「學脈甚微，不在氣魄上承當。證之豫章而益信。」羅豫章是一個篤志躬行人。他從學龜山，摳衣侍席二十餘年，推研義理，必欲到聖人止宿處。他教人最切要的工夫，即是於靜中看喜怒哀樂未發時作何氣象。這靜復以見體的體證工夫，是豫章真得力處。

豫章門人李延平，與龜山、豫章同為福建南劍州人，人稱南劍三先生。他二十四歲遊學於豫章，自後家居四十餘年，簞瓢屢空，怡然自適。其學亦以「觀喜怒哀樂未發之大本氣象」為入道之方。黃梨洲以為這是「明道以來，下及延平，一條血路」。朱子亦說「此乃龜山門下工夫指訣」。

朱子二十四歲初見延平，二十九歲再一見，三十一歲始正式受學，又三年而延平卒。延平不講學，不著書，賴朱子之扣問，錄為《延平答問》，其學始見知於世。但朱子後來終於直承伊川而另走蹊徑，對於延平之學實不相契。論者雖說「龜山三傳而得朱子，而其道益光」。實則，龜山閩中一系，只到延平而止。

朱子既云「羅先生之說，終恐有病」，對延平之教，亦以偏於靜而表示不滿。對龜山亦時有微辭。對於明道雖加推尊而又說其言太高。他真能契切於心而無不愉悅者，只伊川一人而已。所以朱子實只承接伊川而光大之。朱子學之博大，直曰「朱子學」可耳。不必目之為閩學。龜山一系不必因朱子而始立，朱子亦不必附於龜山豫章延平之門而始大。（朱子當然是延平弟子，此處只就義理之脈傳而言。）伊川朱子是一系，而龜山南劍一支，實屬明道一脈。

三、逆覺體證的二種形態

洛學南傳，分二支結集於延平與五峰，二人皆精到中肯，而能開出確定之工夫入路。

(1)延平主靜坐以觀喜怒哀樂未發前之大本氣象，是「超越的逆覺體證」。這是靜復以見體，是慎獨工夫所必函者。

(2)五峰就良心發現處，直下體證而肯認之以為體。這是順孟子「求放心」與明道「識仁體」而來。這是「內在的逆覺體證」。

靜坐以與現實生活隔離一下，此隔，即是超越；不隔離現實生活而「當下即是」，此便是內在。超越的體證，與內在的體證，同是逆覺工夫，亦可以說是逆覺的兩種形態。

在南宋理學分系之前，一方面有延平、五峰同時開出逆覺體證的兩種形態（皆屬縱貫系統）；一方面又有朱子承伊川而開出即物窮理的橫攝系統。可知儒家內聖成德之教，不但內涵充沛，而其義路亦確能不偏不倚，坦坦康平。

第五章　胡五峰開湖湘學統

第一節　南宋理學之分系與胡氏家學

歷來對宋明理學的分系，事實上是很籠統的。「濂、洛、關、閩」，只是人與地域之別，無關義理系統。「程朱」與「陸王」二系之分判又有不盡（對周、張、大程與五峰、蕺山無安排）。宋明儒者的學問，乃是心性之學。就心與性之關係而言，應該順「心性是一」、「心性為二」、「以心著性」而分為三系。❶

一、本心即性，心性是一，心與性是同質同層的關係。心性本體含具道德的理則（仁義之理，內在於心）。故性固然是理，心亦是理。「性即理」與「心即理」同時承認。此即直承孟子的象山學（明代陽明亦屬之）。

❶ 理學分化，自南宋始。北宋前三家（周、張、大程），只有義理之開展，並無系統之分化。而伊川之義理轉向，生前死後，皆只是一條伏線，半個世紀之後，纔有朱子之繼續貫徹而開出一大系統。合象山、陽明與五峰、蕺山而為三，是為理學三系。

二、性是理，心屬氣（氣之靈、氣之精爽），心性為二，心與性是異質異層的關係。故只能說「性即理」，不能說「心即理」。此即朱子學（上承程伊川）。平常所謂「程朱居敬窮理」，主要是指伊川與朱子，而並不涉及明道的義理，明道被隱去了。

三、以心著性❷，性是客觀性原則、自性原則；心是主觀性原則、形著原則。潛隱自存之性，須由心之覺用而形著之（彰著、彰顯之）。性由隱而顯而呈現起用，乃是心所形著。此一義理間架，是即胡五峰消化北宋理學而開立的湖湘之學。（由於心之形著對儒學有本質上的必然性、重要性，因此，四五百年之後猶有明末劉蕺山呼應此一理路，是為五峰蕺山系。）

牟先生作此三系之分判，已對「上蔡湖湘系」略有說明，今只就前賢後賢義理傳續之脈絡，簡括如下：

第一、明道提醒學者「須先識仁」，五峰亦以「識仁之體」教學者。

第二、上蔡以「覺」訓「仁」（訓詁、訓解），正是承明道「痲木不仁」之指點，以反顯「仁」則「不痲木」。不痲木方能「覺」。五峰子弟胡廣仲、胡伯逢，對上蔡「以覺訓仁」之義，亦頗有發明。

第三、「成性」二字，語本《易傳》「繼之者善，成之者性」而來。橫渠言「成性」，五峰之父胡安國亦言及之。五峰則順橫渠「心能盡性」而言「盡心以成性」。充分發揮心之覺用，則可以彰顯性、形著性，使性成其為具體真實之性。此即心的形著之用。心與性的形著關係，其義理淵源實甚久遠。

以下再略述南宋胡氏家學。

胡安國，字康侯，謚文定，福建崇安人。生於北宋，卒於南宋（西元一〇七四—一一三八年），六十五歲。文定不及見明道，亦始終無緣見伊川。他與二程門人，如謝上蔡、楊龜山、游定夫，皆義兼師友。謝、游、楊三人對他都很器重，以斯文之任相期勉。當他因得罪蔡京而除名時，上蔡對他的門人朱震說：「康侯正如大冬嚴雪，百草萎死，而松柏挺然獨秀；使其困厄如此，乃天將降大任焉耳。」全祖望以為，「南渡昌明洛學之功，文定幾侔於龜山。」可見它在學術上的成就與影響。

對於洛學而言，文定的功績主要是在學脈之護持與承續，而他自己所專治的則是春秋學。文定講春秋，實上承北宋孫復（泰山）尊王攘夷之意。他曾從游於泰山門人朱長文，亦算是泰山的再傳。文定風度凝遠，蕭然塵表。自登第歷仕四十年，而實際居官之時不滿六載。辭官之後，在江西豐城寓居半年，即定居於湖南衡嶽，著書以終老。

文定一家，人才輩出：⑴從子胡憲（籍溪），乃朱子青少年時三師之一。⑵長子胡寅（致堂），著有論語詳說、詩文斐然解，另有「崇正辯」專闢佛徒報應變化之論。他志節豪邁，論者謂致堂不附秦檜，可見其人品之正；不染異教，可見其學術之正。⑶次子胡寧（茅

❷ 按：《中庸》云：「形則著，著則明，明則動，動則變，變則化」。「以心著性」之著，即據此「形著」以為說。心之覺用，能使潛隱自存之性，由隱而顯，形著出來起作用。

堂），長時間侍父左右，佐助修訂春秋傳。⑷季子胡宏（五峰），開出湖湘學統。全祖望「書宋史胡文定傳後」云：

> 致堂、藉溪、五峰、茅堂四先生，並以大儒樹節於南宋之初。蓋當時伊洛世嫡，莫有過於文定一門者。四先生故後，廣仲尚能繼其家學❸，而伯逢、季隨兄弟遊於朱張之門❹，稱高第，可謂盛矣。

胡五峰作《知言》，是張子《正蒙》之後，另一位有嚴整的專門著作之人。呂祖謙說「知言勝似正蒙」❺，此或稱許過當，但就思理之精微扼要而言，亦確有《正蒙》不及之處。此下引據《知言》之言，分節述之於後。

第二節　胡子知言大義（一）：即事明道，道無不在

一、即事以明道：道充乎身，塞乎天地，無所不在

《知言》云：

> 道充乎身，塞乎天地，而拘於墟者不見其大；存乎飲食男女之事，而溺於流者不

知其精。諸子百家億之以意，飾之以辯，傳聞習見蒙心之言，命之理，性之道，置之茫昧則已矣。悲夫！此邪說暴行所以盛行，而不為其所惑者，鮮矣。

然則奈何？曰：在修吾身。夫婦之道，人醜之矣。以淫欲為事也。聖人則安之者，以保合為義也。接而知有禮焉，交而知有道焉，惟敬者為能守而弗失矣。語曰：樂而不淫，則得性命之正矣。謂之淫欲者，非陋庸人而何？天得地而後有萬物，夫得婦而後有男女，君得臣而後有萬民；此一之道也，所以為至也。

即事以明道。所謂「事」，指行為之所及，亦即以己身為本所涉及的日常生活，乃至於日常生活所涉及的一切有關之事。所謂「道」，是指道德法則、道德性的實理天理之道。而即事明道的「即事」，是表示⑴不離開道德實踐之中心，⑵不離開人本人文之立場。平常所謂「即用顯體」、「即器明道」，亦與此同。否則，「即用」未必能顯道德性之實體，「即器」亦未必能明道德性之天道。反之，有此中心以提挈之，有此立場以貞定之，則「即事明道」，亦自無窮盡、無限量。故胡子曰「道充乎身，塞乎天地」。

---

❸ 廣仲，名實，五峰之從弟，師事五峰。朱子作「胡子知言疑義」，評議五峰，廣仲出而與之辯，以闡明師說。廣仲少朱子六歲，可惜年壽不永，卒時僅三十八。

❹ 伯逢、致堂長子，學於五峰，與朱子有過激烈之論辯，絕無遊於朱子之門的事。季隨乃五峰少子，師事張南軒。南軒沒，問學於朱子，後師事陸象山。

❺ 語見《宋元學案》五峰學案，全祖望按語。

所謂「拘於墟」，是為私意私見所固蔽，所以不見道之「大」；「溺於流」，是為私欲惡情所陷溺，所以不知道之「精」（精純、精微）。若能解除其私意私見，超拔其私欲惡情，則自能見得「道」之廣大充塞，無所不在。

天道生生，仁道亦生生。個人道德實踐（道德行為之純亦不已）之道德秩序，與宇宙生化（天命之體的於穆不已）之宇宙秩序，其內容的意義是同一的。此義實乃儒者共同之肯定，無人能違悖。若離此而空言性命天道，便是「億之以意，飾之以辯，傳聞習見蒙心之言」，便是將「命之理、性之道，置之茫昧」。如此，性命之道則必違失其道德實踐之中心與人本人文之立場，而歧離飄蕩。只有「即事明道」，就「己身」以為道德實踐，則雖飲食男女之事，只要「接而知有禮，交而知有道」，能就其實然之事而「敬」其當然之理（生之理、保合性命之理），「守而弗失」，「樂而不淫」，就可以得性命之正。《中庸》云：「君子之道，造端乎夫婦，及其至也，察乎天地。」（察，昭著也。）《中庸》之言，與五峰所謂「天得地而後有萬物，夫得婦而後有男女，君得臣而後有萬民，此一之道也，所以為至也」。二者所陳之義，正可相參。

二、天理人欲，同體異用，同行異情

天理人欲，同體而異用，同行而異情；進修君子，宜深別焉。

此段係根據首段「道充乎身，塞乎天地，……存乎飲食男女之事」而提示的警戒之辭。同一飲食男女之事，溺於流者，謂之「人欲」（以淫欲為事）；不溺於流者，謂之「天理」（以保合為義）。所以說「天理人欲，同體而異用，同行而異情。」

「同體」是同一事體，而非同一本體；「異用」是異其表現之用，而非體用之用。「同行」是同一事行，並非混雜並流。「異情」是說在同一事行上「異其情實」（即有溺與不溺之異）。學者對於這樣的點示，必須明辨，不可誤將「天理、人欲」混為一區。所以末句特別提醒：「進修君子，宜深別焉。」

三、道不在性外：由好善惡惡說性體之至善

好惡，性也。小人好惡以己，君子好惡以道。察乎此，則天理人欲可知。

「好惡性也」之「好惡」，即孔子「唯仁者能好人能惡人」之好惡。亦即「好善惡惡」之好惡。不過，人雖能「好善惡惡」，性體亦能發出好惡之用，但當人表現此好惡之用時，卻不免有所夾雜。「小人好惡以己」便是夾雜一己之私，如此便是「人欲」。「君子好惡以道」，是稱性體而發，其好惡純是「天理」。稱性體而發，即是「好惡以道」。可知「道」不在「性」之外也。

第三節　胡子知言大義（二）：以心著性，盡心成性

一、心本天道爲用，至大至善

胡五峰言「心」，本於孟子。故既言心之遍在性，亦言心之超越生死，永恆常在。《知言》云：

> 心無不在，本天道變化，為日用酬酢❻，參天地，備萬物。心之為道，至大也，至善也。

心無所不在，「本天道變化」之「本」，非根據義，乃相應義。本心呈現，則相應天道變化，「為日用酬酢」，而應事接物亦莫非天理之流行，「參天地，備萬物」，而無一物之能外，此即程明道所說「只此便是天地之化」。

若推廣而言之，科學之神奇，亦仍然是心能之呈現發用，離開心靈之創造，物之質能亦不能盡其神奇之用，而終只是物而已。「天地之化」的「善」，正是通過心之覺潤創造而豁顯而形著者，所以說「心之為道，至大也，至善也」。

二、性是形上實體，是天下之大本

五峰言性，以為「萬物皆性所有」，又說「有而不能無者，性之謂歟」！性是「天地之所以立」，是「天下之大本」，是「天地鬼神之奧」。凡此，皆表示「性」是「形上實體」。

五峰上承周、張、大程，是由《中庸》《易傳》之講道體性體，而回歸《論語》《孟子》之講仁與心性。回歸之後，必須對超越的道體性體有一回應。（這是不可少的，必然要出現而完成之）此即「盡心以成性，以心著性」。因著心之形著，而使天命流行之體（性體），成其為真實具體的性。

三、以心著性、盡心成性

《知言》云：

天命之謂性。性，天下之大本也。堯、舜、禹、湯、文王、仲尼，六君子先後相詔，必曰心，而不曰性，何也？曰：心也者，如天地宰萬物以成性者也。六君子者，盡心者也，故能立天下之大本，人至於今賴焉。不然，異端並作，物從其類而瓜分，孰能一之！

---

❻「日用酬酢」，原為「世俗酬酢」，據朱子改。

此一段明言六大聖人（六君子）是「盡心者也」；能盡心之用，則能立天下之大本。而前文已言「性是天下之大本」，今再言必須「盡心」，方能「立天下之大本」。這表示，性要通過心而後乃能起用，以顯發其創造之功能。

性是自性原則，心是形著原則

性為客觀性原則，為自性原則；心為主觀性原則，為形著原則。性至高尊，亦至祕至奧，但若非心之形著，則性便不能彰顯。所以性至尊，而心則至貴。性之所以至尊，是因為它是形而上的實體；心之所以至貴，是因為它具有形著的功能。如果只有自性原則而無形著原則，則性體便只潛隱而自存，它自己不能彰顯它自己以真實化、具體化。

「心」能「知天地，宰萬物」。此「知」如《易傳》「乾知大始」之「知」，乃是「主」之義。所以心之「知天地」與心之「宰萬物」，義實相同。「知天地」不是認知心之認知的知，而是實體性的心之直貫（本體宇宙論的直貫）。知之（主之）即是通徹之，通徹之即是實現之。所以心對性而言，是形著原則；而對天地萬物而言，則是生化原則或創生原則。❼

以心著性，盡心成性

「心也者，知天地宰萬物以成性者也」。牟先生特為指出：此所謂「成性」，不是「本無今有」之成，而是「形著之成」；意即因心之形著，而使性成其為真實而具體之性。❽潛隱自存之性，步步彰顯而形著，此即所謂「成性」。

「六君子者，盡心者也，故能立天下之大本。」所謂「立天下之大本」之立，亦不是「本無今有」之立，而是形著之立；意即由於「盡心」，纔能使那作為「天下之大本」的性，得其具體化與真實化。性雖為天下之大本，而「六君子先後相詔，必曰心，而不曰性，何也？」此無他，正因為「盡心以成性」之故，正因「性必須由心而彰顯之形著之」之故也。

凡由《中庸》《易傳》之「於穆不已」的天命之體而言性，而又回歸「論、孟」以會通孔子之仁與孟子之心性，則此「形著」之義、「成性」之義，便是應有而必然的，亦是恰當的。❾因為超越客觀面的道體，只有形式的意義，它下貫而為人之性，亦仍然是潛隱而自存的。必須再進一步通過道德的實踐，而後纔有精神之表現。亦就是說，必須通過內在主觀面的心之形著，那客觀面的潛隱自存之性，乃能在生命中呈現而得其具體化與真實化。

在此「形著」之中，超越客觀面的道體性體，步步內在化而顯示其主觀之意義；內在主觀面的心，亦隨形著而步步顯示其客觀而超越的意義。此時，便由「心性對揚」而進至「心性合一」。（性體因心之形著而全幅朗現，而心亦由於與性合一而全體挺立，主觀面之心與客觀面之

❼ 按：性體亦是生化原則，但必須藉著心之形著而彰顯，故五峰直就「心」而言。
❽ 見牟宗三先生《心體與性體》第二冊，第三章第三節。（臺北：正中書局）
❾ 同右。

性，至此而達於真實的統一。）此即五峰「以心著性」之義理間架的價值所在。⑩

第四節　胡子知言大義(二)：內在的逆覺體證

一、盡心以盡仁

彪居正問：「心無窮者也，孟子何以言盡其心？」曰：「唯仁者能盡其心。」居正問為仁，曰：「欲為仁，必先識仁之體。」

他日，或問曰：「人之所以不仁，以放其良心也。以放心求之，可乎？」曰：「齊王見牛而不忍殺，此良心之苗裔，因利欲之間而見者也。一有見焉，操而存之，存而養之，養而充之，以至於大，大而不已，與天同矣。此心在人，其發見之端不同，要在識之而已。」

此二段文，前段言盡心以盡仁。盡其心即是盡其仁，故曰「唯仁者能盡其心」。仁者之本心，常真誠惻怛，常存而不放失，所以能隨事而充之盡之。不仁者放失其良心，所以溺於流而常為不仁之事。但人心本善，即使至惡至忍之人，其良心亦並非全無萌蘖之生。如能就其萌蘖之生而當下加以指點，以使他警覺，便能立即由此一念警覺而漸存漸養，而至於充大，則涓滴之水可成江河。此便是所謂「以放心求之」。

次段言「求放心」。問者誤會「以放心求之」是拿已放失之心去求心，故提出疑問。所謂以放心求之，意即「就其放心而反求之」，就放心而求之的根據，即在良心之苗裔（萌蘖）。齊宣王好勇好色好貨，本是一利欲心；但在利欲之間，其良心亦隨機而有萌蘖之生（見牛而不忍殺）。故孟子就其良心苗裔之萌芽而當下指點之，使齊宣王即時警覺而「心有戚戚焉」，此便是「以放心求之」。求放心，乃是從事道德實踐最真切的工夫，亦是「盡心以盡仁」之第一步。盡仁，表現心中之仁以成德成善，則是第二步。

良心發見之端（萌芽）雖有種種不同之情況，但就其放溺而警覺之，則一也。此隨時警覺之工夫，即是「逆覺」的工夫。逆覺之「逆」，是根據孟子「湯武反之也」之「反」字來。除了「堯舜性之」，皆是逆而覺之。「覺」亦是孟子之言，如「先知覺後知，先覺覺後覺」。此處所謂覺，雖不必即是覺本心，但依孟子之教義，最後必歸於覺本心（象山即如此言之）。「堯舜性之」是超自覺，稱體而行，自然如此，此即中庸所謂「自誠明謂之性」。「湯武反之」，則是自覺，隨時隨事而反省覺察，此乃中庸所謂「自明誠謂之教」，亦即「誠之者，人之道也」的「誠之」工夫。

---

⑩ 蔡仁厚《宋明理學·北宋篇》第六章第三節之四，說明「盡心成性之重要性」可覆按參證（臺北：學生書局、頁一六七—一六九）。又，周子、大程、象山、陽明與伊川、朱子何以未言「成性」「形著」之義，該處以及拙撰《中國哲學史大綱》頁二二五、二二六，亦有說明。

「性之」與「反之」相對而言，「反」即是「逆覺」。孟子言「反身而誠，樂莫大焉」，亦是逆覺。五峰就良心萌蘖而指點之，顯然是以孟子為根據而言逆覺。逆覺工夫，是道德踐履上「復其本心」之最切要而中肯的工夫，亦是內聖工夫最本質的關鍵。

二、內在的逆覺體證與識仁之體

良心發現之端（萌芽）雖有種種不同之情況，但就其放溺而警覺之，則一也。這種隨時警覺的工夫，即是「逆覺」的工夫。逆、如孟子「湯武反之」之「反」，覺、即孟子「先知覺後知，先覺覺後覺」之覺。「堯舜性之」是超自覺，稱性而行，自然如此。「湯武反之」則是自覺，隨時隨事而反省覺察。「性之」與「反之」相對而言。「反」即是「逆覺」。孟子說「反身而誠，樂莫大焉」，亦是逆覺。五峰就良心萌蘖而指點之，顯然是根據孟子而說。逆覺工夫是道德踐履上「復其本心」最切要而中肯的工夫，亦是內聖工夫最本質的關鍵。

上文伊川章第七節之三，已言及李延平之「靜坐觀中」是超越的逆覺體證之路，胡五峰所講，則是內在的逆覺體證（內在、謂內在於生活）。就現實生活中良心發端處，直下體證而肯認之以為體，不必隔絕現實生活，不必從靜坐閉關以求之。此即所謂「當下即是」。

五峰所謂「此心在人，其發現之端不同，要在識之而已」。此所謂「識之」，即是就其發現之端，逆覺而肯認之。方能講真正的操存涵養。五峰答彪居正曰「欲為仁，必先識仁之體」，即是由良心仁心發見處，逆覺而肯認良心仁心之體。「仁之體」即仁心自體，仁即是體（不是另有一物為仁之體）。

人之表現有限量，而仁之為實體真體，則無限量。由「體物而不遺」、「萬物與我為一」，固然見此真體之所以為真體；而隨處發見之苗裔，亦同樣即是此真體之呈現。五峰所謂「一有見焉，操而存之，存而養之，養而充之，以至於大，與天同矣。」便正是從逆覺體證之充盡上，以彰顯仁心之本來如此的真體。能彰顯仁心真體，即是「仁者」，即是「大人」。明道「識仁篇」云：「學者須先識仁，仁者渾然與物同體」（同為一體），五峰承之，並從逆覺以言「識仁之體」，可謂善於紹述。

三、以仁爲宗，以心爲用

五峰還有一段話，意思中肯而諦當。

> 天地，聖人之父母；聖人，天地之子也。有父母，則有子矣；有子，則有父母矣。此萬物之所以著見，道之所以名也。有是道，則有是名也。聖人指明其體曰性，指明其用曰心。性不能不動，動則心矣。聖人傳心，教天下以仁也。

此段是最後的綜結歸宗之語。「天地，聖人之父母」，是說天地為聖人之所本與所法，亦即張子西銘「乾稱父，坤稱母」，以乾坤為大父母之義。「聖人，天地之子也」，是說聖人是天地之道的體現者與作證者，亦即伊川「觀乎聖人，則見天地」之義。天地之於聖人，聖人之於天地，父母之於子，子之於父母，一往一復，「道」即在其中矣。道，即是「萬物所以著見」之本，著見，亦即形著呈現之意。

《中庸》云：「天地之道，可一言而盡也，其為物不貳，則其生物不測。」天地創生萬物，即是使萬物著見；如此而說的道，是「萬物所以著見」之客觀的本，亦即著見之客觀原則或自性原則。聖人盡道，體物而不遺，則是「萬物所以著見」之主觀性原則或形著原則。聖人因「盡道」而「形著道」，亦就是間接形著萬物而使萬物著見。客觀地著見萬物，是父位；主觀地著見萬物，是子位。父位由子位而見，故曰「觀乎聖人，則見天地。」

聖人之所以能盡道，即因「盡心以盡仁」之故。所謂「聖人傳心，教天下以仁」，此是明白點出心與仁之重要。心是形著原則，是盡道之本質的關鍵。而仁則是心之「內在地所以為心」之實，故心即仁心，心體即仁體。而心與仁又是「道」與「性」之實，道與性即由心與仁而形著之。韓愈「原道篇」有云：「道與德為虛位，仁與義為定名。」道乃通名，故天下皆言道：老氏以「無」名之，耶氏以「愛」顯之，釋氏以「空」示之；各人「道其所道，非吾所謂道也」。而聖人則以「仁」實之。故曰「聖人傳心，教天下以仁也」。

心，是道德的本心；性，是道德的創生之性；而道，亦是道德的仁義之道，同時亦即形上的、於穆不已的、生物不測之道。五峰由「盡道、著性」而言之，乃直下以道德的自覺立教，而毫無歧出者。⓫其所謂「聖人傳心，教天下以仁」即表示：「以仁為宗，以心為用」

（形著之用）。

第五節　湖湘之學，一傳而衰

胡氏一家，籍本福建，由於文定數度為官荊湘，而得親接於上蔡諸人，晚年又隱居於衡山；文定既卒，五峰復居湘衡二十餘年而不出，專事著書講學，其子弟門人亦多從五峰隱遁湘衡。故五峰一脈，稱湖湘之學。茲先略介其重要之子弟門人於後。

(1)胡實，字廣仲，文定之從子。在胡氏諸兄弟中，廣仲年最少，文定卒時，他只有三歲。廣仲十五歲習辭藝，五峰告誡他說：「文章小技。所謂道者，人之所以生；而聖賢得之，所以為聖賢也。」廣仲答道：「竊有志於此，願有以詔之。」從此就學，師事五峰。廣仲以門蔭補將仕郎，但他「不就銓選」，而以講學論道為事。當朱子作「胡子知言疑義」評議五峰之學，而張南軒亦多隨和朱子，說「知言恐不免有病」之時，廣仲即與同門出而與朱子南軒相論辯，以闡明師說。廣仲少朱子六歲，可惜年壽不永，卒時僅三十八。五峰學案胡廣仲案有「廣仲問答」，多論謝上蔡「以覺訓仁」之旨。

⓫ 朱子所作「胡子知言疑義」，共八端，皆因思路系統之不同，而形成他不相應的誤解。《宋明理學・南宋篇》頁二七—三〇，有簡要之說明。而同書頁六四、六五，又約述牟先生對《知言》大義之簡括，亦八點。皆可參看。

(2)胡大原，字伯逢，致堂之長子，師事五峰。伯逢與廣仲、吳晦叔等，守師說甚固，與朱子南軒皆有辯論，而不以朱子「知言疑義」為然。五峰學案胡伯逢案有「伯逢問答」。

(3)彪居正，字德美，湖南湘潭人。其父虎臣，嘗從文定游，居正奉父命師事五峰。居正之著述不傳，但在五峰門下地位甚高，當時有彪夫子之稱。朱子與南軒之書信，亦稱居正為彪丈，則其年輩當略長於朱子。

(4)吳翌，字晦叔，福建建寧人，遊學於衡山，師事五峰。五峰沒，又與南軒、廣仲、伯逢論學。南軒門人在衡湘者甚眾，無不從晦叔參決所疑。晦叔亦與朱子辯論「觀過知仁」，以為觀，乃觀省之義，人若將孔子「觀過，斯知仁矣」的指示，收歸於「主體」而付諸實踐，真去作實踐的觀省，則在此觀省之中必將怦然心動，知其偏失之過而不安，而思有以化除之；進而亦必能豁然醒悟，翻然自證，原來只此怦然心動、知偏失而不安之心，即是吾人之本心，即是仁體，即是仁心覺情。此便是就「觀」字所呈露的本心以識仁之切義與實義。故晦叔又有「先知後行」之說。此是承明道「學者須先識仁」以及五峰「先識仁之體」而來。「先知」是先知仁體，先由逆覺的體證以知仁體，亦即伯逢所謂「必先有所覺知，然後有地可以施功而為仁」也。此亦大體即是「先察識後涵養」之路。

(5)五峰門下最有聲光者是張南軒，而對師門之學最不善紹述的，亦是張南軒。南軒名栻，字敬夫，亦作欽夫。父浚，為中興名將，並做過高宗朝之丞相。南軒天資明敏，又因父親之故，早在社會出頭。五峰卒後，學者多歸南軒。南軒初欲拜謁五峰，五峰「辭以疾」。

人以為異，五峰曰：「渠家好佛，見他則甚！」南軒聞言，再次涕泣求見，遂得受學。(12)南軒自己說：「始時，聞五峰先生之名，辛巳歲（二十九歲）方獲拜於文定草堂……然僅得一再見耳，而先生沒。」(13)又說：「所恨在先生門闌之日甚少。」(14)南軒在五峰門下，親炙之日既短，則其所得蓋亦甚淺而未能真切，所以當朱子作「胡子知言疑義」非難五峰之學時，南軒與朱子書信往返，形式上是辯論，事實上大多隨著朱子的議論走，甚至還說他老師的「知言」一書，某處「為病矣」，某處「誠為不當」，某處「不必存」，某處「當刪去」，某處「當悉刪去」一類之言。(15)而引起五峰子弟門人之不滿。南軒天資雖明敏，心思亦靈活，但秉性清弱，體未強固（故易為朱子所牽轉）。呂祖謙與朱子書有云：「荊州（指南軒）從遊之士，多不得力，不知何故如此。」(16)

全祖望謂「五峰弟子，寥寥寡傳」。而且湖湘之學，一傳而衰。此何以故？我以為其中原故，不外下列數端。

(1)五峰卒時（姑以紹興三十一年為準），其門人年歲可考者，胡廣仲二十六歲，張南軒二

---

(12) 見五峰學案、南軒學案附錄。
(13) 見南軒文集卷二、答陳平甫書。
(14) 見南軒文集卷一、答胡伯逢書。
(15) 皆南軒與朱子討論「知言疑義」時語。今《宋元學案》五峰學案中並見。
(16) 見南軒學案附錄。

十九歲，吳晦叔三十三歲。一般學者思想家之成熟，總在四十以後。而從上舉三人的年歲看，五峰卒時，他們恐皆尚未成熟，而鍛鍊之功亦可能有所不足，對於弘揚師門之學，或難免力不從心。

⑵五峰門下，除張南軒外，大多潛隱湖湘講學，少與各方通聲氣；而南宋時代的湖南，亦不算學術之區，所以五峰門下的衡麓講學，影響不大。

⑶五峰卒後，張南軒儼然為同門領袖。但南軒並不能守護師門之學，且隨順朱子之說而評議五峰之「知言」。

⑷胡廣仲、胡伯逢、吳晦叔，雖堅守師說，紛紛與朱子南軒辯論，但他們的學力既皆不如朱子，而又享年不永（廣仲三十八，早朱子二十七年卒；晦叔四十九，早朱子二十二年卒；南軒四十八，亦早朱子二十年卒），未能繼續發明師學，所以終為朱子所貶壓。

⑸湖湘學者雖遭朱子駁斥，卻並未服輸，亦不表示他們論點站不住。但一則僻處湘衡，聲光不顯，而雙方又只是書信往返以致辯，他們的論點與學術立場，局外人鮮有知聞。二則在雙方論辯之時，陸象山已崛起江西，成為朱子最大之論敵，而廣仲與晦叔卒時前後，朱子與象山兄弟且有鵝湖之會（西元一一七五年）。此後，天下耳目為「朱陸異同」所吸引，而湖湘之學便從此寂然隱沒了。

第六章　朱子的性理學

前言：朱子與李延平

朱熹（西元一一三〇—一二〇〇年），字元晦，又字仲晦，號晦庵，又號晦翁，後世更以考亭稱之。朱子原籍徽州婺源（今屬江西），而生於福建。先僑寓崇安，晚年居建陽。父名松，號韋齋，師事羅豫章，與李延平為同門友。韋齋卒時，朱子方十四，奉遺命從學於劉屏山、劉白水、胡籍溪。十九歲中進士，二十四歲赴任泉州同安主簿，過南平謁李延平，二十九歲再一見，三十一歲始正式受學，又三年而延平卒。

延平之學，承龜山豫章一脈，主靜坐以觀喜怒哀樂未發之大本氣象。這靜坐「觀未發之中」的指點，乃是靜復以見體的路，是超越的逆覺體證。延平樂道不仕，亦不講學，不著書，賴朱子之扣問而有《延平答問》，其學始見知於世。據朱子所撰「延平行狀」（見《朱文公文集》九十七），可見延平示人之大要，約有四端：❶

---

❶ 此四端之大意，可參閱《宋明理學·南宋篇》頁七〇—七六。

一、默坐澄心、體證天理。

二、灑然自得，冰解凍釋。

三、即身以求，不事講解。

四、理一分殊，終始條理。

但朱子四十歲以後，越過師門三代（延平、豫章、龜山），直承伊川而發展，經步步之講論釐清，終於開顯一個大的系統。本章將先簡述朱子四十以前的學思歷程，再分節討論朱子系統中的性理學、仁說、工夫論以及其居敬窮理的進路。

第一節　朱子四十歲以前的學思歷程

朱子十九歲中進士，發迹很早，但就學術之建立而言，則是四十歲以後的事，如此看來，朱子實是「大器晚成」的類型。他四十以前的問學與苦參中和，雖然恆毅堅苦，但那些講說，還不能算是「的實之見」（朱子語）。

朱子之父，「日誦大學中庸之書，以用力於致知誠意之地。」❷可見朱子少年時期的家學淵源即以大學中庸為首出。而從龜山豫章到延平，都是順中庸「致中和」而用功，這是龜山門下相傳的工夫指訣，是承明道之體認天理而開出的工夫入路。黃梨洲說此乃「明道以來下及延平，一條血路」❸。這話是不錯的。

朱子從李延平接下「參究中和」的題目，從三十七歲與張南軒正式以書信討論此一問題，共有四書。其中二書有朱子四十三歲所加之自註語，表示舊說之非。這四封書信，乃王懋竑詳檢文集，節錄於《朱子年譜》三十七歲下，對於了解朱子參究中和問題之原委，功不可沒。唯此四書之先後順序，仍欠妥切。牟先生依朱子書信之內容，再加調整說明，甚為諦當。❹

一、何謂大本之中

中和問題，原自《中庸》首章。所謂「喜怒哀樂之未發，謂之中；發而皆中節，謂之和。中也者，天下之大本也；和也者，天下之達道也。致中和，天地位焉，萬物育焉。」《中庸》講「致中和」，是由「天命之謂性」，「道也者不可須臾離」，「莫見乎隱，莫顯乎微，故君子必慎其獨」一路說下來。因此，所謂「致中和」，乃是順承「從性體言獨體」而推進一步的、更為具體的表示。然則，作為「天下之大本」的「中」，畢竟指目何而言？

甲、如果不是在通於天命的那個性體之外另有一個大本，則這個「中」便是指目「天命

---

❷ 見王懋竑《朱子年譜》十一歲所引朱子年譜舊本。

❸ 見《宋元學案》卷三十九，豫章學案黃宗羲案語

❹ 見牟宗三《心體與性體》第三冊第二章所引錄。

之謂性」的那個性體而言。

乙、如果「中」是就喜怒哀樂之情未發時，情之潛隱未分的渾融狀態而言，則它仍然是屬於情，而不足以為天下之大本。

由此可知，《中庸》所謂大本之中，應該是一個本體宇宙論的創生直貫之實體，它就是作為「天下之大本」的「中體、性體、誠體」，而貫通儒家心性之學的思理而言，它亦得名之為「心體」。如果這個「中體」主宰調適吾人之情，而使情之發皆能中節合度，這就是「和」。和，是中體達於用而在用中行，所以在「中也者，天下之大本也」之後，緊接著便說「和也者，天下之達道也」。中體呈現，和用暢達，是之謂「致中和」。中與和這兩個原則，可使天地定位（大中至正），萬物化育（生生不息）。

如果對於中體做這樣的契悟，則既可以依《論語》之仁與《孟子》之本心來會通《中庸》以講「中和」；亦可以由《中庸》之中和而會歸於《論語》《孟子》。如此講中和問題，自然可以逕直平易而暢達。但朱子參究中和問題，卻顯得糾結而迂曲。

二、朱子中和舊說的講論

朱子並不順承延平「觀未發之中」（默坐澄心，體認天理）的路。延平上承楊龜山、羅豫章二代之教，是靜復以見體，屬於超越的逆覺體證。而朱子三十七歲開始參究中和，主要是和張南軒相互討論。朱子與張欽夫之四封書信，依年譜，皆列於三十七歲下，故一般也說朱子參究中和是在三十七歲。到四十歲中和論定之後，視此四封書信為不成熟之舊說，並自作註記，以示鄭重。統括而言，此中和舊說的要旨，主要有五：

1.將「良心發見」之發，與喜怒哀樂之已發未發之發，混而為一。

2.因而對孟子四端之心，與中庸喜怒哀樂之情，亦形成混擾。

3.於是對孟子之本心，亦體悟不足。（須知實體性的本心，與中體、性體、天命流行之體，最後必是一，而非朱子所理解的「心性情三分」。）

4.因而亦表示朱子對《中庸》之中體、性體、天命流行之體，實亦未有相應之契悟。

5.最後，必函著對仁體之體悟，亦有不足。（故當張南軒函告他應以「求仁」為急時，朱子卻說「自覺殊無立腳下工夫處」，見舊說第四書。）

此五點，皆表示此時的朱子，對於「體」上工夫不透不切。至於朱子何以必然地轉折而走向中和新說之路？牟先生《心體與性體》書中有詳審之疏理，認為此中決定性的過轉之關鍵，唯在程伊川一句話：「凡言心者，皆指已發而言」。

三、朱子轉向而另開新路

朱子四十歲之「已發未發說」以及「與湖南諸公論中和第一書」，明白表示：舊說各書之所以認為「心為已發，性為未發」，乃因信伊川之語而然。朱子從三十七歲起三數年間，雖已講到「致察於良心之發見」為「做工夫的本領」，但因他的良心之發與喜怒哀樂之發相混，便使得朱子——⑴既不去切實體會此義（指致察良心之發）所以成立之根據；⑵不去切實體會孟子「本心、求放心、先立其大」諸義；⑶不去切實體會程明道「須先識仁」之義；⑷不去正視謝上蔡以覺訓仁與胡五峰「須先識仁體」之義；⑸再進而亦不去切實體會「天命流行之體」之義；⑹不去切實體會周濂溪之「誠體、神體、寂感真幾，以會通太極」；⑺不去切實體會明道「只心便是天，盡心便知性，知性便知天，當處便認取，更不可外求」之一本論；而只膠著於伊川「凡言心者，皆指已發而言」此一不諦之語，以求其所謂中和之旨。

伊川此句「未當」之言（伊川後來自認此言未當），竟在朱子生命中形成一道牆壁（牟先生語），使他不能悟入「致察於良心之發見」一路之深透義理，因而亦不能真切於此一「做工夫之本領」之警策處；因此當他一旦發覺以「已發」為「心」有所不妥時，便連帶將「致察於良心之發見」一路之義理，也一併拋棄，而做了一個大的轉向，此後便順著伊川學的綱領（心性情三分）而前進，這就是朱子過轉到中和新說的關鍵所在。

第二節　中和論定後的性理學架構

一、「中和新說」的基本綱領

朱子四十歲新春，與門人蔡元定言未發之旨，問辯之際，忽然自疑，於是急轉直下，而有中和新說之一說二書。一說是「已發未發說」，二書是「「與湖南諸公論中和第一書」」以及「答張欽夫書」。與湖南諸公書同於「已發未發說」。未發說當是原稿（故有書函口氣），到寄發之時，辭句稍有改易，故比較簡潔明當。而「答張欽夫書」尤為成熟之作，故牟先生謂可標為「中和新說書」。❺

構成此新說之義理間架的基本綱領，歸結起來，亦不過二大端：

1.心性情三分，心統性情。

2.靜養動察，敬貫動靜。

朱子後來的發展，即以此中和新說為根據。牟先生並指出，朱子系統中的義理，實無超出此新說之外者。❻

二、綜述「新說」大旨

此中和新說書之大旨，可以分說如下：

第一、以心為主而論中和：

(1)「中」是心之所以為體，而寂然不動者也。由「中」字見性之渾然。(2)「和」是心之

❺ 見牟宗三《心體與性體》第三冊第二章、第五節。

❻ 同右，第六節。

所以為用，感而遂通者也。由「用」字見情之中節。(3)後來，朱子又依此而說「心統性情」（借取張橫渠語以說己意）。通貫於未發，即其「寂然不動」而統貫乎性；心統性，是認知的統攝關聯。通貫於已發，即其「感而遂通」而統貫乎情；心統情，是行動地敷施發用。

第二、心與仁之關係：

(1)「人有是心，而或不仁，則無以著此心之妙」。故須由仁道之顯現，以著此心之妙。

(2)「人雖欲仁，而或不敬，則無以致求仁之功」。故須由敬的工夫，來顯現仁道（仁理）。

(3)又說「仁乃心之道」，心不即是仁，心之道纔是仁。「敬乃心之貞」，心氣之貞定凝聚，必須通過敬的工夫。（如此講敬，乃是後天工夫意義的敬，屬伊川義；而不是明道義的先天誠敬之體的敬。）

第三、敬貫動靜：

(1)敬「立於存養之實」，故靜時（不應事時）應涵養敬心，以求近合未發之中。(2)敬亦「行乎省察之間」，故動時（應事接物時）應察識情變，以期達於中節之和。(3)綜起來說，是即所謂「靜養動察，敬貫動靜」。通過存養察識之功，乃能中以導和，和以存中，而周流貫徹之心，也可以達於「無一息之不仁」的境地。

此外，新說書的後段，是對張南軒的答辯，是即「先涵養，後察識」或「先察識，後涵養」的問題。

朱子依於靜養動察之義，認為必須以靜時之涵養工夫為本，使心如「鏡明水止」以達於

「心靜理明」，故主張「先涵養後察識」。南軒則以為，必須先察識良心端倪之發，而後施以存養之功，所以主張「先察識後涵養」。

其實，兩家爭論的關鍵，並不在「先後」二字，而在二人所講的「察識、涵養」，意指各不相同。南軒本於程明道「學者須先識仁」以及其師胡五峰「須先識仁之體」之意，主張「先察識」（先識仁體）而「後涵養」（存養仁心、本心）。南軒所說，完全依於明道「識仁篇」「學者須先識仁，識得此理，以誠敬存之而已」的理路而來。而朱子正好捨明道而採取伊川之路，將仁與心分開（仁是性、理，心則屬於氣）故主張先涵養心氣之靈，使心知之明足以明理，然後乃能察識情變，以期喜怒哀樂之發能夠中節。二人所說，各有理據，只因系統路數不同，故工夫先後之序也相異。（世人不究義理之實，只注目於「先、後」二字，所以總說不明白。）

中和新說論定之後，朱子性理學的架構，基本上已經建立。但系統的周洽完成，則有待於「仁說」之論辯。❼

❼ 按：拙撰《宋明理學・南宋篇》頁九二—一〇一，對「中和新說書」；頁一〇七—一一八，對「仁說」：皆有全文之疏解，可參閱。

第三節　「仁說」的論辯：性理學的完成

一、「仁說」緣起

中和問題，本就是心性問題，而心性問題又以「仁」為根核。朱子四十歲成立中和新說，再經三數年之浸潤與議論，乃又展開關於「仁說」之論辯。這兩步論辯，代表朱子思想奮鬥建立的過程，而一般皆忽而不講，如王懋竑的《朱子年譜》，亦只錄列中和討論的文獻，而有關仁說的論辯，則完全闕略。可見數百年來對於朱子學的理解，並未盡其底蘊。牟先生在《心體與性體》第三冊，曾以二百八十多頁的篇幅，對這長達十年（即朱子三十七歲至四十六歲）的論辯內容加以疏解，義最賅備而精當。

朱子理解《論語》之仁，開始也想以二程之所說為綱領，但他對明道「識仁篇」的綱領始終湊泊不上，故終於捨明道而從伊川。他依據伊川「仁性愛情」之說，將仁體支解為心性情三分、理氣二分，而以「心之德、愛之理」的方式說「仁」。他四十三歲作「克齋記」，隨後又作「仁說」。[8]

二、朱子「仁說」大旨

朱子「仁說」一文，前大半為正面之申論，後小半則辯駁楊龜山與謝上蔡。此文之大旨可綜為下列各點：

第一、天地之心，由「氣化流行以生物」而見。於是心只成氣化之自然義（而非本心呈用之自然）。人之心，由「動靜語默而理寓其中以成德」而見。然而，理不寓於心則不能成德，而統貫諸德者方謂之「仁」。

第二、仁不是愛，而是愛之理、愛的所以然之理；仁不是心，而是心之德、心所應當具備之德。❾人常默識仁理以引發心氣之凝聚向上，久而久之，實然的心氣便能現實地（實踐的）攝具此理，以成為人自身之德。（理轉成德）

第三、不以愛之發（情）名仁，而以愛之理（性）名仁。惻隱等四端，是愛之發，是情；其所以發之理（性），乃是仁。這是將精誠惻怛之本心仁體，支解為「心性情三分」，性為形上之理，心與情屬形下之氣。所謂「仁是愛之理」，是表示然與所以然的關聯。所謂「仁是心之德」，是表示心知之靜攝的關聯，至於「心統性情」，則表示統攝的關聯。但須知心之攝具理，乃「後天」的關聯，而非「先天」的本具。

第四、仁只是理，與氣成二分；仁只是性，與心、情為三分。故仁是形上的「有」，而

---

❽ 按：「克齋記」（見文集卷七十七），從克己復禮以申論仁之義旨與求仁之要。此記作於壬辰年，朱子四十三歲。「仁說」編在文集卷六十七。作於何年，不可確考。但據朱子與張南軒論辯仁說之書信曾提及「克齋記」，可知其「仁說」作於「克齋記」之後。

❾ 《朱子語類》卷二十：「愛非仁，愛之理是仁；心非仁，心之德是仁。」

不是具體的「在」。⑴若依程明道（識仁篇）之義，則仁是理、是道；依理與道之存有義而說仁是形上的有。仁亦同時是心、是覺，依心與覺之活動義，而說仁是具體的在。故明道義的仁，是「即有即在」的。（兩即字，猶今語「同時是」，仁同時是有，又同時是在。）楊龜山承明道「渾然與物同體」說仁，謝上蔡承明道「麻木不仁」（仁則不麻木）的指喻，而以「覺」（不麻木）訓「仁」。覺則層層感通而與萬物為一體，故楊謝二人的講法，其義一也。⑵今依朱子，則仁是性、是理，是形上的「有」，但仁不是心，不是情，不是具體的「在」。於是，仁成為「有而不在」（普遍而不具體、超越而不內在）。依朱子「仁是心之德、愛之理」的界定，「理」須通過心知之明的靜涵而後具，「德」須通過心氣之攝具而後成，故「仁」之理並非內在本具。此一講法，顯然不合孔孟原義。

總括朱子言「仁」之意，可以歸結為：「仁者，愛的所以然之理，而為心所當具之德」。這句話含有：

⑴仁不是心，而是心之德；不是愛（情），而是愛之理。此即「心性情三分」。

⑵仁是理、是性，屬形而上；心、情則是氣，屬形而下。此即「理氣二分」。

⑶心知之明靜攝仁理（理寓於心），則此理乃能引發心氣之凝聚向上，而顯現為中節合度之行。此即所謂「理生氣」（生，非產生義，乃引生、引發義）。

依朱子性理系統的義理，可知他所完成的，是一個「他律道德」的系統。

第四節　心、性、情與理氣論之綜述

在尚未論及朱子的工夫論之前，還須綜觀朱子論「心、性、情」以及論「理氣」的基本義旨。

一、論「心」：心是氣之靈

一般論述朱子的性理學，很少單提他的心論。朱子不同意陸象山「心即理」之說，乃是由於系統之不同，並非故意示異。《朱子語類》卷五、性理二，有云：

(1)心者，氣之精爽。
(2)所覺者，心之理也；能覺者，氣之靈也。
(3)問：「靈處是心，抑是性？」曰：「靈處只是心，不是性。性只是理。」

第(1)條指出心是「氣之精爽」。精、亦神也，爽、亦明也。精是粗之反，爽是昧之反。氣之「粗者、昧者」聚而成物形，而「精者、爽者」則顯發為心的知覺靈明之用。第(2)條指出心之「理」是所覺，氣之「靈」是能覺，能知能覺，正是心的基本作用。所以第(3)條問到「靈處」是心還是性？朱子的回答很清楚：「靈處是心，不是性」。

朱子又說：「心官至靈，藏往知來。」又說：「心，須兼廣大流行底意看，又須兼生意看。」這二條是指說心氣之靈的氣化不息，所以「心官」能「藏往知來」。次條就「心」字言「生」，是落在實然氣上，就氣之陰陽動靜而言。可知朱子就「氣之靈、氣之精爽」而說的心，乃是實然的心氣之心。

簡括而言，心是氣之靈，能知覺，有動靜；而其所以知覺、所以動靜的所以然之理，則是性。因此，心不是性，也不是理。如此論心，自非孟子的本心義。⑩

二、論「性」：性即理，性亦只是理

朱子論性之言甚多，茲亦選列《語類》數則於下：

(1)「性即理也。」又曰「性只是此理。」

(2)「生之理謂性。」

(3)「性則是純善底。」

第(1)條「性即理」，是伊川朱子系統中極為重要的話。而且，性亦不是別的，它「只是理」。所以性不是心，亦不是情，心與情皆屬氣，只有性纔是理，亦只是理。第(2)條是說，生不是性，其所以生之理纔是性。第(3)條表示，性即是理，理無不善，故性無不善。性即是純善的理。

(4)「性是天生成許多道理。」
(5)「性是許多理，散在處為性。」
(6)「性是實理，仁義禮智皆具。」
(7)問：「性即無形，復言以理，理又不可見。」曰：「父子有父子之理，君臣有君臣之理。」

以上四條，可以合看。性是天生成許多道理。這許多理散在個體，即是性。性是理，而且是實理（仁義禮智）。朱子曾說「在事喚做理」，性（理）無形，即事而見。處父子，處君臣，皆是事，故父子有父子之理，君臣有君臣之理。（推之其他，亦然。）

三、論「情」：心性情對言，心統性情

性是理，心是氣之靈，情是氣之發（或氣之變），此之謂「心性情三分」。心性情分而為三，其實是從程伊川而來。《語類》卷五有云：

問心性情之辨，（朱子）曰：「程子（伊川）云，心譬如穀種，其中具生之理是性，陽

---

⑩ 按：講本心，亦不必否定氣之靈的心、知覺義的認知心。二者只是異層，並不矛盾對立。但本心（實體性的道德本心）不可以「氣」論，亦不可以「知覺、認知」論。若就孟子陸王一系的道德心而說知覺，則其知乃德性之知，其覺乃良知明覺。

氣發動是情。推而論之，物物皆然。」

如果用表式列出來，便可以明顯地看出這段話乃是「心性情三分」的格局。

心（譬如穀種）＜ 其所以生之理——性
　　　　　　　　 陽氣實際發動處——情 ＞ 心統性情

伊川所講「譬如穀種」的心，正是實然的心，這是就整全的實然的穀種而總持地說。這種意義的心，當然不是應然的道德心，而是實然的心氣之心。情，是陽氣實際發動處；性，則是心（氣）之所以發的理，至於這「心性情」三者之間的關係，朱子是借張子《正蒙》書中的話，來表示自己的意思。《語類》卷五有云：

(1) 橫渠「心統性情」之言，此語有大功……蓋心是包得那性情。

(2) 性是未動，情是已動，心包得已動未動。蓋心之未動則是性，已動則為情，所以心統性情者也。

(3) 性以理言，情乃發用處，心則管攝性情者也。

(4) 心，統攝性情者也，非儱侗與性情為一物而不可分也。

這四則皆言「心統性情」。性是未動（未發），情是已動（已發），心則統攝未發之性與已發之情。換言之，心性情雖然三分，但無論靜時未發之性，與動時已發之情，總是為心所統攝。（包、管攝，意皆同於「統攝」。）

其實，「心統性」與「心統情」；不可混同視之，必須分開作解。

第一、心統「性」，是認知地統攝性而含具彰顯之。所以朱子講涵養，是「涵養於未發」、把心涵養得「鏡明水止」，則可以達到「心靜」而「理明」。心靜，則能復其虛靈知覺以明理。而所謂「理明」，即表示性（理）因心知之攝具而彰顯出來，此時，心即統貫於未發之性。

第二、心統「情」，是行動地統攝情而敷施之、發用之。情，是從心上發出來，此時，心即統貫於已發之情。情因事（如好惡、喜怒、哀樂）而發，所以朱子講「察識於已發」，通過察識而使情之敷施發用，各得其正，而中節合理。

四、理氣論要旨：理氣不離不雜

朱子講理氣，或從「理同氣異」，以言「枯槁有性」（性即理也）；或從「理先氣後」，以言「理生氣」（依傍理，氣始有合度之生化）；或從理之「一」與「多」（如月印萬川，天上之月是一，水中之月是多），以言「統體一太極，物物一太極」（一理而多相）。以上請參閱拙撰《宋明理學·南宋篇》第五章第七節「理氣論大意綜述」。今只就「理氣不離不雜」略加說明。

(1)「天地間有理有氣。理也者，形而上之道也，生物之本也。氣也者，形而下之器也，生物之具也。是以人物之生，必稟此理，然後有性；必稟此氣，然後有形。雖不外乎一身，然道器之間，不可亂也。」（答黃道夫書）

(2)「有此理方有此氣，既有此氣，此理方有安頓處。」（答揚志仁）

(3)「理非別是一物，即存乎是氣之中。無是氣，則是理亦無掛搭處。」（語類卷一）

按：第(1)條答黃道夫，是以形上之道與形下之器分別理與氣，所以「道器之間不可亂」，即是「理氣不雜」之義。第(2)條答楊志仁，是表示理氣雖不混雜，但理亦不可離乎氣，若離氣，則理無安頓處。此即「理氣不離」之義。第(3)條接著說明理即存乎氣之中，離了氣，理便沒有掛搭之處。

(4)「以意度之，此氣是依傍這理行，及此氣之聚，則理亦在焉。蓋氣則能凝結造作，理卻無情意、無計度、無造作。只此氣凝聚處，理便在其中。」（語類卷一）

按：理是靜的，無情意、無計度，亦無造作；總之，理無能無力，能與力是在氣處。但氣須依理而行，所以「只此氣凝聚處，理便在其中」。這仍然是理氣不離不雜之義。

(5)「理搭在陰陽上，如人跨馬相似。」又云：「馬一出一入，人亦與之一出一入。」（語類卷九十四）

據此條，不僅可見「理氣不離不雜」，而且亦可看出朱子所說之理「只存有而不活動」。依朱子，性是理，而心是氣，故「心」與「理」為二。理既與心為二，則此理便是一個「作為存有」之靜態的、形式意義的純一之理，而並無心義、活動義。必須言「心即理」，心與理為一之理，纔是「即存有即活動」者。因為其理「只存有而不活動」，所以「理搭在陰陽上」，確實「如人騎馬相似」，「馬一出一入」，人跨在馬上，自然「亦與之一出一入」。活動者是馬，人則隨馬出入而已。理，乃是道德創生的實體，但若依朱子之體會，則此作為創生實體之「理」的創造義、妙運義、自發自律義，皆將喪失。（象山歎朱子「泰山喬嶽，可惜學不見道」，主要即就此而言。）

凡上引朱子所說「無是氣，則理亦無掛搭處」，「氣依傍這理行，及此氣之聚，則理亦在焉。」，「理搭在陰陽上，如人騎馬相似」，皆是理氣不離不雜。朱子所說的理，是存在之理，亦可以是「使然者然」的實現之理。但由於只存有而不活動，所以這個實現之理是靜態地「使然者然」，而不是「動態地創生之」的「使然者然」。⑪

朱子的理氣論，真正的問題不在理氣為二⑫，而在朱子把「心」與「理」析而為二，使

---

⑪ 按：「使然者然」，「然者」指氣；理，則是氣所依傍而如此這般地凝結造作的所以然之理。「使」字，若是動態地使之，便含有妙運創生義；若是靜態地使之，便只是然者（氣）所遵依的超越的形上之理。

⑫ 按：明儒羅整菴、劉蕺山、黃梨洲，皆不就朱子對「理」之體會而作簡別疏導，卻只就理氣之分、而作理氣二不二之爭。此既不足以難朱子，亦未真正觸及問題之關鍵。

理成為只存有而不活動。須知「理氣為二」與「心理為二」不同。心理可以是一，理與氣則不能是一。（若要說理氣是一，則這個「一」是圓融義之一，是實踐達到的化境。）

「理氣不離不雜」，若只做形式語句看，與「理氣為二」同樣不成問題。《孟子》《中庸》《易傳》所表示的道德創生實體（理）及其所妙運創生者（氣），亦是不離不雜；不過不只是不離不雜，還可以進一步說「體用不二、即用見體」等圓融義。因此，不能說朱子既講不離不雜，便以為他的理氣關係同於直貫系統。（按：朱子所講的是「只存有而不活動」的理，直貫系統所講的是「即存有即活動」的理，二者的不同是義理本質上的不同，並非一二句形式的陳述（如「理氣不離不雜」）即可化異為同也。）

朱子之不離不雜，是就「由然推證其所以然」而說，理既不能創生地實現此存在之然，則理氣之間亦不能有那種「體用不二、即用見體」之類的圓融義。當然，在理氣不離不雜之下，通過涵養察識以及即物窮理以致知的工夫，朱子自亦可以達到一種境界，是即：心氣之動完全依理而動，乃至只見有理，不見有氣。但還是和直貫系統中「全體是用、全用是體，體用不二、即用見體」有所不同。⑬

第五節　朱子的工夫論

一、工夫進路之形成

朱子經過中和參究與仁說論辯之後，便落在「大學」以建立他的學問綱領與義理規模。在朱子之前，對於「大學」之成篇，沒有人確實指認是出於何人之手。朱子則認定「大學」一文乃儒家道統之所繫。事實上，「大學的作者問題，是無法解決的」，朱子之所以「認定大學出於曾子」，乃是「以整個道統傳承的線索，為其立說的根據。」⑭

朱子既以「大學」乃曾子承述孔子之說而作，於是更就原文分為「經」「傳」，而認為經一章，蓋孔子之言，而曾子述之；其傳十章，則曾子之意，而門人記之。依據此一認定，他便以畢生的心力，從事大學章句之重訂工作。他以為舊本頗有錯簡，於是「因程子所定，而更考經文，別為次序。」⑮依朱子之重訂，計分經一章，傳十章；而以傳之前四章統論綱領旨趣，後六章細論條目功夫。其中影響最大的是他所增撰的「格物致知補傳」。茲錄列補傳全文於此，以便說明。

> 所謂致知在格物者，言欲致吾之知，在即物而窮其理也。蓋人心之靈，莫不有知，而天下之物，莫不有理；惟於理有未窮，故其知有不盡也。是以大學始教，必使學者即

---

⑬ 關於直貫（縱貫）系統之圓融義，《宋明理學·北宋篇》第九章第一節，有所說明，可參看。

⑭ 見徐復觀《中國人性論史》（臺北：商務印書館）頁二六六。

⑮ 見朱子「大學章句」，現與「論語集註」、「孟子集註」、「中庸章句」合編為《四書集註》。

> 凡天下之物，莫不因其已知之理而益窮之，以求至乎其極。至於用力之久，而一旦豁然貫通焉，則眾物之表裡精粗無不到，而吾心之全體大用無不明矣。此謂物格，此謂知之至也。

此補傳以「即物而窮其理」為「格物」之義，實與朱子對「物」字的解釋直接相關。大學「物有本末，事有終始」二語，本相成文，各有所指。物有本末，指意、心、身、家、國、天下而言；事有終始，指誠、正、修、齊、治、平而言。而朱子上沿鄭玄「物、猶事也」之註，以「事」訓「物」，於是事物不分，一滾而說，而所謂「事物」，乃成為一抽象而不具體的空泛之詞。事與物既各失其所指，則天地間萬事萬物之眾，將如何一一而「格」？除了循事物之理而窮之，似乎更無他道，順著這個思路下來，則朱子所謂「天下之物，莫不有理」，「必使學者即凡天下之物，莫不因其已知之理而益窮之，以求至乎其極」等語，也就順理成章了。明乎此，乃知朱子補傳之作，實是以他自己之思想為根據的。

二、工夫論的完整說明

關於朱子心性實踐的工夫進路，可以分為五點：[16]

1. 靜時涵養（對心而言）：鏡明水止，心靜理明。
2. 動時察識（對情而言）：察識情變，使之中節。

3.敬貫動靜：敬，立於存養之實，亦行於省察之間。

4.即物窮理：「心知之明」與「事物之理」的攝取關係。

5.心理合一：心攝具理，理寓於心以成德。

前三點，上文第二、三節有所說明。第四點即物窮理，則正是格物補傳的中心義旨。所謂「人心之靈莫不有知，而天下之物莫不有理」，這一個心知對物理的思想格範，把天下事物一律平置為「然」與「所以然」。「然」是指實然存在的事物，「所以然」是指遍在於事物的普遍的理。「即物而窮其理」，就是以心知之明去窮究事物之理。朱子依於泛認知主義的態度，將仁體、性體，以至於道體、太極，也同樣平置為普遍的理。而這普遍的理也同時在「即物窮理」的方式之下，成為心知之明所認知的對象。心認知了理，隨即肯定理而攝理歸心。朱子所謂「心具眾理」、「心具萬理」，正是在心知之明的認知作用中把「理」帶進來。故朱子有云：「心，則知覺之在人而具此理也。」⓱由這句話，更可確定朱子所謂心之「具理」，是認知地具。由心知之明（知覺）認知理、涵攝理，而後具理於心。這樣講的心具理，實只是後天（工夫）的「當具」（因為心不具理，則無由成德，無由成善，故心應當具理），而不是先天的「本具」。

⓰ 參蔡仁厚《中國哲學之反省與新生》（臺北：正中書局）頁一三七——一五一「朱子的工夫論」一文。

⓱ 《朱文公文集》卷五十八「答徐子融第三書」。

因此，第五點，朱子的工夫實踐，最後雖然也要「心理合一」（心攝具理，理寓於心以成德），但卻無法承認「心即理」。心即理，是表示心之具理是先天本具。而本具理的心，必須是實體性的道德的本心。如此，便是孟子陸王系統的義理。

朱陸異同，雖然一向為人所重視，但卻又往往流為門戶之爭，實在沒有必要。辨析思想上的異同，應該是為了學術之公，而不可拘於門戶之私。而真正說來，儒家內聖成德之教，本來就有兩個基型，一是「心性是一」，孟子陸王可為代表；一是「心性為二」，程伊川、朱子可為代表。前者是康德所謂「自律道德」的系統，後者是「他律道德」的系統。儒家兼容自律與他律二個系統，而又能「和而不同」（雖不同而能和），實在非常理性，非常可貴。這種文化精神，值得別的文化系統來取資切磋。

第六節　朱子「即物窮理」的時代意義

朱子系統中的「即物窮理」，是順著「察識情變」而推進一步。因為已發之情必有所對（對此而有喜怒，對彼而有哀樂等等），所對者即是「物」（含一切對象性的人、事、物）。物、必有其所以如此存在的所以然之理，故必須加以窮理，使之攝具於心。如此而後，心氣的活動纔有準則可循而能順性如理，以成就善的價值。意即，使一切事的表現與物的存在，皆達於真實化而得以成為善的表現，成為有意義的存在。所以，朱子系統中的「即物窮理」，也仍然是屬於道德實踐的工夫問題。在此，那個「普遍的理」（存在之理、實現之理），不只是就一般事物而言，同時也該括了「即是理」的性體、仁體、道體、太極。在即物窮理的方式之下，連同仁體等也被平置為「心知之明」所認知的對象。⓲

朱子的「即物窮理」，其窮究的方式雖是橫列的、認知的，但由於他的主題仍然是道德實踐，所以並不具備積極的知識意義。因為窮究存在之理乃是哲學的態度；必須窮究存在事物的曲折之相（指事物本身的性質、數量、關係等等），纔是科學的態度。朱子自是性理學家，而不是科學家。但朱子的理氣之分，卻也含有「可以引出科學知識」的思想根據：

甲、就「理」上建立的，是哲學、道德學。

乙、就「氣」上建立的，則是積極的知識（科學）。

前者是朱子的本行，後者則是他「道問學」的過程中，順帶出來的。當然，朱子對於知識也有很強的興趣，如像《語類》卷二卷三論天地、鬼神，都是就「存在之然」而作討論。由氣的造作營為，來說明自然界的情形，雖然還沒有達到科學的階段，但討論氣的造作營為，其性質是屬於物理的，在其基本原則處也是科學的，自然可以向科學走。

在朱子「道問學」與「即物窮理」中，的確隱含著「純知識面」的真精神，並非只是空

⓲ 按：依朱子，性即是理。理遍在於萬物，故枯槁之物亦皆有性（理）。朱子又說「統體一太極，物物一太極」（有如月印萬川，前句猶天上之月，後句猶萬川之月）。而太極即是理，即是道，理道遍在於物，故皆平置為心知之所對，而為「即物窮理」之對象。

泛的讀書。而朱子的大弟子蔡元定，尤其具有這種純知識的興趣，而且很能表現這方面的才智，雖然只屬於「老式的、前科學的」，但卻不能不說是科學的心靈。因此，順朱子「即物窮理」的方式轉進一步：

1.由窮存在之理，轉而為窮存在事物本身的曲折之相（性質、數量、關係）；

2.由哲學、道德學的即物窮理，轉而為科學的即物窮理。

這樣，就可順通而開出「知識之學」。而且，朱子所講的「心」，也正是知性層的認知心。在今天，中國文化不只是「繼往」，還必須「開來」，除了政治上務必完成民主政體的建國大業，在「開物成務」、「利用厚生」的要求下，中國文化尤其必須推進一步，以自本自根地開出科學知識（不只是學習西方，更不能只是移花接木）。在此，朱子的心論及其重智的傾向正好是一個現成的思想線索。這也就是朱子學中時代意義之所在。

〔附識〕

朱子在人文教化上的成就與影響，三代以下，無人能比。我曾有一文「從人文教化看朱子的成就與影響」，編入《哲學史與儒學論評》（臺北：學生書局）。該文末段結語，標題為：呼喚（朱子型的）新儒出世。那是我真誠的呼喚，文字亦肫懇真摯。可一閱。

第七章　象山學是孟子學

象山小傳

陸九淵，字子靜，江西撫洲金谿人。少朱子九歲而早卒八年，五十四歲（西元一一三九—一一九二年）。晚年講學於應天山，以其形似巨象，改名象山，自號象山翁。學者稱象山先生。

象山為晚唐宰相陸希聲之七世孫。其父賀，字道鄉。年譜說他「端重不伐，究心典籍，見於躬行。酌先儒冠昏喪祭之禮行於家，弗用異教。」這位持道守正的賢者，生有六子，象山最幼。長兄九思，字子彊，撰有家訓飭子孫，朱子特為作序。次兄九敘，字子儀，善治生，經營先世遺留之藥肆，一家衣食百用，盡出於此。三兄九皐，字子昭，文行俱優，家塾授徒，晚為鄉官，嘗重訂大學章句。四兄九韶，字子美，號梭山，隱居不仕，與兄弟共講古學，有文集曰「梭山日記」，中有居家正本及制用二篇，黃東發謂其殆可推之治國。五兄九齡，字子壽，學者稱復齋先生。涵養深密，躬行篤實，道德繫天下重望，有文集行於世。

《宋元學案》謂：三陸子之學，梭山啟之，復齋昌之，象山成之。

象山穎悟早發，八歲讀《論語》，則疑有子之言為支離。讀《孟子》至「江漢以濯之，秋陽以暴之，皜皜乎不可尚已」之言，歎曰：「曾子見得聖人高明潔白如此！」又疑伊川之言與聖人之言不類。早在四歲時，嘗問其父：「天地何所窮際？」至十三歲聞人言「上下四方曰宇，古往今來曰宙」，大省曰：「原來無窮」。乃書曰：「宇宙內事，乃己分內事；己分內事，乃宇宙內事。」之後，又有言曰：「東海有聖人出焉，此心同，此理同也。西海有聖人出焉，此心同，此理同也。南海北海有聖人出焉，此心同，此理同也。千百世之上與千百世之下有聖人出焉，此心同，此理同也。」

象山厭習科舉時文，至三十四歲始應進士試及第，而立時聲振行都，學者多從之遊（如楊慈湖即於其時及門）。返家，題舊屋曰「槐堂」，開始授徒。三十七歲應呂祖謙之約，偕季兄復齋與朱子會於鵝湖。四十二歲訪朱子於南康，泛舟於廬山之下，朱子曰：「自有宇宙以來，即有此溪山，亦有此佳客否？」於是，邀象山登白鹿洞書院講壇，講「君子喻於義，小人喻於利」，學眾感動。朱子特請筆之於書，又刻之於石，是即傳於今之「白鹿洞書院講義」。四十九歲登應天山（講學），前後五年，相繼來問學者達二三千人。五十三歲詔知荊門軍（相當郡守），囑弟子傅季魯留山講學。次年十二月，以血疾卒於荊門任所。

陸氏兄弟「自為師友」，並無師承。象山自述其學，「因讀孟子而自得之」。其論學書簡中凡徵引古語，大部分是孟子之言。開口即得，左右逢源。於孟子義理之熟，古今無匹。或謂其學近禪，實則，他與侄孫濬書已云：

至於近時伊洛諸賢，研道日深，講道益詳，志行之專，踐履之篤，乃漢唐所未有，其所植立成就，可謂盛矣。然「江漢以濯之，秋陽以暴之」，未見其如曾子之能信其「皜皜」。「肫肫其仁，淵淵其淵」，未見其如子思之能達其「浩浩」。「正人心，息邪說，距詖行，放淫辭」，未見其如孟子之「長於知言」，而有以承三聖也。

又語錄云：「至伊洛諸公，得千載不傳之學，但草創未為光明。今日若不大段光明，更幹當甚事？」

在象山看來，二程師弟，猶是「草創未為光明」，故舉示《中庸》《孟子》之句，由三義以指出二程諸人之造詣，猶未幾及曾子、子思、孟子之境。象山直承孔孟，而以聖道自任，務求聖人之學「大段光明」。後人不此之求，卻捕風捉影，說東說西，甚是無謂。

第一節　辨志、辨義利

象山自認其學，只是一句「先立其大」（本孟子語）。牟先生亦說象山之學，只是：

一心之朗現、一心之申展、一心之遍潤。❶

---

❶ 見牟宗三先生《從陸象山到劉蕺山》（臺北：學生書局）第一章。

如此看來，象山心學，真是簡易、直截。然而若要論述象山學，卻又甚難。因為象山沒有分解，他的分解，孟子早做過了。象山嘗云：

> 夫子以仁發明斯道，其言渾無罅縫。孟子十字打開，更無隱遁。

既已「十字打開」，系統架構自然顯立，便無須再做分解。故牟先生說象山是「非分解的性格」，是第二層序上的學問（與「分解地立義」之為第一層序者不同）。他只是根據孟子而講實學，以抒發他的實感實見，而歸於實理實事之踐履。

象山對當時的士習與學風，曾有兩句極其中肯的話：「愚不肖者之蔽，在於物欲；賢者之蔽，在於意見。」從物欲意見的風習中，透出文化真生命，真精神，以拯救知識分子拘蔽而又虛浮的心靈，是即象山平生志業的中心點。而象山學的基本綱維，亦正是從這個中心點而挺顯出來。約而言之，可得三端：一是辨志、辨義利；二是復其本心，先立其大；三是心即理，心同理同。本節先說辨志、辨義利。

一、辨志

志，是行為發動的根源所在。辨志，就是要遮撥物欲、揮斥意見，使世俗的名銜、地位、官爵、權勢，皆攀緣不上；使是非善惡、正邪誠偽，皆昭然朗現；使人不能不在這根源究竟之地，作一真正的抉擇，以決定自己做人的方向途徑。此便是象山教人的霹靂手段。

但辨志亦要有個標準，而利己或利人即是從道德意識中顯發出的、簡明直接的準衡。利己，即是私、即是利；利人，即是公、即是義。此即象山所謂「義利之辨」「公私之辨」。

象山有言：❷

> 上是天，下是地，人居其間，須是做得人，方不枉了。
>
> 今人略有些氣燄者，多只是附物，原非自立也。若某則不識一字，亦須還我堂堂地做個人。

科名、知識、權爵、富貴，皆是物。「附物」者只是依他力，只是氣燄薰炙。唯立志者方能持守自立，而有堂堂地做人的精神氣概。人首先必須自覺地做個人，有此自覺，即有道德意識之醒豁，以分辨公私、義利。語錄有云：

> 先生嘗云：「傅子淵自此歸其家，陳正己問之曰：陸先生何言？乃對曰：辨志。復問：何所辨？曰：義利之辨。……若子淵之對，可謂切要。」
>
> 陳正己自槐堂歸，人問陸先生所以教人者，正己曰：首尾一月，先生諄諄然只言辨志。

❷ 以下所引錄，皆見象山語錄與書信，不煩一一作註。

首尾一月，言不離辨志，可見象山不是據「書」而講學，而是以「人」來講學。他講的是「人學」，是「生命的學問」（不是知識性的學問）。若與生命不相干，安得為正學，安得為聖賢學問。

二、義利（公私）之辨

象山講義利之辨，講得最懇切精到的，是他應朱子之邀，在廬山白鹿洞書院，講《論語》「君子喻於義，小人喻於利」。茲節錄其講義於後：

> 子曰：「君子喻於義，小人喻於利。」此章以義利判君子小人，辭旨曉白。然讀之者苟不切己觀省，亦未能有益也。某平日讀此，不無所感。竊謂君子於此，當辨其志。人之所喻，由其所習，所習由其所志。志乎義，則所習必在於義；所習在義，斯喻於義矣。志乎利，則所習必在於利；所習在利，斯喻於利矣。故學者之志，不可不辨也。
>
> 科舉取士久矣，名儒鉅公皆由此出，今為士者固不能免此。然場屋之得失，顧其技與有司好惡如何耳，非所以為君子小人之辨也。而今也以此相尚，使汩沒於此而不能自拔，則終日從事者雖曰聖賢之書，而要其志之所鄉（向），則有與聖賢背而馳者矣。
>
> （下略）

據年譜記載，當時天氣微寒，朱子聽了，而汗出揮扇，還有人感動流淚的。講畢，朱子離席言曰：熹當與諸生共守，以無忘陸先生之訓。再三云：熹在此，不曾說到這裡，負愧何言！乃復請筆之於書，後又刻之於石，朱子特為作跋，有云：

> 至其所以發明敷暢，則懇到明白，而皆有以切中學者隱微深痼之疾，蓋聽者莫不動心焉。

又與楊道夫云：

> 曾見陸子靜義利之說否？曰：未也。曰：這是子靜來南康，熹請說書，卻說得這義利分明，是說得好。如云，今人只讀書，便是利。如取解後，又要得官，得官後，又要改官；自少至老，自頂至踵，無非為利。說得來痛快，至有流涕者。

象山自己曾說講義文字發明精神不盡，當時說得來痛快。可惜象山口說的言詞，如今已無由知聞了。

第二節　復其本心，先立其大

一、復其本心

志是心之所向，亦是心所存主，此乃各人自己生命中之事，故各人之志，亦惟各人自知。人何以能辨自己所志者是義或是利？又如何能保證從義而棄利？此則涉及心與理的問題。亦即所謂「本心」的問題。

象山「與李宰書」有云：

> 天之所以與我者，即此心也。人皆有是心，心皆具是理，心即理也。

「心即理」的心，乃是自具理則性的道德的本心。本心是天所與我者，故心所發之志，自然與天地不限隔，而可與天道天理相通。但常人溺於利欲或意見，而把本心遮斷了，只在利欲意見中打滾，此便是象山所謂「主客倒置」，「如在逆旅」。因為利欲意見是後起的，外來的，故為客，為客者非主，故「如在逆旅」。必須突破利欲意見的關卡，而直透到念慮初萌處，纔能與主人（本心）接上頭。

到得此時，主人便自會做主。主客分明，義利自辨，正如慧日澄空，陰霾自消。所以辨志即是辨義利，而義利之辨的同時，亦即是「復其本心」。本心既復，則應事接物之理亦自心中流出，如此，自然志於義，自然從義而棄利。

要復本心，自須有工夫，是即所謂「存養」。亦即孟子所謂「養其大體」「先立其大」。象山「與曾宅之書」有云：「蓋心，一心也。理，一理也。至當歸一，精義無二，此心此理，實不容有二。……只「存」一字，自可使人明得此理。此理本天所與我，非外鑠也。明得此理，即是主宰，真能為主，則外物不能移，邪說不能惑。」心既然即是理，自無心外之理，亦無理外之心。存得此心，即可明得此理，明得此理，便是復其本心。本心既復，自能自發命令，自定方向，以透顯其主宰性。如此，方可不為外物所移，不為邪說所惑。

二、先立其大

孟子以本心為大體，以耳目感官為小體。復其本心，亦就是「先立其大」。象山「與傅克明書」有云：

> 必深思痛省，抉去世俗之習，如棄穢惡，如避寇仇，則此心之靈，自有其仁，自有其智，自有其勇。私意俗習，如見晛之雪，雖欲存之而不可得。此之謂先立其大。

人開端一念，便棄去私意俗習，以恢復本心之智、仁、勇，此便是先立其大。孟子曰：「先立乎其大者，則其小者弗能奪也。」先立其大，即是立此心（復本心），立此心，是立此心之理（心即是理）。而此心之理，實即天理，故後來王陽明便直接說為「良知之天理」（良知即是天理）。

人或識象山講學，只有一句「先立其大」。象山聽了，說「誠然」。蓋千言萬語打併為一，亦就是這一句。這個「大」即是本心，本心即是天理，即是天道。在象山，只須說個「先立其大」，便是「天道性命相貫通」的大義。內聖成德之教的綱領，正在於此。象山「與馮道之書」有云：

> 天之所以為天者，是道也。故曰唯天為大。天降於人，人受中以生，是道固在人矣。孟子曰從其大體，從此者也；又曰養其大體，養此者也；又曰直養而無害，無害乎此者也；又曰先立乎其大者，立乎此者也。居之謂之廣居，立之謂之正位，行之謂之大道；非居廣居，立正位，行大道，則何以為大丈夫？

象山所謂「從此、養此、立此、無害乎此」之「此」字，正指人所受於天者而言，究其實，亦即「本心」「大體」而已。

第三節 心即理，心同理同

一、心即理

象山論學，不常說「性」，因為心即是性。心性不二，乃孟子舊義，亦是伊川朱子以外，所有宋明儒者所共許的通義。象山直下從「明本心、先立其大」入手，故其學只是一心之朗現與申展。所謂「心即理也」，是表示本心自具理則性，心本身即是道德的律則。仿康德的語意，吾人可說，由於心之自律性，即顯示它自己就是立法者。以是，吾人只須存養本心，擴充本心，則其自覺自律性，便自然能純亦不已地起作用，而表現道德行為。故象山云：

> 苟此心之存，則此理自明：當惻隱自惻隱，當羞惡、當辭讓，自能羞惡、辭讓，是非在前，自能辨之……所謂溥博淵泉，而時出之。

據此可知，本心即是道德價值的根源，只要開發這個本源，就如「溥博」之淵泉，而能「時出」之，世間萬德亦便自然由此流出，而沛然莫之能禦了。

象山慨歎「今之學者，只用心於枝葉，不求實處」，於是又舉孟子盡其心知其性，知其性則知天之言，說道：

> 心只是一個，某之心，吾友之心，上而千百載聖賢之心，下而千百載復有聖賢，其心亦只如此。心之體甚大，若能盡我之心，便與天同。為學只是理會心。

這「心之體甚大」的心，即是「涵萬德，生萬化」的本心，所以「心」一方面是道德的創造原理，亦是宇宙萬物的實現原理。若能盡我之心，便自然可與天同。心與天同，即是心與理一。於此，象山便說：

> 萬物森然於方寸之間，滿心而發，充塞宇宙，無非斯理。

蓋理由心發，不由外鑠。滿心而發，則此理充塞宇宙，理盈滿於宇宙，亦即是心盈滿於宇宙。象山曾表示：「吾於踐履，未能純一，然纔自警策，便與天地相似。」與天地相似，便是與天地不隔。這感通不隔的生命，即是與宇宙通而為一的生命。所以象山又說：「宇宙內事，乃己分內事。己分內事，乃宇宙內事。」天地化育萬物，是宇宙內事。贊天地之化育，以使萬物各得其所、各適其性、各遂其生，便是己分內事。

二、心同理同

若推進一步而究竟地說，則宇宙之化育，實即吾心之化育。程明道已經表示：「只心便是天」，「只此便是天地之化」。象山亦說：「四方上下曰宇，古往今來曰宙。宇宙便是吾心，吾心即是宇宙。」又說千萬世之前與千萬世之後，以及東西南北海有聖人出焉，皆同此心，同此理。❸這心同理同之心，乃是超越時空之限隔而絕對普遍的心。吾人之本心既與宇宙不限隔，則此與宇宙通而為一的心，即是天心，即是天理，此之謂「心同理同」。

此心此理既不容有二，則存心明理之道，亦極簡易。故象山「與曾宅之書」云：

「根本苟立，保養不替，自然日新。」「存心即是明理。」「宇宙自有實理，所貴乎學者，為能明此理耳。此理苟明，自有實行，自有實事。德則實德，行則實行。」

象山所謂「實理」，亦即陽明所謂「良知天理」。此「天所與我、心所本具」的理，是有根的，實在的，故曰「實理」。實理顯發而為行為，即是「實行」；表現為人倫日用家國天下之事，即是「實事」；得之於心而凝為孝弟忠信……即是「實德」。象山常說：天下學問只有二途：「一途議論，一途樸實。」他自稱其學為「實學、樸學」，並說：「千虛不博一實，吾平生學問無他，只是一實。」（見語錄）由實理流出而為實事，此就是象山學之真精神。

第四節　象山與禪以及象山辨佛

一、朱子對象山之稱賞與攻其為禪

象山說「朱元晦泰山喬嶽，可惜學不見道，枉費精神，遂自擔閣。」（語錄）可見他雖然對朱子的學問路數並不相契，但對朱子「泰山喬嶽」之弘大氣象則能欣賞。朱子對象山亦

❸ 見《陸象山全集》卷二十二，雜說。

有稱賞，茲擇四則於後：

(1)在鵝湖之會結束，朱子答張欽夫（南軒）書有云：

子壽兄弟氣象甚好。其病卻是盡廢講學，而專務踐履；卻於踐履之中，要人提撕省察，悟得本心，此為病之大者。要其操持謹質，表裡不二，實有以過人者。

按：「於踐履之中，提撕省察，悟得本心」，此完全是相應孟子精神而發，是自覺地相應道德本性而作道德實踐之最本質的關鍵。怎麼能說是「病之大者」？而且悟得本心，則本心自然作主。此時，該講學則講學，該讀書則讀書，又怎樣能說「其病卻是盡廢講學」？不過，朱子雖不契象山之學問路數，但仍稱賞其人品，故既曰「氣象甚好」，又曰「操持謹質，表裡不二，實有以過人者」。❹

(2)在象山訪白鹿洞書院之歲，朱子「答呂伯恭書」云：

子靜舊日規模終在……然其好處，自不可掩，可敬服也。

(3)朱陸辯「太極圖說」之歲，有人致書朱子詆象山，朱子復其書云：

南渡以來，八字著腳，理會著實工夫者，惟某與子靜二人而已。某實敬其為人，老兄未可輕議之也。

⑷象山受詔知荊門之歲，朱子「答諸葛誠之書」云：

> 子靜平日所以自任，正欲身率學者一於天理，而不以一毫人欲之私雜於其間，恐決不至如賢者之所疑也。

據上引各條，可知朱子對象山之為人、為學，及其任道之重，始終相信而讚賞。

唯朱陸二人在人品上雖相敬重，但在學術上則各有異同而無法相契。象山對朱子之學從無一句酬應之言，因為他實見得如此，所以壁立千仞，不事敷衍。而朱子則取含忍自制之態度，但到忍無可忍之時，仍不免對象山「誦言而攻」。朱子攻象山，主要有兩點。

第一，是說象山不讀書而廢講學。實則，象山既勤讀書，而亦終身講學。朱子講學，重點在讀書，理會文字；而象山之講學，則主要是辨義利，明本心，此其所以不同耳。（按：亦有同處。朱子臨終曰：一生艱苦。象山亦有云：莫厭辛苦，此學脈也。）

第二，是攻其為禪。朱子信「心」不及，故不喜人說「悟本心」，又因看重下學窮理，故不喜人說「當下即是」。其實，「本心」之說始於孟子，「悟本心、明本心」，與禪何關？至於「當下即是」雖非古聖賢語，但孔子曰「仁遠乎哉，我欲仁，斯仁至矣。」《中

---

❹ 五年之後，二人再晤於廬山，泛舟之次，朱子說到：「自有宇宙以來，即有此溪山，亦有此佳客否？」據此可見，朱子對象山的人品，是極其欣賞的。

庸》云「道不遠人，人之為道而遠人，不可以為道。」孟子曰「萬物皆備於我矣，反身而誠，樂莫大焉。」豈不都是當下即是？而且象山所謂當下即是，既是本於孟子「道在邇而求諸遠，事在易而求諸難」而反顯之「簡易」而言，亦是依於「本心」呈露，「若決江河，沛然莫之能禦」而言。可見由「當下即是」指斥象山為禪，實非相應，並不相干。

朱子一口咬定象山為禪，至晚年尤甚。而憾恨之情溢於言表。象山既卒，朱子有答詹元善趙然道二書❺，顯出氣象甚差，且傷忠厚。朱子大賢，何以如此？則激情使然也。而象山決不如此，故其評朱子之言，皆辭旨正大，無一語動氣激情者，而象山之門人，雖或氣勢逼人，但無一人流於狂放者，則陸學之真切篤實，不可誣也。牟先生謂象山之書信文字，正大光暢，篇篇可讀。

象山對朱子攻其為禪，始終不作一句辯解，正見象山器識弘卓，未嘗把禪看得很高很重大而形成禁忌。語錄有一條云：「吾之言道，坦然明白……凡虛說虛見，皆來這裡使不得。今之談禪者，雖為艱難之說，其實反可寄託其意見。吾千百眾人前，開口見膽。」開口即是本心，開口即見肝膽。象山心懷坦蕩，故視朱子之攻訐，不值置辯。後人或以為此乃朱子擊中象山痛處，故不能答辯。此類人不但是象山所謂「么麼小家相」，不識大理，而且器識短淺，故常以小人之心度君子之懷，不僅厚誣象山，亦為朱子增過。

下面試看象山如何辨佛。

二、象山辨佛

象山分判儒佛，言皆精透。茲就其「與王順伯二書」以明其大旨。

第一書云：「某嘗以義利二字判儒釋，又曰公私，實即義利也。儒者以人生天地之間，靈於萬物，貴於萬物，與天地並為三極。天有天道，地有地道，人有人道。人而不盡人道，不足以與天地並。人有五官，官有其事。於是有教有學，其教之所從立者如此，故曰義曰公。釋氏以人生天地間，有生死，有輪迴，有煩惱，以為甚苦，而求所以免之……其教之所從立者如此，故曰利曰私。惟義惟公，故經世。惟利惟私，故出世。儒者雖至無聲無臭，無方無體，皆主於經世。釋氏雖至未來際普渡之，皆主於出世。」

按：《詩・大雅》文王之篇云：「上天之載，無聲無臭。」《易・繫辭傳上》云：「神無方易無體」。蓋天道生生，易道亦生生，其生化之用，神妙而不可測，實無聲臭、無方體，而自能「範圍天地之化，曲成萬物之宜」，「顯諸仁，藏諸用」，以裁成輔相，成就人文世界。故象山以為：雖至無聲無臭，無方無體，皆主於經世。

❺ 抽撰《宋明理學・南宋篇》第七章五節之一，曾引述二書，茲不詳。

第二書云：「某嘗謂儒為大中，釋為大偏。以釋與其他百家論，則百家為不及，而釋為過之。原其始，要其終，則私與利而已。來教謂佛說出世，非舍此世而於天地之外別有樂處。某本非謂其如此，獨謂其不主經世，非三極之道耳。」

按：佛家既然「非舍此世而於天地之外別有樂處」，何不直下肯定人道人文而亦主經世？今既視人道為幻化，為苦海，故終非天地人三極之道耳。

語錄云：「釋氏立教，本欲脫離生死，唯主於成其私耳。此其病根也。」

又云：「佛老高一世人，只是道偏，不是。」

又云：「諸子百家，說得世人之病好，只是他立處未是。佛老亦然。」

象山把握義利公私分判儒釋，是第一著的本質之辨。明道亦曰：「佛家只是以生死恐動人。」又曰：「皆利心也。」又曰：「其術只是絕倫類。」象山之言，旨意正與明道相同。

宋儒之判儒釋，闢佛老，乃基於道德意識與文化意識。既非宗教學術上之排斥，尤非意氣上之爭勝，其實意只是要恢復魏晉以下闇然不彰之聖賢學問，以光暢中華民族之文化生命，維持文化生命之發展與創造。此乃承擔文運，接續文化慧命之態度，何等光明俊偉，何等堅卓正大！幾見逃於佛溺於佛者，而能有此面對文化生命表示負責之器識與心靈乎？而義利公私之辨，正為學術文化之血脈所在。為利為私則死，為義為公則生，除此，更無他道。

由義利之辨向外發展，即是事業。象山常引用《易傳》之言：「舉而措之天下之民，謂之事業。」所以孟子之民貴君輕、以民為本之思想，只有象山能夠完全承當。❻

第五節　朱陸異同述評

八百年來，「朱陸異同」，一直喧騰人口，不易論定。其實，這個問題是可以說明的。

一、朱陸心性思想的對校

心性論是儒家思想的核心。從孔子以下，歷代諸儒的心性講論，雖然內容繁複，而又實可約分為兩大基型。

一為心即性，性即心，「心性是一」。

二為性乃形上之理，心屬形下之氣，「心性為二」。

朱子的心性論，心性為二；象山的心性論，則順承孟子，心性是一。為了敘述方便，本節先講象山，後講朱子。（以下引用古籍文獻，皆屬學者習見之言，不煩註記。）

甲、象山「心性是一」的系統

❻ 蔡仁厚《宋明理學·南宋篇》第七章第六節，論述「象山之政治思想及其政見、政才」，可參閱。

孔子以「不安」指點仁，孟子以「不忍」指點仁，都是落在「心」上講仁。孟子認為仁義之心是「天所與我者」，是「我固有之」也是「人皆有之」的。孟子又說「聖人與我同類者」，「聖人先得我心之同然耳」。又說，盡心可以知性，知性可以知天。故依孟子的義理，本心即是性，而性出於天，「心、性、天」是可以通而為一的。

下來再通過《中庸》《易傳》「天道性命相貫通」的思想，以及宋明儒的引申發揮，更可了解儒家主流所講的心，不只是「心」，也同時是「性」、是「理」、是「道」。程明道的「識仁篇」便是這樣講的。到象山本於孟子「仁義內在」（仁義之理，內在於心）而直接說出「心即理」，王陽明進而說「良知即是天理」，也是「心即理」的申述。這個「心性是一」的基型，含有四個主要的論點：

1. 心，是實體性的道德的本心。
2. 本心即性、心同理同。
3. 心性天（理）通而為一，即心即性即天。
4. 仁是心，亦是性，亦是理，亦是道。

以上四個論點，是「心性是一」這個系統的綱宗。上自孔子、孟子，下至陸象山、王陽明，皆屬這個系統。就道德實踐而言，這個系統的工夫入路是非常明確而直接的。只要本心呈現起用，便自能成就主觀面與客觀面的道德價值（自修身到齊家治國平天下，甚至與天地合德，與萬物為一體，莫不皆然）。故孔子只說「為仁」，孟子只說「存心養性，擴充四端」，象山只說

「明本心」，陽明只說「致良知」，便足以凸顯講學崇旨，落實實踐工夫。

乙、朱子「心性為二」的系統

儒家的心性之學，除了「心性是一」，還有「心性為二」一系，此可以荀子、程伊川、朱子為代表。荀子講性惡，自與伊川朱子不同；但如以荀子所言之禮（荀子之禮，等同理道）替換他所說之性，則荀子亦是「心性為二」的系統。三家所講之心，都不是德性層的道德心，而是知性層的認知心。性，或是心所對治的對象（如荀子），或是心所認知的對象（如伊川、朱子）。這個「心性為二」的基型，也含有四個主要的論點。

1.心，是虛壹靜的「大清明」，是氣之靈、氣之精爽。

2.性是理（只是理）：性體、性理、性分（不是性覺、性能）。

3.心性情三分（理氣二分）：心統性情。

4.仁是性、是理、是道；但仁不是心（而是心之德）。

以上四個論點，可知伊川朱子的心性思想，實自成系統，與孔孟陸王有差異。孔孟陸王「心性是一」的系統，是德國大哲康德所謂「自律道德」的系統。仁義之理（道德律則）內在於心，故自律自主。伊川與朱子（亦可上通荀子），則是康德所謂「他律道德」的系統。仁義之理並不內在於心，故道德律則在於心氣之外的道體性體處，必須通過涵養（心氣）、察識（情變）、居敬（敬貫動靜）、窮理（認知事物之理），然後攝理歸心，心與理合而為一。如此，道德實踐乃可順遂，而得以成善成德。

二、朱陸教學入路的通化

朱陸兩家學術的異同，是從「鵝湖之會」而顯現出來。總起來說，朱陸的異同，並不是門戶之見，更不是意氣之爭，而是二個不同系統的差異。如果內在於各自的系統來看，雙方的理路都很清楚，可以說都是對的。因此，後人不宜再依傍門戶互相攻訐，而應該彼此了解，彼此相知，再經由溝通而消除誤解。這樣，纔可以順通古人講學論道的思路，分判雙方異同的癥結，以講明學術的真相。

鵝湖之會（西元一一七五年），朱子四十六歲，象山三十七歲。《象山年譜》三十七歲下，錄有朱亨道一段記語：「鵝湖之會，論及教人，元晦之意，欲令人泛觀博覽，而後歸之約。二陸之意，欲先發明人之本心，而後使之博覽。朱以陸之教人為太簡，陸以朱之教人為支離。」

1. 博與約（太簡與支離）

孔子早有「博學於文，約之以禮」的話，有人以為朱子正是本於孔子之言而主張先博後約。不過，孔子的話並沒有對博與約的先後，做出絕對的限定。人若能先「克己復禮」而後「博學於文」，豈不更好？（漢儒有云：士先器識，而後文藝。也是這一層上的道理。）

一個「士」當然要讀書，更要廣讀聖賢之書。但在科舉制度之下，讀書只成為求取功名利祿的工具。如此，讀書不但無益，而且壞了心術，壞了學脈。這個意思，朱子也有同感。

他撰婺源藏書閣記有云：「自秦漢以來，士之所求於書者，類以記聞剽竊為功，不及窮理修身之要」。他確認窮理修身為讀書之目的，提出「讀書只是見得許多道理」，而「以心體之，以身踐之」的讀書方法。他上孝宗劄子云：「為學之道，莫先於窮理，窮理之要，必在於讀書。」上光宗疏又云：「居敬持志，為讀書之本，循序致精，為讀書之法。」為學就是要把書上的理逐漸積起來。他教人博覽，唯博覽乃能窮理，窮得了理，然後方能約之於身，以切己受用。這是朱子教人為學的大體宗旨。

而象山教人，卻不是先從讀書著手，而是先要「切己自反」，以「發明人之本心」。人能直透到念慮初萌的本心之源處，自能分辨是非，分辨義利，他與朱濟道書云：「誠能立乎其大者，則區區時文之習，又何足以汩沒尊兄乎？」又宜章縣學記亦云：「從事場屋，今所不免。苟志於道，是安能害之哉？」象山要人在念慮初萌處，先做一個價值的轉換，他認為人必須明本心，志於道，然後讀書纔有頭腦，纔能樹立價值的準據。這樣，不但讀書無害，即使科舉時文，亦可無害。

如果缺少這段工夫，便是「不知學」。人不知學，「雖日日博學之、審問之、慎思之、明辨之、篤行之，然不知博學個什麼？審問個什麼？慎思個什麼？明辨個什麼？篤行個什麼？」（語錄）反之，本心既明，則道理只是自我心中流出，讀書只是本心的一個印證，此即象山所謂「學苟知本，六經皆我註腳」之意。到得此時，任你博覽也好，精讀也好，細解文義也好，略觀大意也好，都是我心做主，都能切己受用。

至於「太簡」與「支離」的問題，也可稍作疏通。「太簡」是朱子用語，象山只說「易簡」。易簡，不是方法上的泛言，而是就周易「乾以易知，坤以簡能」而說。乾坤是萬化之源，孟子的本心亦涵萬德、生萬化，所以「乾知坤能」這個易簡的本源，一落實於主體，便是本心。通過心的自覺，纔能相應於道德本性而作道德實踐。如此，學問便有個頭腦，有個把柄。故《易．繫辭傳》云：「易簡則天下之理得矣。」否則，讀書博學便將落到外在的知解上，而與生命脫節，與主體疏離，變成與道德實踐不相干。

象山所謂「支離」，正是就「不相干」而說。與道德實踐不相干的博學，只是與生命脫節的空議論，只是與主體疏離的外在的閒知識。象山常責人「黏牙嚼舌」、「起爐作灶」、「杜撰立說」、「無風起浪」、「平地起土堆」。類此情形，皆是不相干的虛說虛見，而不是坦然明白的實理正見。所以無法據之而作道德實踐。據此可知「支離」二字是單就「不能相應道德實踐」而言，並非泛指博文為支離。

文天祥衣帶贊有云：「讀聖賢書，所學何事」？人能知曉所學何事，即是「易簡」，此時讀聖賢之書，便是實學。反之，博覽聖賢之書而不知所學何事，便是「支離」。朱子一生的學問，是「窮理以致其知，反躬以踐其實」。但窮理以致其知的向外活動，並不一定可以作為「反躬以踐其實」的途轍或手段。由向外窮理轉為返身向內以踐實，雖然有可能，但很不容易。所以連朱子自己有時候也覺得是支離。他與呂子約書有云：「向來誠是太涉支離，蓋無本以自立，則事事皆病耳。」與象山書亦云：「熹衰病日侵，所幸邇來日用工夫，頗覺省力，無復向來支離之病。」但一書云：「病中絕學捐書，卻覺身心收管，似有進處。向來汜濫，真是不濟事。」其實，身心能否收管，在於能否「發明本心」「先立其大」，而不在「絕學捐書」也。象山從未主張「斷絕問學、捐棄書籍」，而朱子卻總以為象山「脫略文字」、「盡廢讀書」。由此可見，在「博與約」、「太簡與支離」這個問題上，象山並未過責朱子，而是朱子誤想象山。。

2. 尊德性與道問學

鵝湖之會以後的第八年，朱子答項平甫書有云：

> 大抵子思以來，教人之法，尊德性，道問學，兩事為用力之要。今子靜所說是尊德性，而某平日所聞，卻是道問學上多。所以為彼學者，多持守可觀，而看道理全不仔細。而熹自覺於道理上不亂說，卻於緊要事上多不得力。今當反身用力，去短集長，庶不墮於一邊耳。

象山年譜四十五歲下載：象山聞之，曰：「朱元晦欲去兩短合兩長，然吾以為不可。既不知尊德性，焉有所謂道問學？」象山的意思是說，德性心不顯立作主，則道問學乃成外在的閒知識，與道德實踐（成德、成善）不相干了。所以說不知尊德性，則無所謂道問學。

其實，朱子的善意，也不可忽。不過，必須認清尊德性之尊，乃顯立之意，顯立德性主體以直下肯認本心的道德創生義，這樣，纔能像孟子所說「沛然莫之能禦」，纔能如《中庸》所說「溥博淵泉，而時出之」。所謂尊德性，便是尊的這個德性；所謂先立其大，亦是立的這個大，這纔是道德的根源。此義既立，便在在都是真實的道德實踐，事事都是尊立我的德性。無論研究學問，應接事物，乃至凡百技藝，都是我分內之事，都是本心的發用流行。而「道問學」自在在其中。「道問學」是從「尊德性」直接貫下來，並非與「尊德性」分為兩路。這樣前後接續，本末通貫，纔能說是「去兩短，合兩長」。

然而，朱子系統並不能正視本心的道德創生義，而認為心是氣之靈；心能知覺，有動靜；而所以知覺動靜之理，則是性。心不是性，也不是理，所以只言「性即理」，而不言「心即理」。在朱子系統中的「道問學」，常對道德實踐沒有多大的助益，這就是他自認「於緊要處多不得力」的緣故所在。因為「外在知解」「文字理會」式的明理，本與道德實踐並沒有本質的相干；只靠「涵養於未發，察識於已發，敬貫動靜」的後天工夫，對於促成真實的道德實踐，在力量上並不十分充沛。故朱子與林擇之書云：

> 陸子靜兄弟，其門人相訪者，氣象皆好。此間學者卻與渠相反。初謂講道漸涵，自能入德；不謂末流之弊，只成說話。至人倫日用最切近處，都不得毫末氣力，不可不深懲而痛警之也。

據此可見，朱子自己亦已見到此種道問學的流弊，但只知痛而不知痛之所以生，則其反省仍然是不夠的。朱子為學極有勁力，但其勁力始終只落在「涵養須用敬，進學在致知」。而敬的工夫只是精神之凝聚收斂，敬本身卻無內容，不能生發價值創造之力量，更不是價值創造之本源。朱子既沒有反省到本心充沛處，以肯定本心的道德創生義，則其所謂「深懲痛警」，仍將不切肯綮，不夠力量。

至於象山所謂「不知尊德性，焉有所謂道問學」，此言也須有所簡別。道問學有二義。與尊德性相干的道問學，是第一義的道問學（如聖賢學問）；與尊德性不相干或很少相干的道問學，是第二義的道問學（如外在知解、文字理會、客觀研究與今之科學之類）。象山意指的是前者；朱子所做的，則大體屬於後者。道問學的工夫是否與尊德性相干，關鍵就在你是否真能尊德性（真能復其本心，先立其大），以透顯道德之根，開出價值之源，能尊則相干，不能尊則不相干。在這個意思上，象山所說都是對的。

第八章　朱陸門人後學與元初諸儒

第一節　朱子門人與後學

朱子門庭廣大，《宋元學案》卷六十二至卷七十，皆其正傳。但內在於朱子學系統本身而言，有關的重大問題，幾乎全為朱子所釐定，他的門人很難再有大的開發。本節只擇其要，未及詳備。

一、蔡西山及其家學

蔡元定（西元一一三五—一一九八年），字季通，福建建陽人，學者稱西山先生。著有「大學詳說」、「律呂新書」等。他與三子皆先後師事朱子。元定初見朱子，朱子叩其學，大為驚訝，說：「此吾老友也，不當在弟子列。」可見元定早有深厚之家學根柢。他與父發❶

❶ 蔡發博覽群書，號牧堂老人。參《宋元學案》卷六十二、西山學案，元定傳文。

以及三子四孫，皆入學案，世稱蔡氏九儒。

元定在朱子門下，年事最長（少朱子五歲，而早卒二年），位望最尊，朱子亦特別器重他，而樂與之相談。朱子之格物窮理，本不止是空泛的讀書，而實隱藏有純知識一面的真精神，元定尤其具有這種純知識的興趣，而且很有這方面的才智。所以二人論學亦最為投契。凡遇異篇奧傳，微辭深義，朱子常使元定先加討究，而後親作折衷。

元定學問的路數，與北宋邵康節相近似。《鶴林玉露》（南宋羅大經撰）謂：「濂溪、明道、伊川、橫渠，講道盛矣；因數明理，復有一邵康節出焉。晦庵、南軒、東萊、象山，講道盛矣；因數明理，復有一蔡西山出焉。孔孟教人，言理不言數，邵蔡二子欲發諸子之所未發，而使理與數燦然於天地之間，其功亦不細矣。」（按邵子之學，其子稍能述之，而不足以言承續；元定之學，則其少子九峯力能繼踵而卓然成家。）

元定之長子(1)蔡淵，號節齋，著有「訓解意言辭象」四卷，又有「卦象辭旨、易象意旨」。次子(2)蔡沆，號復齋，著有「春秋五論」「春秋大義」等。季子(3)蔡沈，隱於九峯，學者稱九峯先生。元定遭偽學之禁，貶放道州，九峯徒步數千里隨侍至貶所，父子相對，略無怨歎嗟勞之語，而日唯以義理相怡悅。這種樂道忘憂的精神，甚足欽佩。元定卒於貶所，九峯又徒步數千里護柩而歸。時九峯年僅三十，即棄去科舉，一以聖賢為法。朱子一生遍註群經，只書傳未作，卒前一年特囑付九峯作《書經集傳》，十年而成，是即元明以來，士人必讀之尚書蔡傳。另外，洪範九疇之數，學者失傳，元定獨心得之而未及論著，亦寄望於九峯。蓋自康節傳圖書之蘊，以為易出於河圖，洪範出於洛書，九峯乃專依洛書而言洪範，沉潛反覆數十年，而完成《洪範皇極》一書。❷

元定之孫，(1)蔡格，號素軒，節齋之長子。行高而德厚，學足而望隆。著有「至書」「廣仁說」。(2)蔡模，號覺軒，九峯之長子。嘗輯朱子所著書為「續近思錄」「易傳集解」「大學衍說」「論孟集疏」「河洛探賾」，行於世。(3)蔡杭，號久軒，九峯之次子。博通經史，邃於理學，紹定間進士，官至參知政事，是蔡氏九儒中唯一宦途通顯之人。(4)蔡權，號靜軒，九峯之三子，嘗為書院山長，以訓誨人才為事，長兄覺軒「續近思錄」等書，皆與靜軒參考而後成編。

二、黃勉齋及其支裔

黃勉齋（西元一一五二－一二二一年）名榦，字直卿，福建閩縣人，學者稱勉齋先生。勉齋初從學於朱子，夜不設榻，衣不解帶，少倦，則微坐一椅，或至於達旦。後，朱子以女妻之，著有「經解文集」，行於世。

勉齋嘗撰聖賢道統傳授總敘說，謂周濂溪繼孔孟不傳之緒，二程得統於周子，朱子得統

❷ 「洪範皇極圖」（含九九圓數、方數、行數、積數諸圖）、「洪範皇極內篇」、「範數圖八十一章」，皆錄於《宋元學案》卷六十七，九峯學案中。

於二程。文末並舉示「居敬以立其本，窮理以致其知，克己以滅其私，存誠以致其實」四語，以為「千聖萬賢所以傳道而教人者，不越乎是矣」。而朱子之門，後儒又多推勉齋為能接其傳云。

勉齋講學，精審不苟。對師門之學，眷眷深摯。他說：

> 自先師夢奠以來，向日從游之士，識見之偏，義利之交戰。而又自以無（聲）聞為恥，而言論紛然，誑惑斯世。又有後生好怪之徒，敢於立言，無復忌憚。蓋不待七十子盡沒，而大義已乖矣。由是私竊懼焉。故願得強毅有立，趨死不顧利害之人，相與出力而維持之。❸

勉齋期求後學之情，如此真摯熱烈，所以終能得到傳人而支裔緜流。其中最主要的一支，是由何基、而王柏、而金履祥，一直衍續到明初的方孝孺。

(1)何基（西元一一八八—一二六八年），浙江金華人，人稱北山先生。他一生未嘗立異以為高，亦不徇人而少變。有文集三十卷。其中與弟子王柏問答者佔十八卷，有時一事往復議論十餘次，北山始終不易其說。可算得是學有定見，不搖不惑的了。

(2)王柏（西元一一九七—一二七六年），號魯齋，金華人。初登北山之門，北山授以立志居敬之旨。從此發憤勵學，益趨精密。日用從事，嚴敬整飭。子弟白事，非衣冠不見。來學者眾，必先之以大學。但魯齋不贊成朱子作格物補傳，其見解與輔廣弟子董槐之說相同。❹

(3)金履祥（西元一二三二—一三〇三年），浙江蘭溪人，學者稱仁山先生。凡天文地形禮樂田乘兵謀陰陽律曆之書，莫不探究。宋季國勢阽危，任事者束手罔措，仁山獨進奇策，請以舟師由海道直趨燕薊，俾能擣虛牽制，以解荊襄之危。他敘明海島險易，歷歷有據，可惜未被採用。宋亡之後，隱居金華山中，著書講學以終老。著有「通鑑前編二十篇、大學章句疏義二卷、論孟考證十七卷、文集六卷」。

勉齋門下，另有饒魯，號雙峰，江西餘干人。先從李敬子（亦朱子門人），後從勉齋。勉齋問論語首言時習，習是如何用功？雙峰答曰：「當兼二義，繹之以思慮，熟之以踐履。」勉齋深契之。著有「五經講義、論孟記問、春秋節傳、學庸纂述、近思錄注」。雙峰再傳陳澔，撰有《禮記集說》，成為明代以後士人必讀之紀傳。

三、潛庵、北溪諸子

輔廣，字漢卿，號潛庵。其先趙州人，其父隨軍南渡，寓浙江崇德，遂為崇德人。在朱子門下，以端方沉碩、用志堅苦著稱。偽學之禁方嚴時，學徒多因利害相避而去，唯漢卿不為所移。朱子亦說：「當此時立得腳根甚難，唯漢卿風力稍勁。」著有「四書纂疏、六經集

❸ 見《宋元學案》卷六十三，勉齋學案附錄，黃百家案語引述。

❹ 參蔡仁厚《宋明理學・南宋篇》（臺北：學生書局）第四章附錄「大學分章之研究」第三段第二節。

解、詩童子問、濳庵日新錄」等。其三傳弟子有黃東發，說見後。

陳淳，號北溪，福建龍溪人。年將四十，始見朱子於漳州。後十年，復見朱子陳其所得，時朱子已寢疾，語之曰：「如今所學，已見本源，所闕者下學之功爾。」自是所聞皆切要語，凡三月而朱子卒。北溪守師說甚固，著有「北溪字義」。但他衛師門之學而過甚其力，操異同之見而過甚其辭，朱陸門戶之爭，多半是由北溪而決其瀾的。

此外，朱子門人較著者，有李燔，字敬子，江西建昌人。嘗有言曰：「凡人不必待仕宦方有功業，但隨力到處，有以及物，即功業矣。」敬子心事如秋月，史臣李心傳論當時高士屢召不起者，以敬子為海內第一。宋史說他居家講道，與黃榦並稱，曰黃李。

另有張元德、廖子晦、詹元善、李方子，以及陳器之、葉味道等，皆朱門高足，見《宋元學案》卷六十九與六十五。不贅述。

四、眞德秀與魏了翁

眞德秀，福建浦城人，學者稱西山先生。官至參知政事。遊宦所至，惠政深洽，中外交頌。每入都門，人皆驚傳傾動，塡途塞巷而迎觀之。韓侂胄立僞學之名以錮善類，凡近時大儒之書皆遭禁絕。德秀晚出，慨然以斯文自任，講習而服行之。黨禁既開，正學復明於天下。後世遂多德秀守護倡導之功。他早年從朱子門人詹體仁（元善）遊。著有「大學衍義、對越甲乙稿、西山文集」等。

與真德秀同時，有魏了翁，二人齊名，不分甲乙。但黃東發則對德秀頗有微詞，曰：「理宗端平親政，廣召賢者入朝，此正世運安危升降之機，而德秀趨召，竟阿附時相鄭清之，略無靖獻。」全祖望據此而慨歎曰：「西山之望，直繼晦翁，然其晚節何其委蛇也。」又謂德秀曾從楊慈湖遊，慈湖戒其須忘富貴利達之心。而德秀未能終身踐此言也。至於學術方面，黃梨洲曾有比論，以為：西山依傍門戶，墨守而已。而了翁識力橫絕，真所謂卓犖觀群書者。全祖望以為梨洲之論，可謂知言。❺

魏了翁，四川蒲江人。他因輔漢卿與李方子而得聞朱子之學，遂奮起，成就卓然。嘗築室白鶴山下，開門授徒，士爭先負笈從之。學者稱鶴山先生。著有「鶴山師友雅言、鶴山大全集」。他答周子口書云：

> 向來參看先儒解說，不如一一從聖經看來。蓋不到地頭親自涉歷一番，終是見得不真。來書乃謂只須祖述朱文公。文公諸書，讀之久矣，正緣不欲賣花擔頭看桃花，須樹頭根底，方見得活精神也。

了翁雖私淑朱子，而不守故常。他的識力，絕非固蔽自封者可比。所以凡有所言，大體皆明徹洞達，無迂腐氣。茲再錄二則以見其概。

❺《宋元學案》卷八十一、西山真氏學案傳後。黃百家案語。

> 心之神明，則天也。此心之不安，則天理之所不可。天豈屑屑然與人商校是非耶？詩云：敬天之怒，不敢戲渝。違心所安，是戲渝也。（跋師厚卿致仕詩）

> 聖人之心，如天之運，純亦不已；如水之逝，不舍晝夜。雖血氣盛衰，所不能免，而才壯志堅，始終勿貳，曷嘗以老少為銳惰、窮達為榮悴？文辭之士有虛憍恃氣之習，方其年盛氣強，位重志得，往往以所能眩世。歲慆月邁，血氣隨之，則不惟文辭衰颯不振，雖建功立事，亦蓄縮顧畏，非盛年之比。此無他，非有志以基之，有學以成之，徒以天資之美，口耳之知，才驅氣駕而為之耳。（夢筆山房記）

由這二段文字，可知了翁之卓犖。尤其「聖人之心，如天之運，純亦不已。」以及「心之神明，則天也。此心之所以不安，則天理之所不可。」這幾句話，皆儒家正宗之語脈，而已脫出朱子言心之故轍。

五、黃東發與王應麟

黃震，字東發，約生於寧宗之末，理宗寶祐四年進士，度宗時為史館檢閱，與修寧宗理宗兩朝國史實錄。宋亡，年未及六十，餓而卒。門人私謚曰文潔先生。東發之學，源出潛庵輔氏，而實得之於朱子與諸儒之遺書。嘗語人曰：非聖賢之書不可觀，無益之詩文不可作。著有「東發日抄」一百卷，大體皆躬行自得之言。論者謂東發上接朱子之傳，黃梨洲則以為

「日抄之作，折衷諸儒，即於考亭亦不肯苟同，其所自得之者深也。」❻

東發本籍定海，後徙慈溪。晚年官歸，復居定海之澤山。東發既沒，子孫多留澤山。元末，學者建澤山書院以祀之。全祖望撰澤山書院記，有云：「朱文公之學統，累傳至雙峰北溪諸子，流入訓詁派。後北山、魯齋、仁山起於婺（金華），先生起於明（四明），所造博大精深，徽公（朱子）瓣香為之重整。婺學出於長樂黃氏（勉齋），建安（謂朱子）心法之所歸，其淵源固極盛。先生則獨得之遺籍，默識而冥搜，其功尤巨。試讀其日抄諸經說，間或不盡主建安舊講，大抵求其心之所安而止，此其所以為功臣也。」❼

王應麟（西元一二二三——一二九六年），字伯厚，號厚齋，浙江鄞縣人，學者稱深寧先生。官至禮部尚書。宋亡不仕。所著有「困學紀聞、玉海、通鑑地理考、漢制考、深寧集」等書。

深寧嘗從學真西山之弟子王埜，故論者多以深寧為朱學。然深寧之父乃呂東萊之再傳，又從楊慈湖之弟子史獨善遊，深寧紹其家訓，與呂學陸學皆有淵源。且深寧又曾從游於湯東澗，東澗乃陸學。可知深寧之學，兼取諸家，不由一路。然觀其綜羅文獻，實師法呂東萊，故全祖望說他「獨得呂學之大宗」。

---

❻《宋元學案》卷八十六，東發學案傳後、黃百家案語。

❼ 引見東發學案傳後，附錄全謝山澤山書院記。

入元以後，深寧懷亡國之痛，有言曰：

士不以秦賤，經不以秦亡，俗不以秦壞。

其意蓋謂人品、經籍、禮俗，中含常理常道，有永恆之價值，不會因為亂世暴政而改變。「秦」字固指秦始皇，亦潛指蒙元也。此三語顯示之志念，可謂深哉。

深寧弟子最著者有天臺胡三省，鄞縣史蒙卿。宋亡，皆隱居不仕。三省撰《資治通鑑注及釋文辨誤百餘卷，蒙卿為史獨善之孫，史氏一門皆陸學，至蒙卿改而宗朱。

六、文文山之正氣

文天祥（西元一二三六－一三八二年），字宋瑞，號文山，江西廬陵吉水人。二十中進士，對策，理宗親拔為第一。考官王應麟奏曰：「是卷古誼（義）若龜鑑，忠肝若鐵石。敢為得人賀。」所謂文如其人，考官亦可謂能識鑒矣。

度宗咸淳九年（文公三十八歲），襄陽降陷，召為湖南提刑，見故相江萬里，萬里素奇文公志節，語及國事，愀然曰：「吾老矣，世道之責，豈在君乎！」恭帝德祐元年，元兵入寇，朝廷詔天下勤王，文公捧詔涕泣，遂起義兵，諸豪傑群起響應，得萬人之眾。事聞於朝，召以江西提刑安撫使入衛京師。其友以事勢已去，止勿行。文公曰：「事不可為，吾亦知之。然國家養育臣庶三百餘年，一旦有急徵天下兵，無一人一騎入都門，吾深恨之。故不自量力而以身徇，庶天下忠臣義士，將有聞風而起者。義勝者謀立，人眾者功濟。如此，則社稷猶可保也。」

德祐二年正月，元兵迫臨安，文公除右丞相，奉使軍前，被拘北上，至鎮江，夜逃入真州，又泛海至溫州。時臨安已破，恭帝被執赴元都，文公聞益王未立，上表勸進，益王立於福州，是為端宗。召進文公為左丞相，都督江西，雩都一役，大敗元軍，民氣大振，一時號令達於江淮。轉戰年餘，終於寡不敵眾，乃入粵，而端宗又崩。陸秀夫等擁立衛王（帝昺），召封文公為信國公。進屯潮陽，元將張弘範率軍掩至，文公與將士方飯於五坡嶺（今海豐縣北），不及戰，遂被執。見弘範不拜，請就死，弘範義之。過崖山，弘範使文公召張世傑，乃書過零丁洋詩與之，詩曰：

辛苦遭逢起一經　干戈歷歷四周星
山河破碎風拋絮　身世飄零雨打萍
皇恐灘頭說皇恐　零丁洋裡歎零丁
人生自古誰無死　留取丹心照汗青

次年，張弘範襲崖山，陸秀夫負帝昺溺海死，宋亡。（今香港九龍濱海，猶有宋王臺存焉。）當文公被執時，取懷中腦子（毒藥）服之，不死，在道途八日不食，又不死，既至燕京，元世祖欲畀以大任，終不屈，被囚三年，志節彌堅，遂遇害。臨刑，顏色不少變，南向而拜，從容就死。其衣帶有贊曰：

孔曰成仁，孟曰取義；惟其義盡，所以仁至。讀聖賢書，所學何事？而今而後，庶幾無愧。

文公之師歐陽守道，號巽齋，學宗朱子。然文公之學，豈可以某家某派論之哉！就文公而言，人即學，學即人，其學全幅是仁義，其人全幅是正氣，以生命之表現，為儒聖成德之學作見證，捨公而誰？嗚呼偉矣！其所著文集、指南錄、吟嘯集，皆行於世。《宋元學案》卷八十八、巽齋學案、文文山案中，錄其御試策全文（二十歲所作）、西澗書院釋采講義、正氣歌并序，字字出自肺肝，句句皆至性至情之流露，此誠生命文字通而為一者。

第二節　象山門人與後學

一、楊慈湖與甬上諸賢

楊慈湖（西元一一四一—一二二六年），字敬仲，浙江慈溪人，學者稱慈湖先生。慈湖在象山門下，年輩最長（少象山二歲），享壽最高，造詣最深，影響最大，而傳衍亦最久遠。慈湖之學，以「不起意」為宗。其奏寧宗有云：陛下自信此心即大道乎？寧宗曰：然。問：

日用如何？寧宗曰：止學定耳。慈湖曰：定無用學，但不起意，自然靜定，是非賢否自明。

慈湖「不起意」之旨，實本象山。黃梨洲曰：

> 象山說顏子克己之學，非如常人克去一切忿欲利害之私，蓋欲於意念所起處，將來克去。故慈湖以不起意為宗，是師門之的傳也。而考亭謂除去不好底意見則可，若好底意見，須是存留。……案：慈湖之告君曰：「此心即道，惟起於意即失之：起利心焉則差，起私心焉則差，起權心焉則差，作好焉，作惡焉，凡有所不安於心焉，皆差；即此虛明不起意之心以行，勿損勿益，自然無所不照。」然則，不起意之旨，亦略可識矣。❽

象山以為天下學問只有兩途，「一途朴實，一途議論。」又說「愚不肖之蔽，在於物欲；賢者之蔽，在於意見」。又說「與有意見人說話，最難！」一般的議論、意見，皆是繞出去說話，與自家生命有何相干？必須「先立其大」「盡我之心」，做成一個人，纔是立人品的德性之學（即所謂朴實之學）。在道德的踐履上，只有「義之與比」，豈能容你顧念思慮、作好作惡（好、惡，皆讀去聲）？當你意見一萌，便是「起於意」，便是作意計較，便是「放心」而歧出，而不是「本心作主」循理而行了。慈湖教人「不起意」，豈是使你槁木死灰，做個

---

❽《宋元學案》卷七十四、慈湖學案、黃宗羲案語。

癡呆？只是要人「復其本心」「由仁義行」而已。

學問必須與「己」打成一片，己與道、己與物，皆不容分隔為兩截。慈湖有「甲乙稿、冠記、昏記、喪禮記、家祭記、釋菜禮記、己易、啟蔽」等書，而以「己易」最能見其意。《宋明理學．南宋篇》頁三〇五、三〇六有節錄，可參閱。

「己易」一文，實亦發揮象山「宇宙即是吾心，吾心即是宇宙」、「此心同，此理同」、「人與天地不限隔」、「能盡此心，便與天同」之義。天道不外人道而立，易道易理亦不外吾心而別有所在。「生生之謂易」。易道生生，仁道亦生生。己之仁，己之本心，即是易也。故曰「己易」。

慈湖弟子袁甫（蒙齋）云：「慈湖先生平生踐履，無一瑕玷。處閨門如對大賓，在闇室如臨上帝。年登耄耋，兢兢敬謹，未嘗須臾放逸。學先生者，學此而已。若夫掇拾遑論，依放近似，而實未有得，乃先生之所深戒也。」❾而朱學之徒（陳北溪尤甚）每詆象山慈湖為禪，此固是門戶之偏見，亦實由學識之有差。（既不識儒家之大義、深義，亦不解禪之所以為禪，復不知作用層上的工夫與境界，乃儒釋道三教所可共同而相通者。）

與慈湖同時，有袁燮、舒璘、沈煥，亦陸氏門下，與慈湖合稱甬上四先生。

袁燮，字和叔，浙江鄞縣人，學者稱絜齋先生。先從象山季兄復齋遊，後學於象山。一日，豁然大悟，乃筆之於書：「以心求道，萬別千差；通體吾道，道不在他。」為國子祭酒時，延見諸生，必告以反躬切己、忠信篤實為道本。每言人心與天地一本，精思以得之，兢業以守之，則與天地相似。聞者竦然有得。嘗謂「凡身外之物，皆可以寡求而易得。惟此身與天地並，廣大高明，我固有之。朝夕磨礪，必欲追古人而與俱。若徒儕於凡庸，而曰是亦人爾，則吾所不敢也。」又曰「道不遠人，本心即道。知其道之如是，循而行之，可謂不差矣。吾道一以貫之，非吾一以貫之。舜由仁義行，非行仁義。若致力以行（仁義），則猶與仁義為二也。」❿

絜齋有子名甫，號蒙齋，官至兵部尚書。少從父訓，又從慈湖問學。自謂吾觀草木之發生，聽禽鳥之和鳴，與我心契，其樂無涯云。著有「蒙齋文集、中庸講義四卷」，所聞多陸氏宗旨。有題慈雲閣詩云：「不見慈湖二十年，憂心如碎復如顛；我來忽見慈雲閣，恍若慈湖現我前。」

舒璘，浙江奉化人，學者稱廣平先生。與兄琥弟琪同受業於象山之門，琥與琪皆頓然有省悟，廣平則曰：「吾非能一蹴而至其域也，吾惟朝夕於斯，刻苦磨礪，改過遷善，日新有功，亦可以弗畔云爾。」唯廣平雖立身方嚴，教學者則循循善誘，講求涵詠，時人稱其如熙然之陽春。慈湖謂廣平孝友忠實，道心融明。絜齋亦說他平生發於言語，率由中出，未嘗見

---

❾ 引見慈湖學案、附錄。

❿ 引見《宋元學案》卷七十五、絜齋學案所錄粹言。

其一語之妄。定川、慈湖，皆以女妻廣平之子，則其家風之循謹可知。著有「詩學發微、詩禮講解、廣平類稿。」

沈煥，字叔晦，浙江定海人，學者稱定川先生。楊、袁、舒，皆師象山，定川則師事復齋。復齋稱其「挺然任道之資也」。居官服職，輒有善舉。而秉性剛勁，所至小人忌之，故宦途多阻，終貧病而卒。丞相周必大聞其訃，曰：「追思立朝不能推賢揚善，予愧叔晦；益者三友，叔晦不予愧也。」絜齋狀其行云：「君雖人品高明，而知非改過，踐履篤實。其始面目嚴冷，清不容物，久久寬平，可敬可親。面、攻人之短，退、揚人之善。切磋如爭，歡愛如媚，古所謂直而溫、毅而弘者，殆庶幾乎。」

黃梨洲曰：「楊簡、袁燮、舒璘、沈煥，所謂明州四先生也。」慈湖每提「心之精神謂之聖」一語，而絜齋亦曰「古者大有為之君，所以根源治道者，一言以蔽之，此心之精神而已。」是可以觀四先生學術之同矣。文信國云：「廣平之學，春風和平。定川之學，秋霜肅凝。瞻彼慈湖，雲閒月澄。瞻彼絜齋，玉澤冰瑩。」一時師友，聚於東浙，嗚呼盛哉。⓫

二、傅夢泉與槐堂諸子

傅夢泉，字子淵，江西南城人。少時習舉業，讀書不過資意見，及學於象山，始知入德之方。嘗謂人曰：「人生天地間，自有卓卓不可磨滅者，果能於此涵養，於此擴充，則良心善端，交易橫發，塞乎宇宙，貫乎古今。」子淵機警敏悟，疏通洞達。象山論及門之士，以子淵為第一。中進士後，分教衡陽，士人歸之者甚眾。象山知荊門軍時，有人呈送子淵與周平園論學五書，象山見後，大為歎賞，說：「子淵擒龍打鳳手也。」後為寧都知縣，化之入道，鄉俗大變。時人以為有西漢循吏之風。張南軒稱其剛介自立，朱子亦稱其剛毅，而不滿其論學。象山則說子淵疏節闊目，佳處在此，病處亦在此。

黃梨洲曰：「陸子在象山五年間，弟子屬籍者至數千人，何其盛也！然其學脈流傳，偏在浙東，此外則傅夢泉而已。故朱子云：浙東學者，多子靜門人，類能卓然自立，相見之次，便毅然有不可犯之色。然則此數千人者，或多旅進旅退之士耳。」⑫

鄧約禮，字子範，江西建昌人，而寓居臨川。師事象山甚早，在槐堂中稱齋長。有求見象山者，象山或令先從子範問學。學者稱直齋先生。象山嘗謂「夢泉宏大，約禮細密。」為溫州教授時，與葉水心甚相得云。

黃叔豐，字元吉，江西金谿人。為象山仲兄之婿，師事象山最久。象山論及門之士，首傅子淵，次鄧文範、次即黃元吉。象山知荊門軍，元吉從之，記所問答語，題曰「荊州日錄」。時傅子淵分教衡陽，與漕使陳傅良（君舉）論學，傅良心折其言而未能深信，適元吉

⑪《宋元學案》卷七十六、廣平定川學案、定川案後，黃宗羲案語。
⑫《宋元學案》卷七十七、槐堂諸儒學案、傅夢泉案後，黃宗羲案語。

自荊門至，傳良聞其講論，始深信之。象山曾說：「元吉相從十五年，最得老夫鍛鍊之力。前數年病於逐外，中間數年換入一意見窠窟，又數年換入一安樂窠窟，近年痛加鍛鍊，始壁立無依傍。」同門嚴松以為元吉之學，當出於子淵之上。

傅子雲，字季魯，江西金谿人，學者稱琴山先生。年方成童，即登象山之門，以年少，象山令先從鄧約禮學，後升弟子之位。象山四十九歲登應天山（後改名象山）講學，學者以年齒列席次，季魯居末。象山令設一席於旁，時令季魯代講。有疑之者，象山曰：「季魯，天下英才也」。及象山為荊門守，執季魯之手而語之曰：「書院事俱以相付，為我善永薪傳。」又謂諸生曰：「吾遠守小郡，不能為諸君掃清氛翳，幸有季魯在，願相親近。」象山曾說季魯骨相寒薄，雖能明道，恐不能行道。後奉大對，葛丞相期以首選，不果。季魯曰：「場屋之得失，窮達不與焉。終身之窮達，賢否不與焉。」時人以為名言。紹定四年（距象山之辛巳三十九年），慈湖弟子袁甫持節江西，修明象山之學，為建象山書院。時槐堂高足惟季魯在。所著「易傳、論語集傳、中庸大學解、離騷經解」等。撫州守葉夢得乃季魯弟子，建三陸子祠於金谿，以先生配。

三、陸學的傳衍

陸學的傳衍，盛於浙東。尤其慈湖一脈，遍佈江南，四明一郡尤盛。

⑴袁甫蒙齋，已略說於慈湖與絜齋一節。

(2)鄞縣史彌忠、彌堅、彌鞏昆弟，皆從慈湖、絜齋學。方史彌遠當國之時，彌忠等或避嫌辭官，或守正不阿，皭然不染，時論稱之。

(3)史彌遠之甥陳習庵亦從慈湖游。在太常博士時，獨為袁絜齋議謚號，餘皆擱筆謝絕。而居官論政，尤切直敢言。史彌遠問之曰：吾甥殆好名耶？習庵答曰：「好名，孟子所不取也。夫求士於三代之上，唯恐其好名；求士於三代以下，唯恐其不好名耳。」

(4)慈溪樓石坡，問道於慈湖，慈湖告以「心之精神之謂聖」。石坡講學之語，多本於師說，曰明誠，曰孝弟，曰顏子四勿，曰曾子三省，其言樸實無華葉，而以躬行為務。石坡享耆壽，東浙推為楊門碩果。

(5)慈溪又有童居易，學者稱杜洲先生，亦師事慈湖，世傳其學。其孫童金建杜洲六先生書院，講學甚盛。

四明而外，慈湖之徒，還有有嚴陵一脈。

(6)錢時，嚴州淳安人，學者稱融堂先生，為慈湖之高弟。袁甫為江東提刑，建象山書院，特延錢時為講席。其論學大抵發明人心，指摘痛決，聞者皆警然有得。著有「周易釋義、尚書演義、四書管見、春秋大旨、冠昏記」等。

(7)融堂門人有夏希哲，學者稱自然先生。究明性理，洞見本原，杜門不出者三十餘年。家無隔宿之糧，而泰然自若。有三子，皆傳其學，而仲子溥最著。

(8)夏溥，字大之。博通經學，詩亦自成一家。入元，遂為大師。鄭師山、趙東山，皆嘗從學。[13]

至於江西，乃陸學之家鄉，而槐堂諸子之聲光反不如浙東。象山卒後，槐堂諸人亦漸次老死，乃有——

⑴鄱陽三湯出而講學。伯氏湯千存齋與季氏湯中思庵大體主朱子學，而仲氏湯巾晦靜則由朱入陸，其從子漢主陸學。

⑵湯漢，號東澗，為太學博士，遷太常少卿，度宗即位，以端明殿學士致仕。有文集六十卷，今佚。東澗有警語云：「春秋責備賢者，造物計較好人，一點莫留餘滓，十分成就全身。」王應麟謂此老晚節，庶幾踐斯言也。

⑶晦靜另一門人徐霖，號徑畈，原籍西安。理宗淳祐四年，試禮部第一，授沅川教授，上疏言史嵩之奸，見者咋舌。遷著作郎，乞外，知撫州，一月舉政，以言去，士民遮道，至不得行。後知汀州，卒於任。理宗特賜以田以旌其忠直。徑畈乃晚宋陸學之大宗。衢州守某，嘗築精舍請徑畈講學，聽者至數千人。然宋史排陸學，故徑畈論學之語不可得而詳。[14]

四、謝疊山之氣節

謝枋得（西元一二二六—一二八九年），江西弋陽人，學者稱疊山先生。疊山從學於徐徑畈，徑畈稱其「如驚鶴摩霄，不可籠縶」。寶祐間舉進士，官至江東提刑招諭使知信州。明年，元軍入臨安，信州亦陷。疊山變姓名走福建建寧唐石山，轉茶坡，寓居逆旅，麻衣履鞋哭於道，人以為顛病也。已而走建陽，賣卜於市，拒不受錢，惟取米物。其後，人稍稍識之，多延至其家教子弟。

至元二十三年（文山死後之四年），集賢殿學士程鉅夫薦宋臣二十二人，以疊山居首，辭不起。又明年，行省丞相奉旨來召，疊山曰：「上有堯舜，下有巢由，枋得姓名不祥，不敢奉詔。」尚書留夢炎又薦，疊山曰：「吾年六十餘，只欠一死耳。」福建參政魏天佑見朝廷以求賢為急，欲薦疊山以邀功，疊山不從，強之北行。至京師，問謝太后欑所及瀛國所在（恭帝與太后北擄，太后憂死，恭帝降為國公，故疊山問之），再拜慟哭。疊山在北行途中，絕食二十日而不死，乃勉強略進菜蔬，及至京師，困殆已甚。尋病，遷憫忠寺，見曹娥碑，泣曰：小女子猶爾，吾豈不汝若哉？留夢炎持藥雜米進之，怒斥曰：吾欲死，汝乃欲活我耶？終不食而死。

疊山與人書，嘗曰：「人可回天地之心，天地不能奪人之志。大丈夫行事，論是非不論利害，論順逆不論成敗，論萬世不論一生。志之所在，氣亦隨之。氣之所在，天地鬼神亦隨之。」末句「氣之所在，天地鬼神亦隨之」，真足為忠臣烈士生色！

宋亡之後，疊山遁跡山野，欲為遺民而不可得，屢徵不起，逼迫入都，與文山先後死燕

⑬ 上引四明、嚴陵為陸氏之學者，皆見《宋元學案》卷七十四、慈湖學案。
⑭ 徐徑畈與下述謝疊山，皆見《宋元學案》卷八十四。

京，氣節凜烈，大義昭然。

第三節　宋元之際與元初諸儒

自宋室南渡，北方陷於金，及蒙古聯宋以滅金，南宋亦衰微不振，國勢阽危。元世祖在位三十五年，即位之二十年，宋帝昺溺海死，宋亡。故元代之初，北為元，南為宋，此所謂宋元之際也。

一、元初北方之儒

元初北方本無儒學。某年，元師侵宋，屠德安，姚樞在軍前，凡儒道釋醫卜星占，皆以一藝得活，虜之北歸。趙復（字仁甫，湖北德安人，至燕而常有江漢之思，故學者稱江漢先生）亦在虜中，姚樞與之言，大奇之。屢欲尋死所，姚樞勸之百端，終至於燕，以所學教授，弟子從者百餘人。姚樞、許衡、劉因諸人，亦因江漢而得見周張程朱之遺書。姚樞等人乃建太極書院於燕京，立周子祠，以二程張楊游朱配食。於是北方始有儒學。而許衡、劉因，為元初北方二大儒。

許衡（西元一二〇九—一二八一年），號魯齋，河內人（今河南沁縣）。許衡早年流離世亂，而好學不倦，後訪姚樞於蘇門山，抄取程朱遺書而讀之，遂成名儒。至元八年，以集賢殿大學士兼國子祭酒，成就甚眾。元初數十年中稱名卿材大夫者，大抵皆出其門。嘗云：「綱常不可亡於天下，苟在上者無以任之，則在下者之任也。」⑮

劉因（西元一二四九—一二九三年），字夢吉，河北容城人，學者稱靜修先生。少時為訓詁疏釋之學，歎曰，聖人精義，殆不止此。後於趙復得周程張朱之書，始曰：我固謂當有是也。至元十九年，徵為承德郎左贊善大夫，教近侍子弟，未幾，以母疾辭歸。二十八年，以集賢殿學士嘉議大夫召，固辭不就。劉因雖生於金亡後之十五年；但其先世仕於金，故哀金之詩甚多，雅不欲仕於元。初，許衡應召，過真定，劉因謂之曰：「公一聘而起，無乃速乎？」答曰：「不如此則道不行。」後劉因不受集賢之命，或問之，曰：「不如此則道不尊」。⑯

二、南方民間之學

元時，北方官學尊程朱，南方乃故宋之地，朱陸之學並行。元初，有金履祥隱居金華山中講學，以延朱子勉齋一脈。至於象山之學，雖為官府所排斥，而民間陸學之緒，猶不泯焉。

⑮ 以上參見《宋元學案》卷九十，魯齋學案。

⑯ 引見《宋元學案》卷九十一，靜修學案、附陶宗儀「輟耕錄」語。

吳澄（西元一二四九—一三三三年），江西撫州崇仁人，學者稱草廬先生。草廬於度宗時舉鄉試，入元，程鉅夫（草廬同門友，雙峰再傳）以侍御史求賢江南，起草廬於京師，以母老辭歸。六十歲時召為國子司業，首日，為學者言：

> 朱子於道問學之功居多，而陸子以尊德性之學為主。問學不本於德性，則其蔽必偏於言語訓釋之末，故學必以德性為本，庶幾得之。

議者據此，遂以草廬為陸氏學，不合許（衡）氏倡信朱子之意，草廬聞之，即日謝去。未幾，又以集賢直學士召，不果行。英宗即位，遷翰林學士，泰定元年為經筵講官，請老而歸。考草廬仕為學官，雖職名幾變，而為時甚短，其一生講學之功，仍在民間。著有「五經纂言」（其中禮記纂言，成於晚年，故特為精博）、「草廬精語」、「文集」行於世。

草廬壽八十五，其一生三分之二在元朝，最為元代大儒。黃百家云：「草廬從學於程若庸，為朱子之四傳。考朱子門下多習成說，深通經術者甚少，草廬纂五經纂言，有功經術，接武建安（指朱子），非北溪諸人可及也。」⑰然草廬有言云：

> 徒求之五經，而不反之吾心，是買櫝而棄珠也。不肖一生切切然惟恐墮此窠臼。學者來此講問，每令其主一持敬以尊德性，然後令其讀書窮理以道問學。有數條目警省之語，又揀擇數件事，以開導學者格致之端。是蓋欲先反之吾心，而後求之五經也。⑱

此則又是象山宗旨矣。草廬序象山語錄云：「道在天地間，古今如一，當反之於身，不待外求也。先生（指象山）之教以是，豈不至簡至易而切實哉！不求諸己之身而求諸人之言，此先生之所大憫也。」草廬又嘗問學於程紹開，紹開與徐徑畈之弟子徐直方（古為）為同調。故草廬與陸學亦有淵源。紹開嘗築道一書院，以合朱陸兩家之說。草廬亦兼取朱陸，其亦紹開先啟之歟？

稍後於草廬，有陳苑（西元一二五六—一三三〇年）中興陸學。苑字立大，江西上饒人，人稱靜明先生。宋亡時，年二十餘，隱居不仕以終身。少時靜明得象山書讀之，深有所得，時科舉方用朱子學，聞靜明治象山學，輒譏毀之。靜明誓以死而不悔，一洗訓詁支離之習，從之游者，往往有省。從此，人始知有陸氏學。

靜明為人，剛方正大，於人情物理，無不通練。浮沉里巷之間，而毅然以昌明古學為己任。不苟是人之所是，亦不苟非人之所非。困苦終身，而拳拳於學術異同之辨；無千金之產，一命之貴，而有憂天下後世之心。其高弟有「祝蕃、李存、舒衍、吳謙」，志同而行合，人稱江東四先生。（四人皆籍江西饒州。其時，玉山上饒一帶屬江南東道，故稱江東。）黃梨洲曰：「陸氏之學，流於浙東而江右反衰。至於有元，許衡趙復以朱氏學倡於北方，故士人但

⓱《宋元學案》卷九十二，草廬學案，黃百家案語。

⓲見同上，草廬學案，草廬精語。

知有朱氏，而實非能知朱氏也。不過以科目為資，不得不從事焉；則無人肯道陸氏學，亦復何怪？陳靜明乃能獨得於殘編斷簡之中，興起斯文，豈非豪傑之士哉！」⑲

⑲ 見《宋元學案》卷九十三，靜明寶峯學案，黃百家案語。

第九章　王陽明致良知教

前言：明代初期的理學

明初大儒方孝孺（西元一三五七－一四〇二年），浙江臺州寧海人。燕王（成祖）初起兵靖難時，姚廣孝特囑咐曰：「孝孺必不降，不可殺之；殺之，則天下讀書種子絕矣。」及南京城破，建文帝失蹤，人心不安，成祖召孝孺草詔安天下，孝孺不為，且罵不絕口，遂遇害，連坐死者八百四十七人。

孝孺之後，北方儒者有薛瑄，南方儒者有吳與弼。

薛瑄（西元一三八七－一四六四年），號敬軒，山西河津人。其學恪守宋人矩矱，嘗手抄《性理大全》讀之，通宵不寐。所著有「讀書錄」，大抵為「太極圖說、西銘、正蒙」之義疏。高攀龍謂其無所透悟。而其生平出處，則黃宗羲以為，盡美而未能盡善。❶

❶ 見《明儒學案》卷七，河東學案本傳。

吳與弼（西元一三九一——一四六九年），號康齋，江西撫州崇仁人。父溥，為國子司業。弱冠即棄舉子業，謝人事，獨處小樓，讀四書五經、諸儒語錄，不下樓者兩年。後居鄉躬耕食力，弟子從游甚眾。雨中被簑笠，負耒耜，與諸生並耕，歸則飯糲蔬豆共食。陳白沙自廣東來，晨光方辨，康齋手自簸穀，白沙未起，大聲曰：秀才如此懶惰，他日如何到伊川門下，又如何到孟子門下？其勤事嚴教如此。

《明儒學案》謂曰：「先生上無所傳，而聞道最早，身體力驗，只在走趨語默之間。出作入息，刻刻不忘，久之自成片段。所謂敬義夾持，誠明兩進者也。學者依之，真有途轍可循」。❷

他撰有「日錄」，皆記自己事，是他的躬行心得。顧憲成稱他一團元氣，直追太古之樸。顧允成則說他安貧樂道，曠然自足，如鳳凰翔於千仞之上。茲節抄其「日錄」數則，以見其樸直與苦樂。

1.夜大雨，屋漏無乾處，吾意泰然。

2.夜觀晦庵文集，累夜乏油，貧婦燒薪為光，誦讀甚好。（其婦，真賢偶也。）

3.年老厭煩，非理也。朱子云：一日未死，一日要是當。

4.月下詠詩，獨步綠蔭，時倚修竹，好風徐來，人境寂然，心甚平澹。

據此數則，可知他耐受其苦，自得其樂，一切要是當，終身不放鬆。一生立己立人，是堅苦的實踐者、成功的教育家，門下三賢，各有所成。

胡居仁（西元一四三四—一四八四年），江西饒州餘干人，學者稱敬齋先生。弱冠，即奮志聖賢之學，從游康齋之後，即絕意科舉，築室梅溪山中，事親講學，並與鄉人婁諒為講會於弋陽之龜峰，餘干之應天寺，嗣又講學白鹿、貴溪、桐源諸書院。居仁嚴毅清苦，而蕭然自得。撰有「居學錄」，有云：「心無主宰，靜亦不是工夫，動亦不是工夫。靜而無主，不是空了天性，便是昏了天性，此大本之所以不立。動而無主，若不猖狂妄動，便是逐物循私，此達道之所以不行。已立後自能了斷得萬事，是有主也。」

婁諒（西元一四二二—一四九一年），字克貞，別號一齋。江西上饒人。自少有志聖學，求師於四方，夷然曰：皆舉子學。聞康齋在臨川，乃往從之。康齋一見喜之，曰：老夫聰明性緊，賢亦聰明性緊。一日治地，召諒往，曰：學者須親細務。諒素豪邁，由此折節，躬親掃除，不責僮僕。遂為康齋入室，凡康齋不以語門人，於諒則無所不盡。諒曾分教成都，尋告歸，以著書造就後學為事。王陽明十八歲過上饒，特訪謁之。諒告以致知格物，聖人必可學而至。有「日錄」四十卷，「三禮訂訛」四十卷。平生以收放心為居敬之門，以何思何慮勿忘勿助為居敬要旨。

陳獻章（西元一四二八—一五〇〇年），字公甫，廣東新會人，學者稱白沙先生。自幼警

---

❷ 見《明儒學案》卷一、崇仁學案，吳與弼本傳。

悟，讀書一覽輒記。會試中乙榜，入國子監讀書，又至崇仁，從學於康齋。歸，絕意科舉，築陽春臺，靜坐其中，數年不出閾。後又游太學，名動公卿，歸而門人益進。屢薦不起，卒於家。❸

白沙之學，主自然，實由自得。其自序為學曰：

> 僕年二十七，從吳康齋學，未知入處。比歸白沙，杜門不出，專求所以用力之方，既無師友指引，日唯書冊尋之。累年未有得，仍覺心與理無有湊泊脗合處。於是舍彼之繁，求吾之約，唯在靜坐。久之，見吾此心之體，隱然呈露，常若有物，日用應酬，隨吾所欲，如馬之御銜勒也。體認物理，稽諸聖訓，各有頭緒來歷，如水之有源委也。於是渙然自信，曰：作聖之功，其在茲乎。有學於僕者，輒教之靜坐。蓋以吾所經歷粗有實效者教之，非務為高虛以誤人也。

茲再錄其語三則於此：

(1)為學須從靜坐中看出個端倪來，方有商量處。

(2)日用間隨處體認天理，著此一鞭，何患不到古人佳處。

(3)學勞擾則無由見道。故觀書博識，不如靜坐。

但其大弟子湛若水（甘泉）並不遵行師門靜坐教法，而單提「隨處體認天理」❹。

王龍溪說白沙是「百源山中傳流，亦是孔門別派」。百源山是邵康節嘗居住處，孔門別派指曾點傳統（請覆按本書孔子章第八節之三），如邵康節、陳白沙、與王門泰州派下，皆其流也。「靜坐」是一種方式，可用可不用。陽明龍場悟道後，亦經過「默坐澄心」一關，但到「致良知」宗旨確定，便無須靜坐了。故明代理學到白沙，仍係過渡，尚未踏實以至究竟地頭。

下至明代中期，王陽明異軍特起，先與白沙弟子湛甘泉論學（三十四歲），龍場悟道（三十七歲）之後，其學煊赫發皇，是即「良知之學」。此下將分節加以論述。

第一節　王陽明的自我發現與自我完成

王陽明（西元一四七二—一五二八年），名守仁，字伯安，學者稱陽明先生。浙江餘姚人。他一生思想的演變發展，有所謂前三變與後三變；其實，也正就是他「自我發現」與「自我完成」的歷程。

❸ 此下所述，皆見《明儒學案》卷五、白沙學案（一）。

❹ 「隨處體認天理」，這種話常因解讀不同而異其旨。(1)李延平靜坐體認天理之後，還須「冰解凍釋」，為的是要使理融於事，使天理具體落實以起用。(2)陽明以甘泉體認天理為「求於外」，正以甘泉不能直下肯認「心即理」，「良知即天理」，故其隨處體認天理，不免有「求理於心外」之嫌。

一、王學前三變：自我發現

黃梨洲在《明儒學案》卷十、姚江學案中有云：

先生之學，始泛濫於詞章，繼而徧讀考亭（朱子）之書，循序格物。顧物理吾心，終判為二，無所得入。於是出入佛老者久之。及至居夷處困，動心忍性，因念聖人處此，更有何道？忽悟格物致知之旨。聖人之道，吾性自足，不假外求。其學凡三變而始得其門。

此所謂「三變」，是「得其門」之前的三變，這是不同內容不同趣向的、異質的轉變，也可說是「自我發現」的過程。

1. 泛濫詞章

陽明從小就有志做聖賢，但自從格竹子格不出道理，而覺得聖賢有分定，不是人人可做的。於是便順才情而泛濫於詞章。數年之中，與詩文之士如有明前七子中的李夢陽、何景明等，以才名爭馳騁（見行狀）。

2. 出入佛老

二十七歲時，陽明又感到辭章藝能，不足以通至道，想求師友於天下，又難得其人。某日讀朱子上光宗疏，有云：「居敬持志，為讀書之本，循序致精，為讀書之法。」於是又循朱子之路，做窮理工夫，但仍覺事物之理與我之本心，終分為二，打不作一片。這個困惑，使他心情抑鬱，舊病復發，他更覺得聖賢有分，不是人人可為。於是動了入山修道的念頭，而漸漸留心仙道，講究佛老。

三十歲，陽明因公事之便，遊九華山，碰到一位善談仙道的道士，又遇上一位隱修的異人。相見之次，或言不投契，或有所會心，三十一歲，入陽明洞行導引術，漸能先知。但他又覺得這是「簸弄精魂」，不是道。乃欲更入深山，但惦念祖母和父親，遲不能決。後來感到愛親之念，生於孩提，此念若拋卻，便是「斷滅種性」。次年，他見一青年禪僧閉關，三年目不視，口不言。陽明立予棒喝，使之覺醒。

陽明既悟釋老之非，表示他的心思已從孝弟一念歸到仁心天理，而當下承擔，決不動搖了。到此之時，心與理為一或為二的大疑團或大煩悶，便已到了徹底解決的時候。但這需要有一步大的開悟，而這步大開悟又需要一步大的機緣。而這個機緣，要到三十七歲他在龍場動心忍性之時，方纔到來。

3. 龍場悟道

陽明三十五歲，武宗即位，宦官柄政。陽明因抗疏觸怒太監劉瑾，即下詔獄，廷杖四十，並遠謫貴州龍場驛做驛丞。一路上劉瑾派人跟蹤，意欲加害，陽明險遭不測，輾轉流徙，於三十七歲春天，終於抵達龍場。龍場地處萬山叢棘之中，苗夷之人，言語不通，能通話的只一些中土亡命之徒。陽明此時，自覺得失榮辱都能超脫，只有生死一念橫於胸中，尚未化除。乃造一石槨，自誓曰：「吾惟俟命而已。」他「日夜端居靜默，以求靜一」，正是要澄汰膠著於現實的得失榮辱與生死之念，以期生命的海底湧現紅輪。他「胸中灑灑」，便是紅輪湧現前的一些徵候。一日夜半，他忽然大悟，彷彿寤寐中有人告訴他似的，呼躍而起，從者皆驚。從此便悟了格物致知之旨。

據年譜，陽明悟道的關節是說：「聖人之道，吾性自足，向之求理於事物者，誤也。乃以默記五經之言證之，莫不脗合。」求理於事物，即是求理於心外。這是朱子的路。而陽明在此大剝落之後的大開悟中，所親切印證的，則是「徹通人己物我之界限，而為人生宇宙之大本」的仁心真體。

陽明有言：「四書五經，不過說這心體。」經典雖各有講論，但其中心義旨，亦無非發明心體而已。陸象山所謂「六經皆我註腳」，亦是說六經千言萬語，不過為我的本心仁體多方印證而已。陽明龍場悟的道，便是悟的這個道。契切於此，則物理吾心，自然歸一。而陽明十年困惑，至此方得解消。

二、王學後三變：自我完成

陽明悟道之後的三變，是同質的發展和完成，也可說是「自我完成」的過程。學案又云：

自此（龍場悟道）之後，盡去枝葉，一意本原。以默坐澄心為學的。有未發之中，始能有發而皆中節之和。視聽言動，大率以收斂為主，發散是不得已。江右以後，專提致良知三字。默不假坐，心不待澄，不習不慮，出之自有天則。蓋良知即是未發之中，此知之前，更無未發；良知即是中節之和，此知之後，更無已發。此知自能收斂，不須更主於收斂；此知自能發散，不須更期於發散。收斂者，感之體，靜而動也。發散者，寂之用，動而靜也。知之真切篤實處即是行，行之明覺精察處即是知，無有二也。居越之後，所操益熟，所得益化。時時知是知非，時時無是無非。開口即得本心，更無假借湊泊。如赤日當空，而萬象畢照。是學成之後，又有三變也。

1. 默坐澄心

陽明在瀕臨生死、百折千難中大悟之後，有如經歷一場大病，元氣初復，不能不珍攝保養。所以「以收斂為主，發散是不得已」。收斂，是意在復其本心，涵養真體。這裡把得定，發散時便能不差謬。所以說「有未發之中，始有發而中節之和」。這「默坐澄心」的工夫，便是要辨識何者是「真我」（本心真體），何者是「假我」（習氣私欲）。將真我端得中正，則假我自然對照出來。這是在收斂之中，一步自覺的主客體分裂之工夫（主體指真我，客體指假我）。這步涵養省察的工夫，亦是初階段必須經歷的。所以陽明或教人靜坐，或教人存天理、去人欲。

靜坐是為了體驗天理本體，但靜坐（離開現實紛擾）體證到的本體，如何在現實生活中起作用，又是一層困難。一般人得到一點靜坐的好處，便流戀景光，好靜惡動，流入空虛。故陽明四十三歲在南京，便教學者以「存天理去人欲」為省察克治之功。此所謂天理，即是本心，即是真我。「存天理、去人欲」，雖仍然是主客對照的涵養省察之工夫，但已漸向良知之說而趨了。

2.致良知

陽明四十五歲，奉命巡撫南贛汀漳等處，次年正月，抵達贛州，自此到五十歲，皆在江西。他一面講學以發明良知宗旨。這是提撕警覺，故精神凝聚。一面剿撫漳州、南贛、廣東三處賊寇，建立了事功，這是事上磨練，故深切著明。四十八歲又平定南昌寧王之叛亂，但功高招忌，佞倖讒害，危疑洶洶，歷時年餘，始漸平息。經此變亂，陽明益信良知「真足忘患難，出生死，譬之操舟得舵，平瀾淺瀨，無不如意；雖遇顛風逆浪，舵柄在手，可免沒溺之患矣。」於是正式揭示「致良知」三字為講學宗旨。❺

3.圓熟化境

陽明自五十歲的秋天，自江西返浙江，次年遭父喪，此後五六年間，都在越中講學。五十六歲五月，奉命兼都察院左都御史，往征思田苗瑤之亂（思恩田州，皆在廣西西北邊區）。九月出發，年底抵任所。經過他的帷幄運籌，至次年春二月，不折一矢，不戮一卒，苗瑤之眾，感化歸服。七月，又便宜行事，襲平了明初以來屢征不服的八寨斷藤峽諸蠻賊。終於積勞成疾，上疏告歸。十一月，在歸途中卒於江西南安（今大庾縣）。所謂「居越以後，所操益熟，所得益化」，便是指他五十一歲以後的晚年境界：圓熟化境。

不習不慮的良知，並不是習氣中的直覺本能，而是隨時當下的呈現。（馮友蘭的《中國哲學史》，以良知為假設，熊十力先生生嘗面斥之，曰：良知是個真實呈現，怎能說是假設？然馮氏終不悟不改。）工夫到了純熟之境，良知永現作主，所以「時時知是知非」；私意剝盡，了無執著，所以又「時時無是無非」。（按：無是無非，不是說不辨是非，而是說，本體瑩徹，了無私意執著，便不會有由主觀好惡而生起的自以為是與自以為非。）凡是有言說，皆是稱本心天理而發，無須假借湊泊，以遷就古人之成說或書本上的典故等等，此即所謂「開口即得本心，更無須湊泊」之意。良知既已永現做主，它便是心靈中的太陽，便是真理之光。一切是非、善惡、誠偽、得失，亦都在良知之明的朗照之下而無微不顯。此時，天理自存，人欲自去，這就是陽明之學所以為「簡易直截」的地方。

第二節　良知即天理

「良知」一詞，出自孟子。孟子從愛親敬長之心，指點人的良心，親親是仁，敬長是

---

❺ 王學三變，拙著《王陽明哲學》（三民版）列有專章加以講論，可參閱。

義；人之本心自發地知仁知義，這就是人的良知。推廣而言，不但知仁知義是良知，知禮知是非（道德上的是非），亦是人的良知。陽明即依據此義，而以「良知」一詞，綜括孟子所說的四端之心。他說：

> 良知只是個是非之心，是非只是個好惡。只好惡就盡了是非，只是非盡了萬事萬變。（《傳習錄》下）
>
> 良知只是一個天理自然明覺發現處，只是一個真誠惻怛，便是他本體。故致此良知之真誠惻怛以事親，便是孝；致此良知之真誠惻怛以從兄，便是弟；致此良知之真誠惻怛以事君，便是忠。只是一個良知，一個真誠惻怛。（《傳習錄》中、答聶文蔚書）

前一則，是將孟子所說的「是非之心智也，羞惡之心義也」兩者合一，而收攝到良知上講。因為是非之心的是非，乃是道德上的是非，道德上的是非亦就是羞惡（好惡）上的義與不義，所以「是非」與「好惡」，其義一也。

後一則，是以「真誠惻怛」講良知，從「惻怛」方面說，是「惻隱之心仁也」；從「真誠」方面說，則「恭敬之心禮也」亦含攝在內。由此可見，陽明是把孟子所並列的四端之心，一起皆收攝於良知，而真誠惻怛便是良知的本體。本體即自體，是意指當體自己的實性，亦即最內在的本性自性。良知最內在的真誠惻怛之本體自性，在種種特殊的機緣上，便自然而自發地表現為各種不同的天理，如在事親上便表現為孝，在從兄上便表現為弟，在事君上便表現為忠。孝、弟、忠，便是所謂「天理」（道德法則）。

天理，並不是外在的抽象之理，而是內在的本心之真誠惻怛；由此真誠惻怛之本心，昭明地自然地朗現出來，便是天理。所以天理之朗現，就在本心良知處發現；「良知」「天理」，名異而實同。因此，陽明總說「良知之天理」。陽明認為「良知是天理之昭明靈覺處，故良知即是天理。」❻牟先生據此而作了一個綜結：良知是天理之自然而明覺處，如此，則天理雖客觀而亦主觀；天理是良知之當然而必然處，如此，則良知雖主觀而亦客觀。❼這就是「心即理」「心外無理」「良知之天理」諸語句的真實義旨。❽

古賢云：實理所在，千聖同證。陽明之學雖經由自己的獨悟而實得於心，但獨悟之後，一經反省，便覺得與往聖所說無不符契。如像良知之說，便自然合乎孟子。而孟子所說的良知、本心，亦必須如陽明與陸象山那樣悟解，乃能定住他的義理宗旨。二千年來，孟子所確定的內聖之學的弘規，除了象山陽明之外，很少有人能全面接得上。（所謂接得上，是指慧命之相契相續而言。一般文字知解上的偶合相應，並不算數。）所以象山陽明確然是孟子之嫡系。

---

❻ 見《傳習錄》中卷，答歐陽崇一書。崇一名德，號南野，屬江右王門。

❼ 見牟宗三《從陸象山到劉蕺山》第三章「王學的分化與發展」。

❽ 另有「知行合一」之宗旨，拙撰《王陽明哲學》有專章討論。請參閱。實則，「致良知」三字宗旨既出，則知行之合一，已不在話下。蓋良知是「知」，致良知是「行」，即知即行，知行一貫，而合一不合一，已成剩語。

第三節　良知感應乃「智的直覺」之感應

陽明凡言「本體」，皆是意指當體自己之實性而言。每一實性（如仁、義、禮、智），皆滲透於其他實性而徹盡之，舉其一可，舉其二三以至於千百，亦無所不可。所以陽明或說真誠惻怛是良知之本體，或說「知是心之本體」，或說「定者心之本體，天理也」，或說「樂是心之本體。」❾因為本心原本就有種種實性，而每一實性皆意指其當體自己。但我們卻不可抽象地去想那個心體自己，因為本心並沒有一個抽離的自體擺在那裡，依此，陽明便說「心無體」。傳習錄下云：

> 目無體，以萬物之色為體。耳無體，以萬物之聲為體。鼻無體，以萬物之臭為體。口無體，以萬物之味為體。心無體，以萬物感應之是非為體。

感官（耳目口鼻）在用上見，在感應上見。心在感應之是非上見。故皆曰「無體」。陽明說心無體，當然不是否定本心自體，而是表示沒有一個隔離的自體擺在那裡，讓人抽象地懸空去想（你若抽象地懸空去想一個隔離的心體自己，便是玩弄光景）。因為本心只是一個感應之是非，除了以「感應之是非」為其本質之內容外，並沒有其他內容。所以良知本體，就在當下感應之是非之決定處見。此外，沒有一個寡頭的本體。

而良知之感應是沒有界限的，充量之極，它必然與天地萬物相感應（此即涵著良知本心之絕對普遍性）。陽明嘗曰：「以其明覺之感應而言，則謂之物。」❿由「明覺之感應」說物，則這個「物」，既是道德實踐的，同時亦是存有論的。道德實踐中良知感應所及之物，與存有論的存在之物，兩者之間並無距離，而良知亦遂有其形而上的實體之意義。牟先生認為，由此乃可說「道德的形上學」。⓫

儒家從孔子講仁（踐仁以知天）開始，通過孟子講本心即性、盡心知性知天，便已函著向道德形上學的趨勢，再通過《中庸》講天命之性與至誠盡性，以至《易傳》講窮神知化，則此道德的形上學，在先秦儒家便已有了初步之完成。宋明儒繼起，則是充分地完成之：象山陽明是單由孔子之仁與孟子之本心，而直接地完成之；而北宋之濂溪、橫渠、明道，下開

---

❾ 「知是心之本體」、「定者心之本體」，皆見傳習錄上。「樂是心之本體」，見傳習錄下。知即良知，定是明道定性書所謂「動亦定，靜亦定」的大貞定。樂即孟子「反身而誠，樂莫大焉」之樂。或謂圭峰宗密曾說知是心之本體，今陽明亦言之，則陽明之悟良知或許是由圭峰而來。按：此種說法只是考據家湊字之習，不知義理之學的規範與甘苦。圭峰之知，自是佛家之旨，乃偏指清淨真如之靈知真性而言。陽明之知，自始即是道德的，是順孟子本心良知而來，故其言曰：「知是心之本體，心自然會知，見父自然知孝，見兄自然知弟，見孺子將入井自然知惻隱，此便是良知，不假外求。」（傳習錄上）。此徹裡徹外是孟子之旨，與圭峰有何相干？義理之學必須發於內心真切之體悟，講這套學問自有義法。故絕無剽竊別家別派一二詞語即可成一義理之說統者。

❿ 見傳習錄中，答羅整庵少宰書。

⓫ 道德的形上學，不是西方哲學傳統中的觀解地以及客觀分解地講的形上學，而是實踐的形上學，亦可曰圓教下的實踐形上學。

南宋胡五峰以及明末劉蕺山，則是兼顧《論》《孟》與《中庸》《易傳》，而有一回旋地完成之。⑫

陽明從良知（明覺）之感應說萬物一體，與明道從仁心之感通說萬物一體，完全相同，這是儒家之通義，無人能有異議。這個意義上的感應、感通，不是感性中的接受或被影響，亦不是心理學中之刺激與反應，乃是「即寂即感、神感神應之超越的、創生的，如如實現之」的感應，這必然是康德所說的「智的直覺」之感應。⑬

第四節　致良知與逆覺體證

致良知之「致」，直接地是「向前推致」之意，等於孟子所說的「擴充」。所謂「致良知」，即是將良知之天理或良知所覺之是非善惡，不使它為私欲所間隔，亦不使它昏昧滑過，而能充分地呈現出來，以見之於行事，以成就道德行為。

「致」的工夫是不間斷的，在此機緣上是如此，在彼機緣上亦是如此；今日如此，明日亦如此，隨時隨事皆如此，這就是孟子所謂「擴而充之」或「達之天下」。若能這樣不間斷地擴而充之，則人的生命行為便全體是良知天理之流行。此即羅近溪所謂「抬頭舉目，渾全只是知體著見，啟口容聲，纖悉盡是知體發揮。」（知體、指良知本體。）亦即孟子所謂「睟然見於面，盎於背，施於四體，不言而喻。」⑭到此地步，纔可以說把良知「復得完完全全，無少虧欠」。所以，「致」字亦含有「復」字義。但復必須在「致」中復。這不是後返以「復其本有」之消極地靜態地復，而是向前以「擴而充之」之積極地動態地復。

良知人人本有，亦時時不自覺地呈露。但如何能「致」此良知呢？須知「致」是表示行動，在致之中即含有警覺的意思。所以致的工夫即從警覺開始。警覺亦名曰「逆覺體證」。體證是在日常生活中隨其時時之呈露而體證，這種與日常生活不相隔離的體證，名曰「內在的逆覺體驗」；而與日常生活相隔離的，則名曰「超越的逆覺體證」。(1)不隔離者是儒家實踐的定然之則，如孟子之「求放心」，中庸之「誠之」「慎獨」，程明道之「識仁」，胡五峰之「識仁之體」，象山之「復本心」，陽明之「致良知」，劉蕺山之「誠意」，皆是不隔離的內在的逆覺體證。而(2)隔離者則是一時之權機，如李延平之「靜坐以觀未發氣象」，即是隔離的超越的逆覺體證。但延平經過觀未發氣象之後，必言「冰解凍釋」，始能天理流行。（見朱子「延平行狀」論延平開端示人處。）故知隔離只是一時的，並非定然之則。

---

⑫ 關此，請參看牟宗三《心體與性體》第一冊綜論部（臺北：正中書局）。至於伊川與朱子，則另開一系之義理，須別論。

⑬ 按：「智的直覺」是康德的詞語。但康德不承認人有智的直覺（因為西方沒有「天命之謂性」的義理），但良知之明覺、仁心之感通，皆含有此種直覺。此是中西哲學最大最本質的差異點。請參看牟宗三《智的直覺與中國哲學》（臺北：商務印書館）。

⑭ 明儒羅近溪語，見《盱壇直詮》卷上。孟子之語，見盡心上。

明得此意，便知此兩種逆覺體證皆可以承認，但亦不可混同，更不可在此起爭端。⑮

雖然人人有此良知，但為私欲所蔽，則雖「有」而不「呈露」；即或隨時有不自覺的呈露（透露一點端倪），但為私欲氣質以及內外種種感性條件所阻隔，亦不能使它必然有呈露，而那點端倪很可能在阻隔限制中又被壓縮回去。要想自覺地使它必然有呈露，就必須通過逆覺體證。若問良知明覺雖然通過逆覺體證而被肯認，但那私欲氣質與內外種種感性條件仍然形成阻隔，使它不能順適條暢地通貫下來以成就道德行為，這時又將如何？這個問題的回答是：仍然要靠良知本身的力量。除此，沒有任何繞出去的巧妙方法。因為良知明覺若真通過逆覺體證而被承認，則它本身就是「私欲氣質與外物之誘」的大剋星，它自有一種力量不容已地要湧現出來。這良知本身的力量，就是道德實踐之本質的根據。

這種不容已地要湧現出來的力量，只有「心與理為一」的本心纔有，若是「心與理為二」的那個空頭的理，便沒有這種力量。朱子析心與理為二，又想使理亦通貫下來，因此便不能不繞出去講其他的工夫，這就是涵養、居敬，格物，窮理那一套。這些工夫不是不重要，但依陽明學的立場看來，這些只能是助緣，而不是本質的工夫。內聖成德之學的本質工夫唯在逆覺體證。人若以助緣為主力，便是本末倒置。

凡順孟子下來者，如象山，如陽明，皆非不知氣質之病痛，亦非不知教育學問之重要，但凡是這種後天工夫，皆不是本質的。所以就內聖之學的道德實踐而言，必然要從先天心體開工夫而言逆覺體證。但逆覺之覺，卻不是把良知明覺擺在那裡，用一個外來的後起的覺去覺它；而根本就是良知自己覺它自己，是良知明覺之自照。所以逆覺體證不是外在的後天工夫，而是先天的工夫，是道德實踐的本質工夫。

第五節　心意知物與四句教

一、心意知物

自朱子以後，《大學》一書成為論學之中心，所以陽明的「致良知」亦必須落在大學上說。大學講「正心、誠意、致知、格物」，因此，致良知亦須落在「心、意、知、物」的整套關聯中來講。依陽明：

「心」是本心，亦是天心、道心，是至善的心體。

「意」是心之所發。心所發的意有誠有不誠。

「知」即吾心之良知，亦即心體之明覺。能知是知非，知善知惡，是照臨於意之上的價值之準衡。

---

⑮ 按：江右王門聶雙江倡「歸寂」宗旨，而與王龍溪爭辯，即是於此見不清。請參看下第十章第一節之三。

「物」是意之所在。意有誠與不誠，故物亦有正與不正。意之所在的物，遍指事事物物而言。

心體無有不正不善，但意之發，或順良知明覺而發為善的意，或逆良知明覺而發為不善的意，故意有善與不善，有誠與不誠。要使意歸於善、歸於誠，則必須致良知；要使意之所在的物，各得其理、各得其正，亦必須致良知。⑯推致吾心良知之天理於事事物物，使事事物物皆得到良知天理之潤澤而各得其理、各得其正，這就是格物（物得其理、得其正、得其宜、得其成）。

二、四句教解義⑰

關於正心、誠意、致知、格物的全部歷程，最簡要的說法，就是「四句教」。（關於「格致誠正」的全部歷程，《傳習錄》下有黃以方所錄一段，最為完整而詳盡。拙著《王陽明哲學》第二章第三節曾加引述，可參看。）

四句教法，是陽明揭示的德性實踐最內在的義路：

⑴心體至善，超越善惡之對待。在心體上不能說善說惡，故首句曰「無善無惡心之體」。（陽明有云：無善無惡，是謂至善。）

⑵心之自體雖為至善，而心所發動的意念，則往往受氣質私欲之影響夾纏而有善有惡，故次句曰「有善有惡意之動」。

(3)良知是心體之明覺，是照臨於意念之上的價值標準，自然能知意念之善惡，故三句曰「知善知惡是良知」。

(4)良知明覺不但知善知惡，同時在明覺之照中即已決定一應當如何之方向（好善惡惡，為善去惡），而且此真誠惻怛之良知，原本就有一種不容已地要貫徹實現其價值方向之力量，以使意念歸於誠、歸於善，並使意之所在的「物」亦得其理、得其正。故末句曰「為善去惡是格物」。

須知以良知天理來正物，與以吾人心知之認知活動來窮究事物的所以然之理，並不同路。故致知格物，實有二式：

認知心下的「致知究物」，是認識論的「能所為二」之橫列的。這是朱子的路。

良知下之「致知正物」，則是道德實踐的「攝物歸心，心以宰物」之縱貫的。（擴大而言之，則是本體宇宙論的攝物歸心，心以成物之縱貫的。）這是陽明的路。

---

⑯ 陽明講格物致知，是將格物解為正物，正其不正以歸於正。將致知講成致良知，這是以孟子義講《大學》；與朱子依伊川「解格物為窮理」，乃二個不同之詮釋系統。朱子陽明的講論，皆未必即是《大學》的本意，但《大學》本意卻也難定。它只提供主客觀實踐的綱領，而義理方向則不明確，故朱子陽明得以填彩，各講一套而皆成說統。

⑰ 關於致良知四句教與四有四無之義旨，拙撰《王陽明哲學》第七章有二十頁之討論，可參閱。

陽明之解「格」為「正」，是以義理系統定，而不是以字義應當如何訓詁而定。「格」字原意為感格降神，所以其直接意思是「來」是「至」，「正」則是引申義。而陽明對「心、意、知、物」四者之分析，亦極具義理之關聯性。「心」是本心，「意」是心之所發，「物」是意之所在。而「知」即是吾心之良知，亦即心體之明覺。心體雖至善，心所發的意卻有善惡之分化。於是，無論要使意歸於誠，歸於善，或使意之所在的物得其理，得其正，都必須要致良知。

三、「物」之二義

陽明從「意之所在」說物，亦從「明覺感應」說物。

(1)依前者，意與物有善與不善、正與不正之別，故必待致良知而後意得其誠，物得其正。

(2)依後者，則意之動皆是良知天理之流行，而意之所在的物，亦無不合乎良知之天理。此時，「意之所在」與「明覺感應」遂通而為一（知與物一體而化）。

在明覺之感應中，有事亦有物，但「事」在良知之貫徹中而表現為合天理之事，一是皆為吾人德行之純亦不已。「物」亦在良知之涵潤中而如如地成其為物，一是皆得其位育而無失所之差。故良知明覺之感應，必然與天地萬物為一體。陽明之所以既言「心外無理」，又言「心外無物」，即以此故。

四、四有與四無之會通

（見下第十章、第一節之一，論王龍溪。茲從略。）

關於陽明致良知教的全部內涵，我在《王陽明哲學》書中，分十章加以論述，如㈠前後三變，㈡良知學之基本義旨，㈢知行合一，㈣良知與知識，㈤良知與中和寂感，㈥工夫指點，㈦四句教與天泉證道，㈧心即理的義蘊與境界，㈨陽明的親民哲學及其事功，㈩陽明的人格與風格，以及附錄「日本的陽明學及其特色」，皆可參閱。

附言：關於羅整庵論理氣

與王陽明同時，除湛若水（甘泉）之外，另有羅欽順（整庵）亦與陽明有書信之論辯，文見《傳習錄》中卷。整庵對陽明之思路無所契應，他持守朱子立場，而又不贊成朱子之理氣論。可見他對朱子學的造詣，並未中肯相應。其實，朱子「理氣二分」，並無不當。須知理屬形上，氣為形下，此乃義理之定然，不容混雜。而所謂「理氣通合而為一」，乃是表現上、實踐上的圓融境界。表示形上之理與形下之氣，通合而不相離，離則不能完成宇宙生化，不能完成道德實踐，故朱子必言「理氣不離不雜」，既不相離，又不相雜。在概念上「分」而不雜，在實踐上「合」而不離。人或順「不離」而說「理氣一元」，不可。（氣不可以為元）又或順「不雜」而說「理氣二元」，亦不可。依儒家義理，氣從乎理（以志帥氣，以理生氣），不能與理並肩為二。蓋理氣或合或分，主導總在理，而不在氣。聞有人認同整庵論理氣，故略提所見如上，未能細論。

第十章　王學分化與劉蕺山歸顯於密

第一節　王學的分化與發展

黃宗羲《明儒學案》對於王學的分派，只依地域作分別。並非依據學術異同而分系。到了近世，受西方文化之影響，學界也常用西方學術新詞，而有所謂唯心論、唯物論、主觀唯心論、客觀唯心論，以及保守派、開明派、折衷派，這些詞語徒然增長黨同伐異之偏見，對學術之理解與論述幾乎沒有好處；而論及王學時，又有所謂現成派、修證派、歸寂派，這也使得學者望文生義，鮮能有助於學術思想之客觀的認知，與中肯相應之表述。

平心說來，現成派何曾反對一般的修證工夫？修證派若不承認先天本有的良知，又將從何處修證出一個良知本體來？至於歸寂派，下文將作討論，現只簡單提一問：沒有現成良知，何來良知歸寂？歸寂之後，還要通感起用否？要起用又豈能不知善、不知惡？而人所不知、己所獨知的「獨知」；又如何不是良知真體？已發中節之和與未發之中，有「質」上之差異乎？未發之中是大本，已發中節之和是達道，大本達道不容隔斷，而謂良知可以隔為未發與已發乎？必不然矣。

通盤地說，王學中切關學脈，切關義理走向的流派，不過三支：一支是浙中派的王龍溪，一支是泰州派下的羅近溪，一支是江右派的聶雙江、羅念庵。

一、浙中派的王龍溪

浙中王門有多人，陽明晚年弟子，以錢德洪（緒山）與王畿（龍溪）為代表。緒山平實，不生問題，引發問題的是王龍溪。龍溪的問題，即「四有」與「四無」的問題。

陽明五十六歲，奉命以左都御史總制四省（兩廣與江西湖南）軍務，征討思田苗猺之亂。行前，應門人之請，授「大學問」。行前一日，錢王二子對致良知「四句教」有異見，請陽明折衷。茲將《傳習錄》下卷的記詞錄於下：

丁亥年九月，先生起復征思田，德洪與汝中論學。汝中舉先生教言曰：「無善無惡是心之體，有善有惡是意之動，知善知惡是良知，為善去惡是格物。」德洪曰：「此意如何？」汝中曰：「此恐未是究竟話頭。若說心體無善無惡，意亦是無善無惡的意，知亦是無善無惡的知，物亦是無善無惡的物矣。若說意有善惡，畢竟心體亦有善惡在。」德洪曰：「心體是天命之性，原是無善無惡的。但人有習心，意念上見有善惡在。格致誠正修，此正是復那性體工夫。若（意）元無善惡，功夫亦不消說矣。」

是夕，侍坐天泉橋，各舉請正。

先生曰：「我今將行，正要你們來講破此意。二君之意正好相資為用，不可各執一邊。我這裡接人，原有此二種。利根之人，直從本體悟入。人心本體原是明瑩無滯的，原是個未發之中。利根之人，一悟本體即是功夫，人己內外一齊俱透了。其次，不免有習心在；本體受蔽，故且教在意念上實落為善去惡。功夫熟後，渣滓去得盡時，本體亦明盡了。汝中之見，是我這裡接利根人的，德洪之見，是我這裡為其次立法的。二君相取為用，則中人上下，皆可引入於道。若各執一邊，眼前就有失人，便於道體上各有未盡。」

既而曰：「以後與朋友講學，切不可失了我的宗旨：「無善無惡是心之體，有善有惡是意之動，知善知惡是良知，為善去惡是格物。只依我這個話頭，隨人指點，自沒病痛。此原是徹上徹下功夫。利根之人，世亦難遇。本體功夫，一悟全透，此顏子明道所不敢承當，豈可輕易望人！人有習心，不教他在良知上實用為善去惡功夫，只去懸空想個本體，一切事為，俱不著實，不過養成一個虛寂。此個病痛，不是小小，不可不早說破。」是日，德洪汝中皆有省。

四句教（四有句）是道德實踐的常規常度，王龍溪所說的「四無句」，則是實踐達到的化境。但龍溪當時（年三十歲）卻認為「四有」仍是「權法」，必須進到「四無」方為究竟。

他以為「若說心體無善無惡，意亦是無善無惡的意，知亦是無善無惡的知，物亦是無善無惡的物矣。若說意有善惡，畢竟心體有善惡在。」

「四無句」的第一句「心體無善無惡」是四句教本有的，自無問題。第三句「知亦是無善無惡」，亦可容許，因為良知是知「意之動」處的善惡，而良知本體的善是絕對至善，不是善惡對待的善，故可說無善無惡。至於第四句「物亦是無善無惡」，似乎不是關鍵所在。因為「物」是「意之所在」，意若順良知而發為誠意善意，則意之所在的物，自可超越善惡對待而無善無惡。所以「四無」說的關鍵在第二句「意亦是無善無惡的意」。須知意之發，或順心體，或順軀殼，順心體而發的誠意善意，固可說無善無惡，若順軀殼而發，則善意惡意混然一氣，如何能說「意亦是無善無惡」？由心體至善到意之純善，正有許多工夫在也。（如義利、公私、是非、善惡、誠偽……之辨，皆須在「意之動」處著力。）

另一句是反過來，說「若意有善惡，畢竟心體亦有善惡在」。此言未當。「意」雖有善惡，但「良知」一準則則冒乎「意」之上以鑑別意之善惡，而心體自不會隨意之善惡而陷溺，因而得以保住心體之純善。故陽明一再囑咐說「四句教」是「徹上徹下功夫」，更囑咐緒山龍溪「以後與朋友講學，切不可失了我的宗旨」。此不可失之宗旨，即指「四句教」而言。

不過，陽明又說到它的教法有二種，一種是接一般人的，一種是接利根人的。其實，四有句纔真正是「教法」（自初學以至聖人，只此功夫），四無句則是工夫實踐達到的境界（化境），「化境」不可作「教法」。所以陽明亦說「利根之人，世亦難遇。本體功夫，一悟全透，此顏子明道所不敢承當，豈可輕易望人！」據此可知，四無句在義理上可以講論，通過四有的實踐，亦可達到「四無」的境界。因此，四有四無乃是同一套義理的兩個層次；而不是兩套異質的教法。我們此一簡明的論述，應可視為會通四有四無的持平之論。

龍溪聰穎過人，他提出四無句時，不過三十歲。陽明卒後二十七年，龍溪作「致知議略」❶有云：「良知者本心之明，不由思慮而得，先天之學也。」其後之「致知議辯」又云：「夫寂者，未發之中，先天之學也。未發之功卻在發上用，先天之功卻在後天上用……舍了誠意，更無正心功夫可用。」此時，龍溪年近六十，他亦說：良知為先天之學，又說先天之功在後天上用。因為就道德實踐而言，先天是心，後天是意，意既是後天，自有善有惡，所以必須著工夫。龍溪所謂「舍了誠意，更無功夫可用」，這正是本於陽明致知誠意格物之義而言。在時間過程中，他自然而然修正了年輕時的疏闊。

龍溪卒後之九年（萬曆二十年），其弟子周海門（汝登）與許敬庵（孚遠）在南京會講，二人有九諦、九解之辯，亦是切關天泉四無宗旨者。❷大體而言，敬庵是一位端凝篤實之君子（參看《明儒學案》卷首「師說」），而向上一機之

❶ 見《王龍溪語錄》卷六，臺北：廣文書局影本。

❷ 拙撰《新儒家的精神方向》（臺北：學生書局）有「九諦九解」之全文，並依次有所疏釋，請參閱。

慧悟，或有所不足，對王陽明王龍溪之思路亦缺乏相應之了解，故誤將「無善無惡」之說，與告子「性無善無不善」混為一談，而海門之答則理路清楚，其大旨綜為三點：

1.天道性命是超越善惡相對的絕對體，故海門云：「盡性知天，必無善無惡為究竟」。說「無善無惡」，並不排斥「為善去惡」；而只要超越善惡對待之層次，以透顯其純善至善之本體。故曰：「無善無惡，即為善去惡而無迹；為善去惡，悟無善無惡而始真。教本相通不相悖，語可相濟難相非」。

2.所謂「無善無惡」，意在遮撥善惡相對的對待相，以指出這潛隱自存的本體不落於善惡對立之境，以凸顯其超越性。純善，不同於與惡相對而言的善，而是善本身。既是善本身，故不再立善之名，否則，便是頭上安頭。善名且不必立，更何處容得下惡？此便是「無善無惡」之語意。

3.由於心性本體無善無惡，不可以善惡言；說惡固非，說善亦不是。因為「善」「惡」皆是名言，一用名言指述，便已限定了它，而使它成為相對的，故程子以為：性不容說，纔說性便已不是性。雖然性不容說，畢竟它是一個純粹至善的本體，故孟子直說「性善」。陽明雖言「無善無惡心之體」（心體即性體），但又云：「無善無惡，是謂至善。」（見《傳習錄》上）。可知說無善無惡，正是要透顯此超越善惡對待的心性本體。這種純善的本體，即是《尚書》允執厥中的「中體」，即是《論語》一以貫之的「一貫」，即是《中庸》至誠無息的「至誠」，即是《大學》止於至善的「至善」。故所謂「無善無惡」，決不是「沒有善」或「不善」，亦不是說無所謂善與不善，因而亦決不是告子「生之謂性」的「性無善無不善」的中性義。

心性本體，無聲無臭，無形無質，無方無所，故敬庵亦說「心如太虛，元無一物可著」。著於惡固不可，著於善亦不是。然則，何以又不容許「心體無善無惡」之說？總因敬庵皆就實有層上說話，他「九諦之三」所謂天下之大本，所謂中、極、善、誠，所謂仁、義、禮、智、信，皆是意指實有層上的至善。故曰「善也者，正中純粹而而無疵之名，不雜氣質，不落知見。」如此，當然亦就不落於善惡對待之境；既超越善惡對待之相，則心體無善無惡之說，尚有何可疑？可見敬庵之執著而非斥無，實因對於陽明四句教首句與龍溪言四無之理路，不能相應了解之故。

於此，對於「無善無惡」之說的含義，實有再進而作一分疏之必要。

四有句與四無句皆說「無善無惡」，但其意指之義理層面卻有不同：

(1)陽明四有句中的「無善無惡心之體」，依據《傳習錄》「無善無惡，是謂至善」之言，可以明顯地看出此句是實有層上的話，是意指那超越善惡對待相的純善至善之心體，亦即指實有層上的至善。故陽明此句所意謂的無善無惡之至善心體，與敬庵專就實有層所說之善，實屬同一層面，是可直接地不相悖的。

(2)龍溪四無句中所謂「心是無善無惡之心」，則是另一層面（工夫層）的話，純粹是工夫上之無迹（不作好、不作惡，亦不著善、不著惡）。通過工夫上的無迹，那實有層上的至善，始能無迹地朗現出來。實有層上的至善，通過工夫上的無迹而如其至善地朗現出來，而後乃可真為天下之大本。

於此可知，實有層上所說之「有」，與工夫層上所說之「無」，義亦相通相濟而不相悖。而敬庵所謂「各有攸當」之實，至此亦遂朗然可見，而真可相喻而解矣。

至於二人所講諦當不諦當，請參閱《新儒家的精神方向》書中對九諦九解之分疏。

二、泰州派之羅近溪

宋明理學發展到王陽明的致良知教，實已達於圓熟之高峰。而王門泰州派下羅近溪（名汝芳，近溪是他的號，江西南城人），在師承上雖然是王門的四傳弟子（王心齋、徐波石、顏山農、羅近溪），但與王龍溪之年輩實相近（少龍溪十七歲，而晚卒五年），世稱「王門二溪」。[3]

王龍溪有云：「江右近溪羅先生，雅好學，大建旗鼓為四方來學倡，戶履常滿，束裝就學，無間遠邇。」又云：「羅近溪，今之程伯子也，接人渾是一團和氣。」王塘南云：「讀近老諸刻，具占此老真悟，一洗世俗安排造作之弊。」

近溪臨終，講學不輟。又告諸孫曰：「諸事俱宜就實。」孫問：「去後有何神通」？答曰：「神通變化，皆異端也，我只平平。」隨拱手別諸門人曰：「我行矣，珍重、珍重。」諸門人哭留。近溪愉然笑語曰：「為諸君再盤桓一日。」次日午刻，正衣冠而逝。若問，這是不是神通？還是儒聖生有自來、死有所歸、死生終始，通而為一的「道之平平」？讀者試自參之可也。

或以為近溪之學的特點，是「歸宗於仁，以言一體生化」。這個說法雖然不錯，卻非中肯。因為以「仁」言「一體生化」，程明道早已講得充盡而明徹，不應又以此義作為近溪學的特色。牟先生論王門二溪之學，最為精透。嘗曰，若以二溪相比，龍溪較為高曠超潔，而近溪則更為清新俊逸，通透圓熟。近溪之所以能夠達於此境，一因本於泰州派「平常、自然、灑脫、樂」之傳統風格；二因特重光景之拆穿；三因歸宗於仁，知體與仁體打成一片，以言生化與一體。故陽明之後，真能調適上遂，以完成王學之風格者，正是二溪。❹

陽明良知之學，風行天下——

(1)良知當然必須在日用之間流行，但如無真實工夫來支持，則所謂流行，便成為隨意之揮灑，只是一種光景。這是所謂光景的「廣義」。

(2)如果不能使良知在日用之間真實而具體地流行，而只懸空地去描畫良知心體如何如何，則良知本身也成為光景。這是所謂光景的「狹義」。

兩種光景，皆須破斥。既要拆穿「空描繪良知流行」的廣義的光景，也要拆穿「空描畫良知

---

❸《明儒學案》卷十二與三十四之二溪學案，所錄文獻，不甚能夠顯示二溪講學之特色和旨趣，臺北：廣文書局之《王龍溪語錄》、《盱壇直詮》（近溪語錄），較佳。可參閱。

❹參牟宗三《從陸象山到劉蕺山》（臺北：學生書局）第三章「王學的分化與發展」第二節。又蔡仁厚《王學流行：江右王門思想研究》（北京：人民出版社）第五章「羅近溪的造詣」，亦可參看。

本身」的狹義的光景。在這裡，便有真實工夫可言。（故陳白沙曰：若無孟子工夫，驟然語之曾點真趣，一似說夢！）順泰州派的家風作真實工夫，以拆穿良知的光景，以使之真實流行於日用之間，並即此而言「平常、自然、灑脫、樂」，這就是近溪顯示特殊風格的所在。

「光景」之景，讀如影，故「光景」者，影子之謂。因為「道體平常，眼前即是」故也。儒家講道體，既超越，又內在，所以特重體證體現，以期在生活日用之間隨時受用。而在這種「渾淪流行」的生活作用上，是很容易出現佛家所謂「相似法流」的。似真實假，似是而非，看似自然灑脫，其實是在虛影中行，是飄浮、狂蕩，而非真實。因此，必須破斥光景。

但，「道體平常」，乃是儒家的通義，何以別人不重視破光景，而唯獨近溪特加重視？其實不是別人不重視，亦不是別人不知光景必須破除，只因為在展現這套學問的過程上，別人的心思是集中在作義理的分解，以樹立綱維，所以無暇正視光景的問題。而且，由於分解義理，建立綱維，有著力處；此時，光景不易出現。偶而有之，亦不會太嚴重。

但宋明理學從北宋發展到王陽明，義理的分解已到盡頭。依陽明之教，無論「天、道、性、理」，全都是虛說，唯有「本心」纔是實說。問題發展到這裡，義理的核心只收縮成為一個良知本體，一切都只是知體的流行，只是知體的著見發揮。❺要說天，良知即是天。要說道，良知即是道；要說理，良知即是理；要說性，良知即是性；要說心，良知即是心。如果再關聯其他的觀念如「意」與「物」，或者致良知以外的其他種種工夫，陽明的分解亦已做得了無餘蘊。因此，順著王學下來，只剩下一個「光景」的問題。如何破除光景，而使「良知天明」具體而真實地流行於日用之間，這個問題乃成為歷使發展中的必然，而羅近溪便承當了這個必然，所以他的學問風格亦是以破光景為其勝場。

因此，近溪的一切話頭與講說，皆不就觀念的分解以立新說。他只就著「道體之順適平常與渾然一體而現」這個意思上來說話。但這個順適與渾淪，就人的體現受用而言，實非容易。陽明的致良知「四句教」，已說得平停穩妥，龍溪又進而推至究竟處而說「四無」，就義理境界的陳述而言，到此已無剩義，只看人如何真實地使良知表現於日用生活而已。

黃黎洲所謂「當下渾淪順適」，所謂「工夫難得湊泊，即以不屑湊泊為工夫」。這種不屑湊泊的工夫，必須通過光景的破除，而以一種無工夫的姿態而呈現。牟先生特別指出❻，這種「無工夫的工夫」，卻正是一個絕大的工夫，弔詭的工夫。但這不是義理上的另立新說，乃是根本無說可立，惟是求當下之呈現。而這一個勝場，乃不期而為羅近溪所代表。

至於羅近溪個人做到什麼程度，那是另一個問題。要之，他的特殊風格確在於此，則無可疑。必須了解這個意思，纔真能了解泰州派下的羅近溪。如果只以「歸宗於仁，以言一體生化」為近溪學的特點，就不免顯得顢頇，未得其要。

---

❺ 羅近溪有言：「抬頭舉目，渾全只是知體著見（彰著顯現）；啟口容聲，纖悉盡是知體發揮。」知體、謂良知本體。

❻ 請參閱牟宗三《從陸象山到劉蕺山》第三章第二節之（二）。

近溪在宋明理學的發展中，而消化了理學的「專學相」，所以能「一洗理學膚淺套括之氣」❼而表現「清新俊逸」的風格。但要做近溪這種破光景的工夫，仍然必須預設理學家開出的那些義理分際而不可亂。所以近溪雖然「一洗理學膚淺套括之氣」，但他仍然是「理學家」。這亦有如禪宗之為教外別傳，但禪宗亦仍然預設佛門那些教理。所以禪宗還是佛門中的禪宗，並沒有在佛門之外的禪宗也。

三、江右派之聶雙江與羅念庵

江右王門，人勿特多。親炙弟子如鄒守益（東廓）、歐陽德（南野）、陳九川（明水）等，皆守護師說，無所踰越，可視為江右王門之嫡系。但既以陽明為準則，自然就顯不出各自的特色。而聶豹（雙江）、羅洪先（念庵），則以私淑之故，對陽明之思路並不十分熟悉，於是在隔閡中各抒己見，反而突顯出特別的論調。這特殊的論調能否成立，這是應該討論的。

雙江對陽明後學有所不滿，而形成他「歸寂、致虛、主靜」的主張。他針對王龍溪的「致知議略」而大起疑難，二人往復論辯，共九難九答。這是王門中非常重要的論辯，事後輯為「致知議辨」，編入《王龍溪語錄》卷六。牟先生曾對此九難九辨進行全面深入之疏解❽，宜細加參究。

當雙江倡異議時，王門親炙弟子（包括江右）皆不贊同，「惟羅念庵深相契合」。❾念庵嘗言：「往年見談學者皆曰知善知惡是良知，依此行之，即是致知。予嘗從此用力，毫無所入，久而後悔之。」[10]這正表示由於不熟悉陽明之義理思路，所以用力久而竟無所入，終於回頭別求一條體認良知的路，而與雙江同調。

他們自己鑽研，當然有其個人之體會處、自得處。但以自己之想法，依附陽明一二話頭而夾雜以致辯，便顯得多所扞格；申述自己之思路，而又以王學自居，亦顯得彆扭而不順適。

聶羅二人的主要論點，是以「已發」「未發」的方式想良知，把良知亦分成已發未發。他們認為，「知善知惡」的良知與「獨知」的良知，是已發的良知，尚不足恃，必須通過致虛守寂的工夫，歸到那未發的寂體，纔是真良知。若於此未發之體見得諦，養得正而純，自然可以發而皆中節。這個思路，是想以未發寂體之良知，主宰已發之良知。而所謂「致知」，即是「致虛守寂」以致那寂體的良知為主宰。這個想法，幾乎完全不合陽明致良知的思路。

《中庸》言未發已發，乃是就喜怒哀樂之情上講，並不是說良知心體亦有未發已發之

---

7 「套括」，意猶平常所謂「格式」或「八股」，乃指理學人物中不脫庸俗膚淺者而言之。

8 參牟宗三《從陸象山到劉蕺山》第四章「致知議辨」之疏解，長達五六十頁，義最精透。

9 見《明儒學案》卷十七、黃黎洲論聶雙江語。

10 同右，卷十八、念庵學案「甲寅夏遊記」。

分。陽明隨門人之問，雖亦相應寂感而將未發已發收到良知上說，但陽明已明白指出，良知無前後內外（不能把良知分為前與後、內與外）而渾然一體，無分於有事無事，無分於動靜，亦無分於寂感。良知之寂感是「即寂即感」的，不能把良知分為寂然不動之良知與感而遂通之良知。以是，若在良知本身說發與未發，亦是即發即未發，即中即和；而無分於發與未發，無分於中與和。中，是就良知自體說；和，是就良知感應說。龍溪所謂「良知即是未發之中，即是發而中節之和」，正是申說陽明之義。

陽明詠良知詩云：「無聲無臭獨知時，此是乾坤萬有基」。又云：「良知卻是獨知時，此知之外更無知」。又四句教第三句云「知善知惡是良知」。可見陽明所說的「良知」，即是那人所不知而己所「獨知」的「知善知惡」之良知。

但聶雙江卻以為：

> 獨知是良知的萌芽處，與良知似隔一塵。此處著功，雖與半路修行不同，而亦是半路的路頭也。致虛守寂，方是不睹不聞之學，復命歸根之要。⑪

雙江何以如此說？茲依牟先生對《致知議辨》之疏解，分三點說明如下。

1.依雙江，獨知已是已發，尚不是未發之寂體。同樣，知善知惡之知，亦是已發之知，尚不是未發之寂體。此種講法，顯然與陽明之意不合。

2.依陽明，獨知是良知，知善知惡是良知。良知隨時有表現，即就其表現當下肯認而致之，故眼前呈現之良知，在本質上與良知自體無二無別。因此而有龍溪「以見在為具足」之說。而雙江則以為「見在」者為已發，必須致虛守寂方算是真良知。如此，則良知分成已發未發兩截，亦與陽明之意不合。

3.依陽明，「致」字是擴充義，「致知」是前進地把良知推致於事事物物上，以使事事物物皆得其理，皆得其正。而雙江則以為歸寂纔是真良知，如此則致字是向後返，而不是向前推擴，此亦與陽明致良知之義不合。

雙江所謂「致虛守寂」，以歸到那未發的寂體，畢竟這個寂體要不要感應發用？若要發用，是它自己發用乎？還是另有個工夫使它發用？雙江之意自不會是後者。既是它自己能感應發用，又發而自能中節，則龍溪本於陽明之意而說「良知即是未發之中，即是發而中節之和」，又如何能加以反對、而必欲於良知之前求個未發？良知豈能分為已發與未發兩截，而在其中來定個主從？世間豈有「被主」而「為從」的良知乎？

「人所不知，己所獨知」的「知善知惡」的良知若猶不可信，則你所信的那個未發的寂體，又將在什麼契機上發而為善的意？又誰去照察這已發的是善意或是惡意？豈非還是那知善知惡的良知乎？若說這知善知惡的良知（獨知）仍算不得真良知，則你那未發的良知寂體更將如何與「意」發生交涉？你若答到：物來順應而已。但「應」豈不亦是已發？且又誰去

---

⑪《致知議辨》第三辨。

知它「應」得是或不是、當或不當？豈不還是靠那知善知惡的良知（獨知）？你怎麼能說這知善知惡的良知（獨知）為已發，而算不得作主的真良知？不信這知善知惡的獨知的良知，則你未發的寂體畢竟無從與「意」發生交涉。與意尚且無交涉，又將如何與意之所在的「物」發生交涉而致知以正物？難道天下竟有與「意」與「物」永遠不生交涉的、未發之良知寂體乎？

如此一加追究，則那由後返歸寂而得的未發之知體，亦難說是個什麼物了。這樣講王學，又如何能說已得陽明之真傳？當然，致虛守寂的工夫亦非不可講，但必須遵守致良知的軌轍，必須不背陽明之義理。若說學貴自得，何必盡守陽明軌轍？如此，則脫離王門可耳，又何必依附王門？既然自居王學，又豈能背離陽明之義理？若說弟子後學亦可修正師門義理，此固然，但你不能憑空一句話，必須確有所見，確有所得，而真能推進一步，方算數。而雙江念庵之說，平心看來，實只是陽明龍場悟後初期講學時「默坐澄心」一段工夫。然二人並不自知，乃將良知拆成已發與未發二截，所以形成議論上之一番擾攘。⑫

四、江右王門的另一趨向：由心宗走向性宗

宋明儒的心性之學，自北宋以來，是由性宗一步步走向心宗，到王陽明致良知教，已發展到了極峰。因此，王門之下隱隱然又顯示另一線的趨向，想要走向性體奧體（所謂性宗），而開啟了脫離王學（心宗）之機。雖然其中有所扭曲而未能成熟，卻又實可視為劉蕺

山思路之前機。所以牟先生特別指出，認為此一線索值得注意，應該加以疏解。⓭

㈠「以虛為宗」的劉兩峰，名文敏，兩峰是他的號，江西安福人。二十三歲與劉師泉共學，讀《傳習錄》而未能融釋，乃相偕入越見王陽明學焉。自此篤志於學，不應科舉。其門下士甚盛，王塘南尤為著名。當雙江倡歸寂之說時，兩峰亦致函申辯，及至晚年，乃曰：雙江之言是也。牟先生指出「王學之歸於非王學，自雙江念庵之誤解始。雙江念庵猶在良知內部糾纏，自兩峰師泉以至王塘南，則歸於以道體性命為首出，以之範域良知……就引歸於非王學而言，兩峰尚不甚顯，然晚而信雙江，則亦啟其機也。」據學案本傳，兩峰年八十，猶登三峰之巔，靜坐百餘日，謂其門人曰：

> 知體本虛，虛乃生生。虛者，天地萬物之源也。吾道以虛為宗，汝曹念哉！

兩峰就良知本體而言虛，以為「知體本虛，虛乃生生。」又說「虛者，天地萬物之源」。此等說法，對良知教有必要否？能有裨益否？所謂「以虛為宗」，能比「以致良知為宗，以四句教為宗」更簡易直截、更平正明達否？兩峰就「知體」而言「虛」，又重「生生」，如

⓬ 拙著《王學流衍：江右王門思想研究》（北京：人民出版社）第三章，對聶羅二人之學，有近二十頁之討論，請參閱。

⓭ 按：牟宗三《從陸象山到劉蕺山》第五章，即正式就這一系作評述，言之極為精警深透。又本節凡引述牟先生之說，皆見此章。

此，則只顯良知之絕對性，而歸於對道體之存有論的體悟。此雖可為良知教所函。但直接以虛為宗，則亦漸離良知教「致知誠意以格物」之道德實踐的警策性。而道德實踐義之減殺，當然對儒學之真精神真血脈有所違失。

㈡「悟性修命」的劉師泉，名邦采，師泉是他的號，江西安福人。早歲偕兩峰入越謁陽明，稱弟子。學案本傳引其言曰：

> 夫人之生，有性有命。性妙於無為，命雜於有質，故必兼修而後可以為學。蓋吾心之主宰謂之性，性無為者也。故須首出庶物以立其體。吾心流行謂之命，命有質者也，故須隨時運化以致其用。常知不落念，是吾立體之功。常運不成念，是吾致用之功。二者不可相離。常知常止，而念常微也。是說也，是為「見在良知」所誤，極探而得之。

師泉就心之主宰義與流行義而言性命，此並非《中庸》之原義，乃是他自己的轉解。他說「性妙於無為」，故須「首出庶物以立其體」，以達於「常知不落念」；而「命雜於有質」，故須「隨時運化以致其用」，以達於「常運不成念」。「性」以無思無為、無聲無臭、不容言說以成其妙，故只可說「悟」；「命」之流行不離氣，與氣相雜故有質，有質則不免隨時成滯，成滯故須運化以致其用，運化即是「修」也。[14]此「悟性修命」之說，是他「極探而得」，只因在為學過程中為「見在良知」所誤，至今方表而出之。

據師泉此言，他亦不信「見在良知」（良知本有，隨時呈現）。此眼前呈現的「知善知惡、知是知非」的良知若猶不信，又將如何「常知不落念」以「立其體」？同時，既以「心之流行」說「命」，又說「命有質」，指謂心體流行有質，亦是不諦之詞。

師泉又嘗以金礦喻良知，亦嫌粗略失當。牟先生特加訂正：以金礦中之金喻良知，改以金礦喻生命，使之成為一個可以表述義理的說法。師泉雖亦如雙江念庵以知善知惡之良知為已發，但雖屬已發，卻「並非不足恃」。其義旨可作如下之簡述：

1.既屬已發，則須有「未發無為」之「密體妙體」（性體）以範域之，故「以性命為首出」。

2.既並非不足恃，則亦可由之以立體，故以「常知不落念」為立體之功。

如此，則可走上「以心著性」之路。因為心「常知、常運」，則表示心之「覺照、感通」，而可以形著那「未發、無為」的性體。但師泉之講論，並未達到如此明徹的境地。所以終須有劉蕺山出來，纔能完成「以心著性」一系之義理。（劉蕺山與胡五峰，實乃不謀而合。不謀而能合，表示心性之學的義理有必然性，義理系統中當有之論旨與間架，遲早終必出現也。）

(三)「透性研幾」的王塘南，名時槐，塘南是他的號，江西安福人。據學案本傳，塘南弱

---

⑭ 按：師泉不從《易傳》「窮理盡性以至于命」之義以言「至命」；也不從孟子「殀壽不貳，修身以俟之，所以立命也」之義以言「立命」；而特言「修命」，此非古義也。

冠即師事劉兩峰，並求質於四方學者。五十歲罷官，反躬潛思三年，而有見於空寂之體。又十年，漸悟生生真機無有停息，不從念慮起滅。學從收斂而入，方能入微。故以透性為宗，以研幾為要。對於良知之學，塘南認為：知者，先天之發竅也。謂之發竅，則已屬後天矣。雖屬後天，而形氣不足干之。故知之一字，內不倚於空寂，外不墮於形氣，此孔門之所謂中也。

塘南雖師事兩峰，而後來之思路卻更接近師泉。而師泉、塘南對良知之了解，雖較雙江、念庵為諦當，但黃黎洲所謂「未有如此諦當」，則又言之太過。塘南之學，依牟先生之分判，可作如下之簡述：

1.他順師泉之意，說「性」是先天之理，性理不假修，只可言「悟」；「命」是性之呈露，不無習氣隱伏，故可言「修」。而修命即是盡性之功夫。

2.在塘南，「知」是先天（性）之發竅，屬於後天；性，方是先天之體，必須透性，故「以透性為宗」（直透本性）。「意」是知之默運，是生生之密機。有性，則常生而為意；有意，則漸著而為念。而知覺與意念，皆是命，皆是性之呈露。就此呈露而說研幾，故「以研幾為要」。

3.知覺、意念，既是性之呈露，故是發；戒慎恐懼、澄然無念（澄然無念，是為一念，念之至微者也），亦是發。凡實然呈現而可說者，皆是發。而實然呈現的所以然之理，無形相無聲臭而不可說者，方是未發之性。如此，則是落於「然與所以然」之方式說性。性，只是

「生之理」（所以然），呈露則是「生之實」（然）。於是，性體只是理，只存有而不活動，此近於朱子，而又不及朱子之清楚一貫。

4.綜觀塘南之意，乃是由「性體」下衍於「知覺意念」，先從未發說已發；復由「知覺意念」上溯「性體」，從已發溯未發。雖說「以透性為宗，以研幾為要」，但與陽明「致良知」對較，即可發現塘南之說，在工夫上實非警策，而眉目分際亦不顯豁（如知、命、發、未發……）。

因此，牟先生指出：

(1)塘南以知為命，已非王學。依王學，知即是體，不可說「知在體用之間」，亦不可以知為命。

(2)塘南亦不全合朱子學。朱子不說「知覺意念是性之呈露」，亦無所謂「在體用之間」的「知」。

(3)塘南亦走不上「以心著性」。因為以心著性一系所謂的心性皆是體。心即是性，即是理。而不說「心為性之發竅，屬後天」。

總之，在「悟性修命」此一系統中，性為未發之理，為無為，為不可說。而凡屬心者（知覺意念），皆是發。性體只是理，只存有而不活動。將性體之活動義劃歸為性體之呈露，又指呈露屬後天，並非性體之自己。如此心性為二，自非王學。

據上所簡述，數百年來象山陽明辛苦發憤而透顯的心體知體，經雙江、念庵之疑誤扭曲，接以兩峰、師泉、塘南之講論，乃又退縮回去，認為本心良知不自足，必須歸到空寂密體，而以性命來範域良知。在此乃可見出，此江右諸人（鄒東廓、歐陽南野、陳明水三人除外。參拙著《王學流衍》第二章），對師門致良知教之思路與義理，有所不明不透；而宋明心性之學，在「心性是一」、「心性為二」兩系之外的有意義的發展，乃不得不歸於劉蕺山之「以心著性」。

第二節　劉蕺山之歸顯於密、以心著性

劉蕺山（西元一五七八－一六四五年），名宗周，學者稱蕺山先生，浙江山陰人。

蕺山為理學之殿軍，其晚年所著《人譜》一書，近裡著己，實自道生平所得力，嘗舉作聖工夫六事：⑴凜閒居以體獨，⑵卜動念以知幾，⑶謹威儀以定命，（天命之性不可見，而見於容貌辭氣之間，莫不有當然之則，是即所謂性也。故曰威儀所以定命，亦即張子所謂知禮成性，變化氣質之意也。）⑷敦大倫以凝道，⑸備百家以考旋，（旋，反也。考旋，謂反身考查也。）⑹遷善改過以成聖。由此六事，可知其內聖工夫之緊切。

蕺山論學之言，精微而隱奧，後人鮮能明其宗趣（即使其弟子黃黎洲，對師門之學，亦未有深切中肯之契知）。牟先生在《從陸象山到劉蕺山》書中表述其學，最為精當。蕺山學的中心義旨，可綜括為二：㈠嚴分意念，攝知於意。㈡誠意慎獨，歸顯於密。（解見後）茲先約述

蕺山學的主旨如下：⓯

㈠由嚴分意念，攝良知於意根（知藏於意）而言心體；由「於穆不已」而言性體。以心著性，性不能離心而見。

㈡融心於性，心有定體有定向而不漫蕩，則不但良知可以不流於「玄虛而蕩」，即最微之意根亦得成其為「淵然而有定向」。

㈢攝性於心，性體成其為具體而真實之性體，而不只是宇宙論地言之或客觀地言之的、形式意義之性體。

㈣如是，則「心宗」「性宗」合而為一，性體不失其超越性與奧密性，而心體向裡收、向上透，既見其甚深復甚深之根源，而亦總不失其形著之用，故工夫只在「誠意、慎獨」以斷妄根，以徹此性體之源。

一、嚴分意念，攝知於意

蕺山鑑於王學之弊，不失之「情識而肆」，則失之「玄虛而蕩」，乃倡說誠意之教。其義理之進路，是嚴格分判「意」與「念」，而攝良知於意根。以為「意」者，乃心之所存，而非心之所發。好善惡惡之意，即是無善無惡之體。（無善無惡，意謂超越善惡之對待，無善

⓯ 此下之引述，皆見《從陸象山到劉蕺山》第六章第一節。

相，無惡相，此無善無惡之體，即是意根誠體，亦即性體心體。）

《明儒學案》卷六十一蕺山學案，載其言曰：

心無善惡，而一點獨知，知善知惡。知善知惡之知，即是好善惡惡之意，好善惡惡之意，即是無善無惡之體。此之謂無極而太極。意者心之所存，非所發也。或曰：好善惡惡，非所發乎？曰：意之好惡，與起念之好惡不同。意之好惡，一機而互見。起念之好惡，兩在而異情。以念為意，何啻千里！

按：陽明之教是致良知，蕺山之教是誠意。⑴在陽明，以致良知為先天工夫之關鍵，而意則歸於經驗層（心之所發為意，意與念不分），故良知能致則意自誠、心自正。⑵在蕺山，則嚴分意與念，以誠意為先天工夫之關鍵，而心之所發的「念」，則屬於經驗層，故意誠則心正。既以誠意為工夫著力處，自不必再說致良知。

依陽明，良知即是「獨知」時，而依蕺山，良知即是意之不可欺，不自欺則意自誠，意誠則良知自現，是為「知藏於意」。知善知惡之「知」，即是好善惡惡之「意」，知與意融於一，皆是純粹至善而無對待相與生滅相者，故又曰「好善惡惡之意，即是無善無惡之體」（意根誠體）。此體即是至精微而絕對之獨體。（是知體亦是意體，是心體亦是性體。）

「意」是超越的純粹至善之絕對自肯，故是「心之所存」，而非「心之所發」。心之所存主而不逐物者，是「意」（意根）；心之所發逐物而起（軀殼起念）者，則是「念」。

(1)意是絕對善的意，是善的自肯，是謂「一機」。善的意，既好善，亦惡惡，是謂「互見」。

(2)念是逐物而起，逐於此則著於此，逐於彼則著於彼，故「兩在」。念之好，是著於此而不著於彼（好善不好惡）；念之惡（讀如物），是不著於此而著於彼（不惡善而惡惡）。念之好與惡，各與物凝成一特殊之限定，故曰「異情」。

「互見」是一機二用，「異情」是善惡兩分。

念之好惡亦可有善的，但不必然是善；即使是善，亦是相對的限定之善（事上之善）。而意為心之所存，由好善惡惡而見，故意乃純善而無惡者。其有善有惡者，乃是心之所發的念。以是蕺山亦立四句教：

有善有惡者心之動　　好善惡惡者意之靜
知善知惡者是良知　　有善無惡者是物則

按：「物則」二字本於大雅烝民之詩，物則即是天則，天則即是意知獨體所呈現或所自具的、體物不遺之天理。

蕺山之意，蓋以良知呈現，一體平鋪，不免有顯露之感。又因良知天生現成，人或不免輕易視之。今攝知歸意，良知藏於意根誠體，將良知緊吸於性天，如此乃可保住良知之奧密性，使人戒懼慎獨，而有「終日乾乾，對越在天」之象。此即蕺山必攝知於意，以言誠意學之故。

二、誠意慎獨，歸顯於密

蕺山誠意慎獨之學，直本於《中庸》首章與《大學》誠意章而建立。他既不從朱子之就格物致知而開出「道問學」之途徑，亦不似陽明之扭轉朱子格物致知的講法，而開出「致良知」之途徑。致良知是由道問學（即物窮理）而內轉，而誠意之教則又就致良知之內而再內轉，此之謂「歸顯於密」。

《明儒學案》載蕺山之言曰：

> 《大學》言心不言性，心外無性也。《中庸》言性不言心，性即心之所以為心也。中庸之慎獨與大學之慎獨不同，中庸從不睹不聞說來，大學從意根上來說。獨是虛位。從性體看來，則曰莫見莫顯，是思慮未起，鬼神莫知時也。從心體看來，則曰十目十手，是思慮既起，吾心獨知時也。然性體即從心體中看出。

慎獨之「獨」字是虛位，它所意指之「實」即是性體與心體。「上天之載，無聲無臭」，「維天之命，於穆不已」，皆指性體而言，此時「思慮未起，鬼神莫知」，而唯是「於穆」之「不已」。此是超自覺的境界。蕺山嘗言：「意根最微，誠體本天。」然雖至隱微，而亦至明顯（莫見乎隱，莫顯乎微）。此即所謂「森然」。性體在此，道即在此，故戒慎恐懼於不睹不聞，而即就此不睹不聞以慎其「獨」。惟《中庸》繼慎獨之後，又言「致中和」，是則表示性體上之慎獨，終必落在心體上說（致中和之「致」的工夫，便是從心上說），故《大學》即從意之「毋自欺」以言慎獨。毋自欺即是意誠，誠意亦即慎獨。心體之「意」是不能自欺的，所謂「十目所視，十手所指，其嚴乎」，此是「思慮既起，吾心獨知」之時，是自覺而不自欺的境界。

蕺山由心宗之意體（獨體）形著並浸徹性宗之性體（亦是獨體），正是胡五峰「以心著性」、「盡心以成性」之義。而攝知於意，以意體言心，則是蕺山學之最殊特處。

陽明由良知之獨知以言慎獨，蕺山則攝知於意，由誠意（意之毋自欺）以言慎獨，二者義實相承而不相背。唯王學到末流終於生弊，則蕺山此步「歸顯於密」之內轉，在內聖工夫上實有其警策之意。蕺山之攝知於意、歸顯於密，不期然而完成江右王門劉師泉、王塘南由心宗走向性宗而未達成熟之思路，而又與胡五峰「以心著性」之路不謀而合。可知義理之發展，固有其必然性也。

三、形著義之殊特與作用

蕺山所謂「性體即從心體中看出」，可表示下列三義：

⑴從性體看獨體，則獨體只是在超自覺中之於穆不已，這是獨體之「在其自己」；在其自己是「存在原理」，表示性體之自存自有。

(2)若從心體看獨體，則獨體即在自覺中，這是獨體之「對其自己」，對其自己是「實現原理」，表示性體通過心體而呈現、而形著。故蕺山曰：「性無性」「性因心而名」，「性非心不體也」(體，謂體證、體現)；又曰：「此性之所以為上，而心其形之者歟。」此明顯地是「以心著性」之義。

(3)性體通過心體而呈現、而形著，心體性體通而為一。此便是「在而對其自己」。以心著性，性不可離心而見。融心於性，攝性於心，故心宗性宗合而為一。如此，則「性體」得其具體化、真實化，而不失其超越性與奧密性；心體向裡收(攝知於意)、向上透(與性為一)，既見其甚深復甚深之根源，而亦總不失其形著之用。故工夫仍在「誠意」「慎獨」以斷妄根，以徹此性體之源。

蕺山由心宗之意體浸徹性宗之性體，以言「以心著性」。其直接的用心，是要消融王學以救正其末流之弊；另一方面，亦是想要融攝朱子以暢通儒學之大綱領。至於此「形著義」在義理系統上之殊特與作用，他自己卻未覺察到。牟先生在《心體與性體》之綜論部與橫渠章，皆隨文表述蕺山之學；在五峰章之第十一節更錄列蕺山言形著義之有關文獻，指出此「形著」之義，實有決定義理系統之獨特的作用。同時，蕺山分別心宗與性宗，言「於穆不已」之體，言誠意慎獨，亦必須歸到此形著義上，纔足以見出其系統之充其極的完整性。

第五卷　近三百年——文化生命之歪曲、沖激與新生

弁言：失去哲學慧光的世紀（清代）

大明亡於滿清，顧、黃、王諸大儒懷著亡國亡天下之痛，深切反省民族文化生命的方向和途徑，自覺地要求「由內聖之學開出外王事功」。這一步省思非常中肯。可惜滿清入主以後，大漢民族遭受嚴重打擊：

第一、是民族生命受挫折（漢族喪失天下）。

第二、是文化生命受歪曲（學術轉為考據）。

在這種情形之下，顧黃王三大儒所代表的思想方向，無法得到伸展，加上文字獄的壓制摧殘，讀書人不敢議論政事，更不敢講民族大義。開始的時候是不得已，因而無奈地轉而做一些文字訓詁、版本考據之類的學問。到了乾隆嘉慶年間，考據成為學風，讀書人日漸忘懷當初「不得已」的委屈痛苦，結果，士人只知面對書本，而不能面對問題，終於使中國人的頭腦趨於僵化，馴至也不會用思想了。這麼一個廣大的國度，沒有真儒，沒有器識恢弘的學者思想家，當然無可避免地會形成全面性的悲劇。

在明末清初（十七世紀）以前，中西文化並沒有明顯的差距，頂多不過互有短長而已。後來，歐洲有哥白尼的地動說，牛頓的萬有引力說，有孟德斯鳩的《法意》，盧梭的《民約論》，而康德更寫出了講「真、善、美」的三大批判。這個時候的中國知識界，卻停止了思想活動，只知道埋首伏案，大抄書本，而抄成七大部《四庫全書》。這時候，歐西所表現的，是思想的開放上升；中國所顯示的，則是思想的封閉枯萎。一個突飛猛進，一個停滯衰微，一升一降，中西文化的差距乃越來越大。

乾隆嘉慶以降，中國文化由僵化而封閉、而混亂，這是數千變化最大最劇烈的階段，偏偏這個階段的中國讀書人，卻是最不會思考辨析問題，亦最欠缺因應時變的才能。因此，我們不得不承認，有清一代，是一個沒有哲學慧光的世紀。

第一章　明清之際：三大儒的思想方向

第一節　顧亭林

顧亭林（西元一六一三—一六八二年），名炎武，字寧人，學者稱亭林先生。江蘇崑山人。明亡，抗清失敗，乃北遊，往來魯燕晉陝豫各省，遍歷塞外，墾田於雁門之北。後又往返河北諸邊塞，直到六十七歲，纔定居陝之華陰。他以為華陰綰轂關河之口，足不出戶，而能見天下之人，聞天下之事。一旦有警，入山守險，不過十里之遙。若志在四方，則一出關門，亦有建瓴之勢。據此可知亭林苦心堅志之卓絕。

他有言曰：「亡國，士大夫之恥；亡天下，則匹夫匹婦之恥也。」亡天下者，亡文化也，故無人可逃其責。其學之大要，盡於二語：一曰行己有恥，二曰博學於文。此二語乃儒家通義，但必須踐而行之，方為通儒。

清廷開國史館，數度招請，亭林移書卻之，曰：

先妣未嫁過門，奉姑養嗣，為吳中第一奇節。蒙朝廷（指明朝）旌表。國亡絕粒。以女子而蹈首陽（伯夷叔齊餓死首陽山）之烈。臨終遺命，有無仕異代之言。故人人可出，而炎武必不可出矣。七十老翁何所求？正欠一死。若再相逼，則以身殉之矣。

亭林冒死不出仕，又冒死六謁明孝陵。其心耿耿者，豈為朱明一家一姓耶？既痛憤華夏之統斷喪，亦深恨士大夫之忘本無恥耳。

亭林雖不談心性之學，然其行己有恥之精神人格，足為世範。唯亭林深斥講學，則實乃偏見，不足信取。

亭林之著述，一曰《音學五書》，一曰《日知錄》。嘗自言之曰：❶

君子之為學，以明道也，以救世也。徒以詩文而已，所謂雕蟲篆刻，亦何益哉？某自五十以後，篤志經史。其於音學，深有心得。今為五書，以續三百篇以來久絕之傳。而別為《日知錄》，上篇經術，中篇治道，下篇博聞，共三十餘卷。有王者起，將以見諸行事，以躋斯世於治古之隆。而未敢為今人道也。

「音書」屬於經學。《日知錄》則乃稽古有得，隨時劄記，久而類次成書。凡經義史學、官方吏治、財賦典禮、輿地藝文之屬，一一疏通其源流，考證其謬誤。至於歎禮教之衰遲，風俗之頹敗，則古稱先，規切時弊，尤深切著明。總之，其書乃經世致用之書，故曰「有王者起，將以見諸行事，以躋斯世於治古之隆」。另外，又有《天下郡國利病書》列述各地山川險要、交通、物產、民情、風俗、人口多寡等等，屬於國防地理之性質，足為佐治天下之資藉。

唯亭林主張恢復封建、實行井田，以增加抗禦外患之憑藉，此則迂闊之論。國家之治亂興衰，其故非止一端。而中國傳統政治有一本質的缺憾，是即「有治道而無政道」（牟宗三先生語。下文第四章第二節將有論述）。因此「改朝換代，治亂相循；君位繼承，骨肉相殘；宰相地位，受制於君」，成為歷史上不斷輪轉的惡性循環。何以如此？因為政權移轉從來沒有客觀的法制，沒有和平移轉的軌道。即使顧黃王諸大儒懷著亡國亡天下之痛，對傳統政治作深切的反省，但所舉各點如恢復宰相、太學議政以及封建井田等，也仍是屬於「治道」的層次，而未言及政權移轉之軌道（政道）問題。如此，那作為政治罪惡之源的皇帝仍可專制如故、獨裁如故。明乎此，可知西方先發展而成的民主政治體制，正是中國「求之不可得」的政治之新軌轍。完成民主建國，再加上科學技術，中國之全面現代化，乃可達於成功。❷

---

❶ 見《顧亭林文集》卷四、與人書二十五。

❷ 蔡仁厚《新儒家的精神方向》（臺北：學生書局）有「中國文化開合發展的方向」一文，對中國文化之演進及其發展之路向，有綜括之論述，可供參閱。

第二節 黃梨洲

黃梨洲（西元一六一〇—一六九五年），名宗羲，字太冲，學者稱梨洲先生。浙江餘姚人。父尊素，東林名士，為魏忠賢所害。遺命從學劉蕺山。明統既亡，梨洲返里門，畢力著述。其特為重要者有二：

一是《明儒學案》。❸

二是《明夷待訪錄》。

前者是對內聖之學的總持表述，後者是對傳統政治之檢討與外王理想之宣說。

《明儒學案》包括明初之理學家、王陽明學派、泰州學派、甘泉學派、東林學派、諸儒學案與蕺山學案。此書有類哲學家評傳，亦是中國最早近似哲學史的芻型。錢穆氏《中國近三百年學術史》認為梨洲《明儒學案》序所說，與自來言心學者，有相異之點三：❹其一、從來言心學者多講本體，而梨洲則多言工夫。其二、從來言心學，多著意向內，而此序則變而向外。其三、從來言心學多重其相同，而梨洲變而言萬殊。錢氏並指出，「梨洲自負得理學正統之傳，而其為學之務博綜與尚實證，則固畢生以之，不俟晚年之改悟。」❺

錢氏之言，自有所見。梨洲處明清之際，承前啟後，而對內聖道統的存亡絕續，與外王事功之時勢遭逢，義理如何落實於政教倫常，生民如何措之於衽席之安，皆梨洲諸儒所深切關心之落點，而《明夷待訪錄》則最能代表他的省思。

《明夷待訪錄》刻本凡二十篇❻：原君、原臣、原法、置相、學校、取士、建都、方鎮、田制、兵制、財計等。其中「原君」「原臣」二篇發揮民主精神，為近人所傳誦。但有理論而無制度，故其書雖早於歐洲之《法意》、《民約論》，仍不能開顯為民主政治，此即所謂「有治道而無政道」故也。似此之論，尚未達於「孟子政治思想之精義」猶能觸及政道之關鍵也。❼

據此可知，外王事功之問題，其本質性的關鍵有二：

一是政治上的「政道」（政權移轉之法制化的軌道）。

二是科技之發展（「開物成務、利用厚生」之基本要件）。

這亦正是「現代化」的二個綱領。歐西逐步完成於十八世紀，而中國二十世紀初之辛亥革命與五四新文化運動，本亦有此機會，但感受與認知不充分（深度、廣度、強度，皆不夠），故二十世紀仍然是中華民族放溺沉淪的階段。所幸後半世紀，臺灣、香港、海外艱貞自勵的人

---

❸ 梨洲《明儒學案》成書於六十七歲。刻印出版時，梨洲已八十四，作序時老病不能書，口述其子百家書之。另有《宋元學案》，由梨洲經始，而全祖望完成之。

❹ 見錢穆《中國近三百年學術史》（臺北：商務印書館）第二章「黃梨洲」之三。

❺ 同註❹，第二章之四。

❻ 全祖望之跋待訪錄，言及原本不止於此，以多嫌諱勿盡出。

❼ 參本書上冊第一卷第四章第六節之三。

文學者，動心忍性，以全幅生命智慧，為民族文化之途徑，進行深切的反省與批判，終能順承明末顧黃王三大儒「由內聖開外王」的思路，而完成了通盤的綜結。（下文第三、第四兩章將分節提出討論。）

第三節　王船山

王船山（西元一六一九—一六九二年），名夫之，字而農，一字薑齋，學者稱船山先生。湖南衡陽人。後隱居湘西石船山，著述以終老。其著作遍及經、史、諸子，其《讀通鑑論》、《宋論》為中國史論之極峰，而另有幾種小書如《黃書》《噩夢》《俟解》，則與黃梨洲《明夷待訪錄》同其苦心，同其感懷。總歸是族類之感與文化意識之顯發，而其真實的意旨，無非要「由內聖之學開顯外王事功」。

船山的時代，由明而入於清，他順就數百年理學之問題，入乎中而出乎外，其學承張橫渠而重氣，以為必實現此理此心於行事，乃真能成就人文之美盛；而天道與人道、德義與功利、心性與才情，亦須依賴氣之生命實踐，乃真能具體落實以完成其價值。船山能通過「理」與「心」以言「氣」，是真正能順宋明儒的心性之學，進而對歷史文化之形成而加以說明者。

船山言氣，必重精神之存在與文化之存在，而講論經史亦能扣緊民族精神之發展，以昭蘇國魂為己任。可惜民國以來，承清儒重功利重考據之學風，又吸取西洋唯物思想之流，乃以船山與顏習齋、李恕谷並論，甚至更欲以船山下比唯物論。凡此，都是濫肆失軌之論，講哲學者如欲免於「唯氣、唯物」之浮濫，則不能不重「理」，不能不重「心」，「理、氣、心」融貫為用，乃真能重新開顯民族文化之全體大用。而儒家「以內聖為本質，以外王表功能」的基本精神，也纔能有新的充實和開擴。

程朱和陸王二系義理，重理重心而不重氣，船山則在言理言心之外，又重言氣。氣，有物質生命之氣，也有精神之氣，精神上之氣，能兼合運用物質與生命之氣，所以言氣者必當以精神上之氣為主，如孟子所謂「浩然之氣」是也。而船山之所以善言歷史文化，其關鍵即在於船山之講論乃以精神之氣為主。唐君毅先生認為，船山乃「真知氣之重者也」。依唐先生之說：❽

(1)一重氣，則歷史文化不只可以視為吾心之理的例證，同時亦可視為客觀之存在。(2)一重氣，則崇敬宇宙之宗教意識，亦可在船山哲學中得一安立處。(3)一重氣，則禮之分量亦重，而船山亦正善言禮儀威儀之人。(4)一重氣，則表現於情之詩與樂，亦可在文化中確立其地位，而昔儒「為文害道」之說不免為隘矣。(5)一重氣，則政治經濟之重要性亦益發明顯。

❽ 參唐君毅《中國哲學原論・原教篇》（臺北：學生書局）第二十四章「王船山之人文化成論」之第一節。

(6)一重氣，則論史不止於褒貶，而亦可論一事之「社會價值、文化價值、歷史價值」以及世運之升降，乃可有真正之歷史哲學矣。(7)一重氣，則吾人當自保其民族，並自保其民族所創造之歷史文化。

以上七端，皆是由「重理重心而至重氣」所引申出來之意義。人類之心同理同，而歷史文化不同，則民族之氣也不必同，因而夷夏之辨也是勢所必至之事。

船山的思想路數，是繼承張橫渠的規模而來。在某義上說，張橫渠的思想也是綜合的，從乾坤大父母，氣化流行，講天道，講性命。這裡也有理，也有氣，但他沒有朱子那種分解的表現，而船山則正繼承張子這種路數而發展。由於他才氣浩瀚，思想豐富，義理弘通，把心、性、理、氣、才、情，貫通在一起來講，而增加了理解上的困難。牟先生指出，船山不算是好的哲學家，但卻是好的歷史哲學家❾。

他說：

> 船山之具體解悟力特別強，故其論歷史，亦是古今無兩。他那綜合的心量，貫通的智慧，心性理氣才情一起表現的思路，落於歷史，正好用得著。因為人之踐履而為歷史，也是心，也是性，也是理，也是氣，也是才，也是情，一起都在歷史中釐然呈現，而吾人亦正藉此而鑒別出：何為是，何為非，何為善，何為惡，何為正，何為邪，何為曲，何為直，何為上升，何為下降。

故其豐富之思想，在純義理上不甚顯眉目，而一落於具體的歷史上，則分際釐然劃清，條理釐然而不濫，立場卓然而不移。由其遍註群書，見其心量之廣。由其心量之廣，見其慧識上下與天地同流，直通於古往今來之大生命而為一。

由其通於古往今來而為一，故能透過一連串歷史事象，而直見有一精神實體在背後盪漾著，故見得歷史直為一精神表現之發展史，因而歷史之每一步驟，每一曲折，皆可得而解，可得而明。……船山確然見到創造歷史之本原，據經以通變，會變以歸經。它不像朱子之純然是道德判斷，然亦決不流於陳同甫之「義利雙行、王霸並用」之浮論。

傳統儒家論及文化歷史，多以道德上所立的當然之理為權衡。而文化與歷史之論，亦皆視為道德論中的道德原則之運用。如此，則不能充分了解文化與歷史之意義。唐君毅先生曾論及道德與文化歷史之涵義不同，以顯出船山之有進於宋明儒者之處。約而言之，可得四點：❿

其一、道德可以就個人之「明道、行道」而說，可不必有客觀社會之表現。故有德者之德，誠中形外，見之於事業，固然可以移風易俗；但誠於中未及形於外，則「遯世不見知而

❾ 牟宗三《生命的學問》（臺北：三民書局）頁一七八—一七九。

❿ 同註❽，頁六二三—六二五。

言。

無悶」，亦無礙其為有德者。但講文化歷史，則必剋就個人精神行事之化成於天下後世以為

其二、道德生活可以不肯定「離我心而存在之他人與形色世界」，甚至世上只有我一人，只要我能行道而節物欲，則我仍可有道德。故客觀之他人或形色世界，並非一切道德生活成立之必要條件。但講文化與歷史則必須通向客觀世界，而吾人之精神行事，亦必以形色（如語言、文字、聲音、顏色）為媒介，方可傳播於他人與世界，而後吾人乃能真正具有歷史文化意義之道德活動，並得以肯定文化歷史之客觀存在。

其三、文化中有文學、藝術、宗教與政治經濟，但道德活動，原可不肯定一客觀之形色世界，也可不表現才情於藝文生活中，也可不肯定一超越於我之宇宙，而無須有宗教意識。故道德觀念與文化觀念有所不同，由道德而開擴延展開來，自須有由點而線而面，再開顯為立體之文化世界。

其四、道德價值，可只在心裡動機之善惡正邪上評論，此是主觀之價值。但一事之結果與影響，可以及於天下後世，而此結果與影響乃屬「社會、文化、歷史」之價值，此乃客觀之價值（與道德價值有廣狹之別）。

由此四者，可知論歷史文化與論道德之觀點，不必全然一致。朱子言理，陽明言心（良知），就論道德而言，為已足；就論文化而言，則朱王皆為不足。

朱子陽明，念念在成德，重理重心，而不重氣，不重才情，則亦可不重文學藝術上之表

現，其他如「禮」之分量亦將轉輕，論歷史亦只重褒貶，而不能就史事以通論歷史文化之全體的價值，甚至宋明儒之重華夷，亦多在文化上辨，而不易引出在民族上辨華夷之論。然則，大宋之亡於蒙元，大明之亡於滿清，可以思矣。

由以上之比論，可知船山學之價值，不在論心性之理，而在統合「理、心、氣」以開顯文化意識，使儒家精神得以開擴恢弘，使華族文化生命得以充實發皇。

第二章　清代之學風及其思想狀況

清代康熙、雍正、乾隆，皆擅權專政，不許「士以天下為己任」❶。在他們眼裡，文武將相只是臣工，只是為皇上當差辦事的人。乾隆明說：「士以天下治亂為己任」，便是「目無其君」，是侵奪君權。此種怪異之論調，正顯示清室對漢人之猜疑。試問，天下士不以天下為己任，還能顯發什麼精神器識？還能具有什麼心胸懷抱？更如何能契會「內聖外王」的聖賢學問？士無遠志，無怪乎清代學術，全面趨於訓詁考訂，借古書為消遣神明之林囿。他們完全喪失宋明儒者之精神器識與理想風範。在如此情形之下，還會有什麼文化光輝，思想慧光？

---

❶ 按：「士以天下為己任」，乃是天經地義的道理，是數千年來的老傳統。無論為君之師或君之相，皆把天下治亂視為自己之職責，故能任國之重，建立功勳。唯獨清室視天下為私產，對漢人滿腹猜疑，故以為相臣如以天下為己任，便是目無其君，侵奪君權。此種怪論，嚴重打壓士氣，摧折人才，其弊不可勝言。

第一節 清學與漢學的大分界

清人反宋學，而自詡為漢學。其實，清人不但不知宋學，也根本不能表現漢儒之精神。徐復觀先生在「清代學術論衡」❷文中，對清代學術與漢代學術之間的大疆界，作了八點比較，茲約述其大意如下：

1.兩朝政治背景不同。漢儒直言敢諫，皇室亦鼓勵儒生論政，所以漢儒的思想都以砥礪士人節義為尚。而清代的所謂漢學，則產生於異族政權威逼利誘最盛之際，根本不能表示民族思想和判斷政治是非。

2.兩朝取士之制不同。漢代由鄉舉里選和賢良文學對策，以登仕進之途，能顧及人品與學問。而清代以八股取士，科第得意與否，與人的品德和真正的學問無關。

3.兩朝尊經的動機和目的不同。漢儒尊經是以德治轉化刑治，是一種對政治社會負責的態度。而清代漢學的出現，其心態一方面是對民族、政治責任的逃避，一方面是想以「經」對抗四書，抬出漢代訓詁來壓制朱註。而重文字訓詁的經學雖近於客觀的知識活動，但他們的目的卻不在成就知識，而是認為「訓詁明而後義理明」，想根據這個論點達成「以漢壓宋」的門戶之私。結果是義理既不通，知識方面也停滯在餖飣之業上，而無由向前發展。

4.漢儒論天道性命雖與宋儒不同，但他們既言「天人相與」「天人感應」，自然就會追到天命與人性的問題。而清代漢學家則以為漢儒只講文字訓詁，不言性與天道，這是毫無根據的。

5.漢儒是由訓詁通大義，所以能通過經學教養以顯出文化學術的力量。而清代的漢學則以為訓詁即是大義，所以用訓詁章句之儒來代表漢儒。這不但是以偏概全，而且根本不識漢代學術的真面目。

6.清代漢學家言訓詁章句必尊漢儒的二大理由，一是「近古」，一是有師承家法。殊不知時代「近古」，並不表示經學內容一定近合古人原義。而家法雖非無意義，但西漢的大儒以及東漢傑出的經學家，卻並不專守家法。清代漢學家把家法師法誇大到神聖不可侵犯，反而成為一種桎梏和限制。

7.清代漢學家尊漢反宋的另一理由，是認為宋學雜有佛老。其實，程張朱陸無不闢佛老，而漢儒則反而多有取於老子。所以這種說法並無意義。

8.清代漢學家只是把漢學作為打擊宋學的工具，其實他們不但不了解宋學的真精神，也不了解漢儒之學，即使在訓詁上，他們也未能求得真正的漢學。

以上這八點比較，是徐先生對兩漢學術作過深入研究之後所提出的結論。在「清學餘習」依然盪漾的今天，徐先生的分辨，是很值得好學之士深切認取的。

---

❷ 見徐復觀《兩漢思想史》卷三、附錄二（頁五六七—六二九）。

第二節　清代盛世的思想狀況

乾嘉以下，考據漸成學風。但如上節所說，清代考據之學，不足以言漢學。而清代盛世如果還有思想可言，則當數戴東原和章實齋。

一、戴東原

戴東原（西元一七二三－一七七七年），名震，安徽休寧人。性強記，嘗語其弟子段玉裁曰：「余於疏不盡記，經注則無不能誦也。」家貧，課童蒙自給。時婺源江永，治經數十年，精於三禮及步算鐘律聲韻地名沿革，博綜淹貫，乃師事之，學日進。二十九歲補縣學生員。次年大旱，與麪鋪相約，日取麪屑為饔飧。閉戶成《屈原賦注》。三十二歲，避仇入都，寄旅於歙縣會館，一日，攜所著書過錢大昕齋，談論竟日，既去，歎曰：天下奇才也。時秦蕙田方纂《五禮通考》，以大昕之言，延東原主其邸。一時館閣通人如紀昀、王鳴盛、王昶、朱筠，先後與定交，於是海內皆知有戴先生。三十五歲，南返，居揚州，識惠棟。四十歲，始獲鄉薦，會試屢不第，應聘修「直隸河渠書」，又遊山西，修「汾州府志」。南遊浙，主金華書院。及乾隆三十八年，四庫館開，以舉人特召充纂修官至京師，越明年，會試又不第，賜同進士出身，授翰林院庶吉士，在館五年，以積勞卒。

據上段敘述，可知東原之博聞強記，其學尚名物、字義、聲音、算數，此正徽人樸學矩矱。生平議論，始終未脫「由古訓以明義理」之一境，而其弟子段玉裁為《戴東原集》作序，乃曰「義理文章未有不由考覈而得者」。明顯地是「考據明而後義理明」之見識。所撰《原善》有云：

> 有血氣，夫然後有心知。有心知，於是有懷生畏死之情，因而趨利避害。……血氣之倫盡然。故人莫大乎智足以擇善也。擇善則心之精爽進於神明，於是乎在。❸

東原雖說「理義，性也」，同時，又以「血氣」為性。他以為「血氣」先於「心知」；而人之能知「理義」，亦全依賴「心知」。人與動物皆是「血氣之倫」。不過，人之「才」高於動物，其「智」又可以「擇善」，故與動物仍有不同。這種說法，大體順常識走，不但卑之無甚高論，而且完全不能契會孟子之義理。它只是東西牽扯，將宋儒講學的高度拉下來。至於指宋儒近釋老，也只是隨俗浮論而已。

《孟子字義疏證》卷下，以情欲言理，曰：「通天下之情，遂天下之欲，權之而分釐不爽謂之理」。他對「德性」之內在意義，似乎無所理解，故完全順外在生活之「達情遂欲」以言「理」，而理之實踐，只是「以我之情絜人之情」（絜、度也）。這種「以情絜情」以得「理」之說，看似體貼人情，實則全失道德意志之勁道。

---

❸ 戴東原《原善》卷中。又，此下所論，可參閱錢穆《中國近三百年學術史》第八章。

還有它言「智」而強調心之能「思」，以為人心有「思」之能力，充分發展即成為「智」，人以「智」觀事物之「理」，則行為亦可合理。它將人之德行實踐，說得如此輕易，完全不知生命學問之艱苦與莊嚴。（朱子臨終，曰：「一生艱苦」。陸象山曰：「莫厭辛苦，此學脈也」。）

有人以為乾嘉之學，代表傳統中國哲學思想最後一階段。其實，傳統中國哲學文化之慧命，只到顧黃王而止。在乾嘉學風之下，固不見哲學思想之慧光也。

二、章實齋

章實齋（西元一七三八－一八〇一年），名學誠，浙江會稽人。自幼多病，性非聰穎。二十以後，駸駸向長，博覽群書，尤好史部。二十三歲出遊，至北京。二十九歲始依朱筠，得見當世名流，遂知名。三十四歲，朱筠為安徽學政，實齋與劭晉涵、洪亮吉、黃景仁諸人皆從遊。四十一歲中進士，主講各地書院，又為和州、永清、亳州修志書，最後修湖北通志，時年五十七。自後歸浙，時遊揚州，以老。

實齋論道、言理，皆與東原不同。東原言理，主張從人之情欲求之，謂情之不爽失即是理，又謂情之至於纖微無憾是謂理。而實齋言理，則本於事物。其言曰：❹

事有實據，理無定形。故夫子之述六經，皆取之先王典章，未嘗離事以言理。

> 古人未嘗離事以言理，六經皆先王之政典也。

錢穆氏論實齋與東原之異同，溯而上之，以為即是浙東學派與浙西學派之異同。浙東原於陸王，浙西原於朱子。凡學實事求是，即可不爭門戶。故實齋可賞東原，而東原卻以朱子傳統反而攻朱子，宜乎實齋謂其飲水忘源也。

浙西講經學，浙東講史學。實齋「六經皆史」之說，是想救正當時經學家「以訓詁考覈求道」之流弊，以為學之致極，皆見之實事實功，不當徒守經籍以著述為能事。如能明於道之大原，則學術、事功、文章、性命，皆可相通為用以救世。如此，乃可免於門戶之爭。學貴專門，又尚通識，先本乎性情，而歸極於大道。浙東史學，遠自南宋永嘉、永康之學❺，近自黃梨洲、萬斯大、萬斯同、全祖望而至實齋，皆從經史之學中省察經世事功，較之託名漢學之輩，更有可觀。

---

❹ 見章學誠《文史通義》經解中。

❺ 永嘉之學，自薛季宣、陳傅良到葉水心，皆是。永康學派，主要指陳亮（同甫）。

第三章　西方思想之沖激

中西文化演進的腳步，其實是差不多的。到了近代，歐西文化思想步步上升，中國文化則逐步趨衰。現只列出相關大事紀年，即可見其大概。

1. **十八世紀之前**

一五三〇（明嘉靖九年）　哥白尼地動說

一六六九（清康熙七年）　黃梨洲《明夷待訪錄》成

一六八四（康熙二十三年）　牛頓萬有引力

一六八九（康熙二十八年）　英國權利宣言發表

2. **十八世紀**

一七〇三（康熙四十三年）　洛克卒

一七四八（乾隆十三年）　孟德斯鳩《法意》出版

一七六二（乾隆二十七年）　盧梭《民約論》出版

一七七〇（乾隆四十一年）　北美十三州獨立宣言

一七八二（乾隆四十七年）　《四庫全書》成

一七八九（乾隆五十四年）　法國大革命

3. 十九世紀

一八〇四（嘉慶三年）　康德卒（三大批判）

一八四〇（道光二十年）　鴉片戰爭

一八五〇（咸豐元年）　太平軍起事

一八六六（同治五年）　孫中山生

一八六七（同治六年）　日本明治天皇即位

4. 二十世紀

一九一一（宣統三年）　辛亥革命

一九一九（民國八年）　五四運動（民主、科學）

第一節　歐西民主自由之思想

鴉片戰爭以後，西方帝國主義紛紛東侵，清廷拙於應付，訂下各種不平等條約，喪權辱國，交迭而至。朝廷對於民主自由的新思想，與民主政治的新制度，根本無暇顧及，雖有自強運動、維新變法，也有立憲之議，但議論未定，辛亥革命成功，建立中華民國。然而，民國新成，帝制之議又起，及袁氏帝制失敗，又形成軍閥割據，政府無能，仍然喪權辱國，乃引發五四學生愛國運動，後轉化為新文化運動。白話文之外，更為重要的是「民主」與「科學」。

民主，是政治體制的問題❶；科學，是知識技術的問題。民主與科學的確是中國文化的新道路。這兩條路，本都可以順文化傳統而開顯出來。傳統文化中的「民本」「民貴」「重民意」「重民生」❷的道理，一旦落實於政治體制，便成為民主政治。同時，古聖「開物成務」（開發各種物資，成就天下事務）、「利用厚生」（利民之用，厚民之生）以及「立成器以為天下利」❸的教訓，一旦落實施行，自然也可以發展出科學，更何況中華民族本來就有很高的科學心智，歷代也有很多的科學發明。（相關問題，將於下節討論。）

我們認為，從中國文化裡開顯民主科學並沒有本質上之矛盾、牴觸或阻礙，何以五四人物硬要誣指中國文化儒家思想「反民主」「反科學」？為何輕率蠻橫地發出「打倒孔家店」

---

❶ 西方發展完成的民主政治，基本上即是「三權分立、相互制衡」的架構。無論總統制或內閣制，皆秉持共同的原則，循憲政的軌道而行。

❷ 按：古文獻上相關的語句，如「民為邦本」、「民為貴」、「民之所好好之，民之所惡惡之」、「為民制產」、使民「養生喪死無憾」等等，皆與民主相類相通，一落實於法制之軌道，便可順之而完成民主政治。

❸ 按：上引三句，「開物成務」、「立成器以為天下利」，皆見《易傳》，「利用厚生」見《尚書・大禹謨》。

「全盤西化」之吼聲？

五四當時，某些老社會的讀書人，可能心態封閉保守，因而成為新文化運動想要排除的障礙。而新的知識分子則熱烈有餘，而卻誇大不實，欠缺真知灼見，「民主、科學」的口號喊得震天價響，而實無正確的認知，更沒有實踐的綱領。而所謂「德先生」「賽先生」幾個時髦的名詞，卻把青年學生引向輕淺浮囂、崇洋媚外，既喪己喪我，又失本無根，尤其濫用「自由」，使得知識青年普遍地失去責任心與道德意識。在當代文化史上，那真是令人慨然惋歎的一幕。❹

接著，有八年抗日之聖戰，這殘酷的歷史大洪爐，對炎黃子孫而言，既是一種嚴格無情的試煉，亦是一種開擴心胸器識、鍛鍊生命靈魂的可貴經驗。從那以後，雖然還有內戰和兩岸對峙，但二十世紀後半，在臺、港、海外的華人，他們對中國文化和儒學的復興，是做出了孤臣孽子「操心危、慮患深」之真實貢獻的。而大陸近一二十年的改革開放，基本上亦已依循「人同此心，心同此理」，而回歸深大的傳統，回歸平正的孔子。今後中華民族的道路，也理所應該是康莊坦途了。

第二節　科學的性質及其威勢

中國傳統的學問，是內聖成德之學，是「道統」脈絡上的學問。以前稱之為性理學、心性之學，今天我們稱它是「生命的學問」，與希臘傳統的知識性的學問有所不同（但並不相斥）。

由於中國學問以成德成人品為主，所以沒有以知識為目標而開顯科學的傳統。儘管中華民族歷來都有很多的發明，也具有很高的科學心智，但中國基本上是農業的國度，對於科技並沒有迫切地需要性，所以發明科學的外在誘因不多也不大；而內在方面，其文化心靈是德性心為主，知性心（認知心）為德性心所籠罩，而未能充分透顯以獨立起用。所以傾向於與自然和合，因而比較少有「主客對待、心物相對」的認知活動，這是中國傳統文化未能早早開顯科學知識的最基本的原因。

如今，西方科技文明的光輝，照射全球，光耀宇宙，科技巨大的威勢，不但操縱人類生活中的利害得失，而且關係人類的生死和國家民族的存亡。面對無遠弗屆、無微不至的科技威力，中華民族當然必須自覺調整文化心靈的表現形態，從德性心（道德心）為主的內聖成德之學，轉而為知性心（認知心）之「主客對列、心物相對」的認知活動。不斷進行認知活動，自然就可以獲致認知的成果。把各種認知成果類別化、條理化、系統化，它便是科學。

無論先秦儒家或宋明的朱子學、陽明學，都可以經由自覺地省察，開出科學的理路。這是在當代文化大反省中已經完成的一步疏導。假以時日，科學一定可以在中華文化的土壤裡

❹ 按：美國哈佛大學史華茲教授曾說：我不了解，中國的現代化，為什麼要拋棄它們自己的文化傳統？

開出遍地的花果。

第三節 馬列意識形態之泛濫

唯物的思想，自古有之。它如果不和馬列結合，應該不至成為魔道。[5]馬克思亦本是一個人道主義的思想家，但他要倡導無產階級革命，又為列寧假借牽合，便成為極具災害性的思想理論。再加上階級鬥爭、武裝革命，於是由思想到暴力，乃轉成一種泛濫成災的大禍害。從俄國、中國到北越、北韓，都是如此。

中國以一個無比龐大而又無比虛弱的現況，在列強的窺伺之下，隨時都可能被瓜分。苟延殘喘到辛亥革命，創立共和，內憂外患依然交逼而至。五四之後，中共成立，而快速地在波折中成長，又借抗日之利便而壯大自己，終於在一九四九年擁有大陸，成立共產政權，進行無休止的階級鬥爭，最後還發動紅衛兵，批孔揚秦，展開所謂「文化大革命」。這是人類史上前古未有的大浩劫。而我中華民族也居然熬過十年浩劫，而能神智不昏，終於撥亂反正，這真是人間世界千古未見的大奇蹟。然而，這是多麼痛苦、多麼辛酸、多麼無奈的奇蹟啊！近代中國的問題，主要是由於外患而激發，並不是由於內部的階級衝突，同時，中國的舊秩序已經破壞，在失去秩序的情形之下，再施以鬥爭，乃是亂上加亂，民何以堪？如要建立穩定的新秩序，切忌鬥爭，切忌暴動。這個意思，主要是梁漱溟先生的看法。我們也如此認為，而又有更深切的省思。❻但中共為毛某所裹脅，跟著他一起發瘋、闖禍，這個教訓太嚴酷了。這是由於觀念而帶來的大災害，原是可以避免的。而皇天不弔，竟使華族烝民，罹此大禍。如今，終於事過境遷，就讓我們痛定思痛，記住教訓，忘懷怨尤，來共同開創中華民族的無疆之庥。

❺ 按：魔道，通常會有一種魔力，能吸引人，此便是它所顯發的神聖性。不過，這神聖性是「非真實的」，它的假象終必揭穿。

❻ 下文第四章第二節「三個綱領」，即是討論這個問題。

第四章　哲學的反省與新生

第一節　西方哲學在中國以及「中國的」哲學

中國哲學有長遠的傳統，有光輝的過去，但說到中國哲學的現況，卻顯得貧乏而鮮見光采。試問：

二十世紀的中國，有些什麼樣的哲學思想？

我想，這句話是不容易回答的。因為流行於現代中國的哲學思想或主義學說，幾乎全部都是西方來的。中國自己的東西，早已無人聞問而若有若無了。所以二十世紀以來，似乎只有「西方哲學在中國」，而並沒有「中國的哲學」。

「在中國的哲學」，並不等於「中國的」哲學。無論羅素哲學在中國，杜威哲學在中國，或馬列唯物哲學在中國，乃至西方宗教在中國……全都不是中華民族的慧命，都不是「中國的」哲學。我們所謂中國的哲學，是意指以儒家為主流的老傳統。這個源遠流長的傳統，乃是一個常數（定常的骨幹），不可斷絕。至於它是否有光輝的未來，就看以儒家為主流的這個定常的骨幹，能否有新的充實和開展。此中的關鍵有二：

一是中國哲學本身的義理綱維，能否重新挺顯起來？

二是中華民族能否像當初消化佛教一樣，也能消化西方的哲學？

如果這兩個問題的答案都是肯定的，中國的哲學就會有光輝的未來。但就當前的現況而論，似乎仍然是西方哲學在中國，而並沒有中國的哲學。這種情形，有些人會視之為理所當然（如西化派），有些則懵懵然而渾無所覺（如一般大眾），但一個文化心靈醒覺未泯的人，面對「只有西方哲學在中國，而沒有中國的哲學」這樣的狀況，他能心安嗎？能甘心嗎？當然不能。然而，形勢已成，又將奈何？

從五四之打倒孔家店，到文化大革命之批孔揚秦，數十年間能夠自始至終秉持學術良心，以「昭蘇民族文化之生命，光暢中國哲學之傳統」為職志者，恐怕也只有當代新儒家三五賢哲而已。至於世俗名流與一般學者專家，則鮮有弘毅堅貞之士，而敢於挺身為華族文化生命作主者。莽莽神州，「闃其室，無人矣」。

所幸宋明儒六百年的學術精誠和顧黃王三大儒的孤懷閎識，畢竟未泯未斷。從清末之維新變法，到辛亥革命之肇造民國，雖或由於外緣環境之激盪，而儒者向來所護持的民族意識與文化意識，自然也潛移默運於其中，而實為要求國族新生之內因。不過，能真正進入思想觀念之反省疏導，以凸顯孔子之生命智慧，展現儒家之哲學精神者，則當從梁漱溟先生的《東西文化及其哲學》與熊十力先生的《新唯識論》開始。至於更較完整的綜述，則見於民

國四十七年元旦，由唐君毅、牟宗三、徐復觀、張君勱四位先生聯名發表的「中國文化與世界」宣言。❶

這篇宣言分為十二節，廣泛地涉及存有論、心性論、修養論、學問方法、文化哲學、歷史哲學，以及政治、科學，與東西方文化相資相益等等的問題。這是一個全面性的文化大反省，而且在反省之中還指出了人類文化走向新生的道路。在宣言末段提到，十八世紀前的西方，曾經特別推崇中國，十九世紀前半的中國，亦曾自居上國而以西方為蠻夷。十九世紀後半以後，西方人視中國為落後民族，而中國人亦自視一切皆不如人。於此，可以證見天道轉還，絲毫不爽。但是，到了現在，東方和西方都應該彼此平等相看了。今天中國文化雖然混亂一團，但過去亦曾光芒萬丈；當前西方文化精采絕倫，未來又畢竟如何，未可知也。這個時候，人類確實需要一種「通古今之變，相信人性之心同理同」的精神，來共同擔負人類的艱難、痛苦、缺點、過失。如此而後，纔能開出人類的新路。

第二節　中國哲學的反省與新機

❶「中國文化與世界」宣言，係唐君毅先生執筆，編入唐著《中華文化與當今世界》下冊，頁八六五—九二九，臺北：學生書局印行。

二十世紀的中國，一直處於噩夢困境之中，而民族文化生命也一直鬱結而不開朗，阻滯而不通暢。這到底是個什麼性質的問題呢？這個「世紀大困惑」，到二十世紀後半，纔逐步明朗起來；而最近一二十年以來，兩岸的文化共識，也漸漸顯出眉目。

大家終於明白，中華民族的問題，不只是政治問題，不只是經濟問題，不只是社會問題，本質上它是一個文化問題，而且是全面性的文化問題。

歸總而言之，可以列為三個綱領：

一、內聖成德之教的承續與光大

任何一個文化系統，都有它的「安身立命」之道。這個安身立命之道，包括日常生活的軌道和精神生活的途徑，同時也決定生命的方向和文化的理想。在印度，在西方，在回教世界，安身立命之道是由他們的宗教來提供；而在中國，則由孔子的仁教（內聖成德之教）來承擔這份責任。

這安身立命的內聖成德之教，是中國之所以為中國，中國文化之所以為中國文化的本質所在。雖然如今它仍在散塌衰微之中，但當前中國人在生活行為上所表現的良好品質，主要還是靠這個根基深厚的常道在支撐。在不自覺的狀態中，人人卻都自然而然的有所表現，這就叫做「百姓日用而不知」、「習焉而不察」。但文化必須自覺地實踐，安身立命更是每一個人從生到死，隨時隨地都要表現的生活方式。中華民族既不能為外來的文化宗教所化，就必然地要來承續光大自己的文化大統。而作為一個知識分子，更必須立時激發文化意識，使文化心靈豁然醒覺，進而順應時宜，調整表現的方式，使內聖成德之教的真理，能在現時代充分地落實踐行。

除了內聖成德之教，還有外王事功一面。這一面不是承續的問題，而必須有新的開創。所謂現代化，也正是從外王事功這一面說。其中含有兩個問題，一是政治形態的問題，一是知識之學的問題。

二、完成民主政體的建國大業

以前講外王，主要是「仁政、王道」。聖王在位，推行仁政王道，當然很好。但事實上哪有那麼多的聖王呢？皇帝權力那麼大，你單講「民為貴，君為輕」是沒有用的。儒家主張天下為公，但事實上，三代以下數千年來都是天下為家，天下為私。儒家認為只有賢者可以為君，所以主張禪讓，但他做了皇帝，就是不肯讓位，你怎麼辦呢？於是又主張革命，但湯武革命的結果，還是世襲家天下。秦漢以下更是打天下，以武力奪取政權，益發不合乎儒家的道理了。

中國傳統政治上的宰相制度，是很好的，但那只是治權的行使。至於政權的轉移，卻始終沒有一個法制化的軌道。這個安排政權的體制，真是形成不易，直到十八世紀，纔由歐西先發展出來，而建立了內閣制或總統制的民主政體。這異於貴族政治、君主政治的民主政體，正可消解中國傳統政治的三大困局：

一個是改朝換代、治亂相循的問題

一個是君位繼承、宮廷鬥爭的問題

一個是宰相地位、受制於君的問題

再歸結一下，是即「政權轉移」和「治權運用」的問題。只要實行民主憲政，無論政權的轉移或是治權的運用，都有憲法作為依據。憲法就是一個體制，是一個政治運作的軌道。民主政治，不只是保障人權而已。而且是實現各種價值的基礎。以往的「民為本、民為貴」的觀念，以及人性的發揚，人品的尊重，人格的完成，和人道精神的維護，都必須在民主體制的政治形態之中，纔更能獲得充分的發展和實現。所以站在儒家或中國文化的立場，必然肯定民主政體。中國必須完成民主建國的大業，纔有客觀的憑藉（不只是主觀的意願）來實現「禮運大同篇」的理想，如此纔能超越西方民主政治，為後世建立新型範。

三、開出知識之學以發展科技

中國文化心靈的表現形態，偏重「德性」一面，而「知性」一面則未曾充分彰顯。所以自古以來中國雖有很多科技的發明，也表現了很高的科學心智，但卻沒有發展出知識性的科學傳統。因此，我們必須自覺地調整文化心靈的表現形態，使中國人不只是靠聰明來發展科技，而必須依據知識理論來發展科技。在第一階段，當然先要學習西方的科學知識和科學技術，但我們不能永遠停在「學習西方」的階段，而必須自本自根從自己的文化心靈和文化土壤裡產生出科學。這樣，我們纔能由「迎頭趕上」，進而「並駕齊驅」，再進到「領先超前」。

然則，以儒家為主流的中國文化，可不可能產生科學呢？我們認為答案是肯定的。中國傳統的學問雖然是順著「道德心」而發展，但在中國的學術思想中也同樣有講論「認知心」的端緒，像荀子和朱子所講的心，就是認知心（不是道德心）。而朱子「格物窮理」的格物論，也透露主智主義的傾向；只要作一步轉化，就可以成為「從中國文化心靈中開出知識之學」的現成的線索。❷至於正宗儒家所講的道德心（良知）當然也肯定科學知識的價值，只因為中國的老社會是一個自給自足、和諧安定的農業社會，對於知識技術的需要並不迫切，而中國人的聰明又足以解決農業社會器械方面的問題，所以欠缺充分的機緣以開出知識性的學問傳統。

但今天的客觀形勢不同了。良知心體在現時代的感應中，自然會感受到科學技術對當代中國的迫切需要。所以作為「德性主體」的良知，必將自覺地轉而為「知性主體」，並以主客對列、心物相對的格局，展現認知的活動以成就知識。這只是文化心靈「表現形態」的調

❷ 參蔡仁厚《儒家心性之學論要》（臺北：文津出版社），頁一二三—一二七，論荀子朱子心性思想的時代意義。

整轉換之問題，在思想觀念上絕無困難。至於落實到現實的層面，自當有一段長時間的努力，而知識分子尤其應該做三件事：第一、要自覺地培養「純知識」的興趣；第二、要確立「重視學理而不計較實用」的求知態度；第三、要學習「主客對列」的思考方式。這樣，就可以從文化心靈中透顯知性主體，開出知識之學以建立純知識的學理。有了學理做根據，就可以提供「開物成務」的具體知識和實用技術，以滿足「利民之用，厚民之生」的要求。

以上這三個綱領，正好就是「道統」方面的光大，「政統」方面的繼續，「學統」方面的發展。當代新儒家所提出的「新三統」之說，實即中國文化通盤調適全面改進的新路道。❸

第三節　返本開新的哲儒：牟宗三❹

牟宗三（西元一九〇九—一九九五年）字離中，山東棲霞人。北京大學哲學系畢業，乃熊十力先生特為器重之嫡傳弟子，亦是當代新儒家最具特色的代表人物。

在大陸時期，先後任教於華西、中央、金陵、浙江等大學。四十歲以後，在臺灣師大、東海大學任教，五十二歲，應香港大學之聘，赴港講學，後轉中文大學新亞書院，六十五歲退休，隨即應教育部之特聘，在臺灣大學哲學研究所授課。從此，臺港往返，兩地講學。他晚年在臺，深覺師生之間，生命性情與學問思緒，通契交感，乃平生講學最為愉悅之階段。八十五歲時。譯註康德三大批判最後一冊出版。越明年與世長辭，壽八十七。

他在八十壽宴上講話，有云：自大學讀書以來，六十年中，只做一件事，是即反省中華民族的文化精神，以重開中國哲學的途徑。這話是真的，他確實已開闢出中國哲學的新途徑，他的著作可以為證。

卒後之八年，《牟宗三先生全集》重新橫排出版，共分八輯：(1)中國傳統哲學，九種。(2)歷史與文化，三種。(3)理則學，三種。(4)西學譯註，五種。(5)哲學系統之建立，四種。(6)論著匯編，六種。(7)講錄，八種。(8)自傳與年譜等，四種。分裝三十二冊，外加總敘、詳目為附冊。由臺北、聯合報系文化基金會出版，聯經出版公司發行。

以下，只就牟先生的學術貢獻作一綜述。

一般而言，學者的學術成就及其貢獻，通常都是「點」的，有些是「線」的，但極少是「面」的。而牟先生自大學讀書以來，六十多年的學術工作，卻使他取得了通盤而縱貫的成就。他的貢獻，不但是「面」的，而且是「立體」的。茲分為五端，以說明他的學術貢獻和文化影響。

1. 表述心性義理：使三教智慧系統煥然復明於世

---

❸ 按：關於「新儒三統的實踐問題」，可參閱蔡仁厚《新儒家與新世紀》（臺北：學生書局），頁四一—五〇。

❹ 此節本是筆者出席北京大學創校百周年國際學術會議之論文提要，後來連同「補述與申論」，編入《哲學史與儒學論評》（臺北：學生書局），頁三〇五—三一八。

心性之學，是儒釋道三教的基本特色。牟先生以《才性與玄理》表述魏晉階段的玄學，此屬道家的智慧。以《佛性與般若》表述南北朝隋唐階段的佛學，此屬佛教的智慧。以《心體與性體》表述宋明階段的理學，此屬儒家的智慧和義理。

自古以來，學者的講論都偏重某家某派，從未有人分別以專書通貫地講論三教者。而牟先生這三部大著作，無論系統綱維的確立，思想脈絡的疏解，義理分際的釐清，都已達到前所未有的精透明徹，而使三教的智慧系統，「煥然復明於世」。（至於如何存心養性、盡心盡性，以完成己立立人，成己成物，則是實踐之事，人人有責。）

2.發揮外王新義：解答中國文化中政道與事功的問題

儒家一貫地要求由內聖通外王，要求修德愛民，推行仁政王道，這個道理，當然很好。但「天下為公」的理想，卻始終只靠聖賢來倡導，而未能真正體制化；「選賢與能」的原則，也只限於治權方面的科舉，而尚未推擴到政權方面以設計出選舉國家元首的制度。因此，如何落實於體制以開出客觀化的外王事功，這正是中國文化生命的癥結所在，也是當代新儒家所面對的時代課題。

面對這個大癥結而深入思考，並直接提出解決之道的，首推牟先生的新外王三書：《道德的理想主義》、《歷史哲學》、《政道與治道》。這三書有一個共同的主旨，就是「本於內聖之學以解決外王事功的問題」。歸總而言之，也即所謂「三統並建」。承認在「道統」之外，還有「學統」（發展出科學）、「政統」（落實於民主）的問題。道統的肯定，是內聖之學的承續光大；而學統的開出和政統的繼續，則顯示儒家外王學一步新的充實和開擴。五四以來所謂新舊文化的矛盾衝突，到此已開顯化解之路，而中國文化的事功精神，也可循此而獲得空前的開發。

3. 疏導中國哲學：暢通中國哲學史演進發展的關節

中國有五千年的歷史文化，有儒釋道三教的智慧系統。但五四以來，國人的文化自信，幾幾乎蕩然無存。而中國哲學所涵蘊的觀念思想與哲學問題，也從未有人做過通盤的省察和深入的探析。

牟先生除了以三部專著講述儒釋道三教的「玄理、空理、性理」之外，也疏導名家的名理，晚年又以《中國哲學十九講》綜述各時期思想的內在義理，以及它所啟發出來的哲學問題。由於這十九講的講述和疏導，使得中國哲學得以真正進入世界哲學之林。從此以後，中國哲學固有義理的性格，以及它本來發展的軌轍，都已不再隱晦；而繼往開來的道路，也已確立指標而有所持循。

4. 消納西方哲學：譯註三大批判，融攝康德哲學

德國大哲康德，以三大批判講論人類文化中的「真善美」。書出之後，各國皆有翻譯。但以一人之力全譯三大批判的，牟先生是二百年來世界第一人。他不但翻譯，而且融貫中西，加寫詳確的譯註。這份成績，功不下於當年鳩摩羅什之譯大智度論與玄奘之譯成唯識論。

尤有進者，牟先生不但譯註三大批判，他還隨譯隨消化，分別撰著專書以融攝康德之學：⑴以《智的直覺與中國哲學》與《現象與物自身》二書，消化融攝「純粹理性之批判」。⑵以《圓善論》消化融攝「實踐理性之批判」。⑶以專論長文「真美善之分別說與合一說」消化融攝「判斷力之批判」。他這幾部書的主旨，是要抉發中國傳統哲學的要義來融攝康德，同時又藉資康德哲學來充實中國文化。他所開顯的文化思想之通路，在中國，在世界，都是空前的。

5.會通中西哲學：疏導中西哲學會通的道路

文化必須交流，思想應求會通。但數十年來有關中西會通的種種言論，多半只是一些零散的意見，很少具有系統性的學術價值。而牟先生則繼《中國哲學十九講》之後，又在臺大哲學研究所講述中西哲學會通的分際與限度，對中西哲學的種種問題，提出層層的比對和深入的疏解，並借取佛家「一心開二門」作為中西雙方共同的哲學間架。這個思路，必將對人類文化的融合，開顯一條常態的康莊大道。

他謝世前一年，又發表《四因說演講錄》（共二十講，現已出版），主旨是從亞里斯多德的四因說，來對顯儒釋道三家哲學的要義及其精采。這是牟先生針對中西哲學之會通，再一次提出他深刻的思考。

以上五點說明，大致可以代表牟宗三先生對文化學術的貢獻。在他逝世公祭之時，治喪委員會致送輓詞云：

光尼山之道統　弘黃岡之慧命
擴前哲之器識　發儒聖之光輝

尼山指孔子，黃岡指熊十力先生。在華族文化生命存亡絕續之際，熊先生以他的悲願大慧，生命光熱，獨能穿透歷史之煙霧，暢通文化之大流，以昭顯古今聖哲的德慧生命。所以自然而然地成為當代新儒家開宗的代表人物。牟先生乃熊門嫡傳弟子，他力振孔孟之學脈，以挺顯內聖外王之弘規，實實能夠光顯尼山之道統，弘大黃岡之慧命。至於第三句開擴前哲器識，則通指中西雙方的先哲而言。由於牟先生之精誠奮鬥，不但中國哲學得以充實開擴，而康德所代表的西方哲學，也可獲得中國哲學智慧的融通提升，而百尺竿頭，更進一步。如此而後，廣大精微的儒聖之道，乃真可以達於荀子所謂「光昭日月，大滿八極」之境。

尤其可貴的，是從大學以來，牟先生的學術生命，便一直在運轉，一直在深入，一直在開擴。一般學者的學問，四五十歲以後，通常只有量的增加，很少再有質的升進，而牟先生的一生，則年年有進步，時時開新機。臨終前數月，他寫示門人，自謂一生著作，古今無兩。這並非狂言，而是以平常心說出來的一句老實話。在「學思年譜」八十六歲下，筆者曾有記述，也有說明。尚請參看。

後記

書稿清樣之後，想再說幾句話。

首先，我那本《中國哲學史大綱》的內容，大致上雖已移入、融入這部哲學史中，但那本大綱還是具有獨立閱讀的價值。在我自己看來，這前後兩書，分開讀或合起來讀，都可以有些得益，這是我稍堪告慰之處。

其次，我們常對「文化史」、「學術史」、「思想史」、「哲學史」的分際，不易確切劃分。茲將個人所見，略說如下：

一、「文化史」的範圍最廣，舉凡器物層的文物景觀、工藝器皿、建築制作；生活層的風俗教化、生活方式、行為規範；理念層的思想觀念、精神方向、價值標準；皆屬於文化史的範圍。

二、「學術史」則收縮於文字表達的層面。但其範圍仍然很廣，「經、史、子、集」都包括在內。而學術史的工作，主要是在論述各時代的學術綱要和學術流變。

三、「思想史」的界說，較難明確。一般而言，它是大學歷史系的學問。通常涉及政治思想、社會思想、經濟思想、法律思想，還有價值取向以及決定生活方式的信仰等等。但數十年來大學中文系所講的中國思想史，其性質內容，卻和哲學系所講的哲學史較為相近。（至於傳統的經世之學，則比較是歷史系和法學院所關切的問題。）

四、「哲學史」是以觀念性、理論性為其特色。但西方哲學以「知識」為中心，安身立命則交託給宗教。中國哲學以「生命」為中心，而發展出心性之學與成德之教。在中國，學與教是合一的。在西方，則知識之學與宗教不合一。印度介於中西之間，其學與教雖合一，而實歸極於宗教。

又，本書徵引古籍，皆隨文標明，或列為附註。故不再列舉參考書目。特此說明。

歷代哲人生卒年表

群聖：伏羲、堯、舜、禹、湯、文、武、周公

孔丘（仲尼）	西元前 五五一—四七九（七十三）
曾參（子輿）	五〇五—？
孔伋（子思）	？四八一—？
墨翟	？四八〇—三九〇？
老聃	？—？
孟軻（子輿）	三七二—二八九（八十四）
莊周	三六九—？
惠施	（與莊子同時而稍早）
公孫龍	（與荀子同時而先卒）
商鞅（公孫鞅）	？—三三八
申不害	？—三三七

屈原	三四三—二八五？
荀況（孫卿）	三一三—二三八（七十六）
呂不韋	？—二三五
韓非	？—二三三
賈誼	二〇一—一六九（三十二）
董仲舒	一七六—一〇四（七十二）
司馬遷	一四五—八六（五十九）
揚雄（子雲）	五三—後一八（七十一）
	西元
王充（仲任）	二七—九一（七十四）
張衡（平子）	七八—一三九（六十二）
鄭玄（康成）	一二七—二〇〇（七十三）
蔡邕（伯喈）	一三三—一九二（五十九）
劉劭	？—？
諸葛亮（孔明）	一八一—二三四（五十四）
阮籍（嗣宗）	二一〇—二六三（五十四）
嵇康（叔夜）	二二三—二六二（四十）
王弼（輔嗣）	二二六—二四九（二十四）

向秀（子期）	?二二七—二七二?
郭象（子玄）	二五二—三一二（六十一）
王羲之（逸少）	三〇三—三七九（七十六）
陶潛（淵明）	三六五—四二七（六十三）
釋道安	三一二—三八五（七十四）
鳩摩羅什	三四三—四一三（七十一）
僧肇	三八四—四一三（三十一）
慧遠	三三四—四一六（八十三）
道生	三六〇—四三四（七十五）
真諦	四九八—五六九（七十二）
智顗（智者）	五三八—五九七（六十）
吉藏	五四九—六二三（七十五）
玄奘	六〇二—六六四（六十三）
慧能	六三八—七一三（七十六）
賢首	六四三—七一二（七十）
荊溪（湛然）	七一一—七八二（七十三）
澄觀	七三七—八三八（一〇二）

圭峰（宗密）　七八〇－八四一（六十二）
知禮　九六〇－一〇二八（六十九）
范仲淹（文正）　九八九－一〇五二（六十四）
孫復（泰山）　九九二－一〇五七（六十六）
胡瑗（安定）　九九三－一〇五九（六十七）
歐陽修（永叔）　一〇〇七－一〇七二（六十六）
邵雍（康節）　一〇一一－一〇七七（六十七）
周敦頤（濂溪）　一〇一七－一〇七三（五十七）
張載（橫渠）　一〇二〇－一〇七七（五十八）
程顥（明道）　一〇三二－一〇八五（五十四）
程頤（伊川）　一〇三三－一一〇七（七十五）
謝良佐（上蔡）　一〇五〇－一一〇三（五十四）
楊時（龜山）　一〇五三－一一三五（八十三）
胡安國（文定）　一〇七四－一一三八（六十五）
羅從彥（豫章）　一〇七二－一一三五（六十四）
李侗（延平）　一〇九三－一一六三（七十一）
胡宏（五峰）　一一〇五－一一六一（五十八）

朱熹（元晦）	一一三〇—一二〇〇（七十一）
張栻（南軒）	一一三三—一一八〇（四十八）
蔡元定（西山）	一一三五—一一九八（六十四）
呂祖謙（東萊）	一一三七—一一八一（四十五）
陸九淵（象山）	一一三九—一一九二（五十四）
楊簡（慈湖）	一一四一—一二二六（八十六）
黃榦（勉齋）	一一五二—一二二一（七十）
蔡沈（九峰）	一一六七—一二三〇（六十四）
魏了翁（鶴山）	一一七八—一二三七（六十）
真德秀（西山）	一一七八—一二三五（五十八）
王應麟（深寧）	一二二三—一二九六（七十四）
謝枋得（疊山）	一二二六—一二八九（六十四）
文天祥（文山）	一二三六—一二八二（四十七）
許衡（魯齋）	一二〇九—一二八一（七十三）
吳澄（草廬）	一二四九—一三三三（八十三）
吳與弼（康齋）	一三九一—一四六九（七十九）
陳獻章（白沙）	一四二八—一五〇〇（七十三）

羅欽順（整庵）　一四六五—一五四七（八十三）
湛若水（甘泉）　一四六六—一五六〇（九十五）
王守仁（陽明）　一四七四—一五二八（五十七）
王艮（心齋）　一四八三—一五四〇（五十八）
鄒守益（東廓）　一四九一—一五六二（七十二）
錢德洪（緒山）　一四九六—一五七四（七十九）
王畿（龍溪）　一四九八—一五八二（八十五）
羅洪先（念庵）　一五〇四—一五六四（六十一）
羅汝芳（近溪）　一五一五—一五八八（七十四）
周汝登（海門）　一五四七—一六二九（七十三）
劉宗周（蕺山）　一五七八—一六四五（六十八）
黃宗羲（梨洲）　一六一〇—一六九五（八十六）
顧炎武（亭林）　一六一三—一六八二（七十）
王夫之（船山）　一六一九—一六九二（七十四）
戴震（東原）　一七二三—一七七七（六十）
章學誠（實齋）　一七三八—一八〇一（六十四）
孫中山　一八六六—一九二五（六十）

蔡元培	一八六八—一九四〇（七十三）
馬一浮	一八八三—一九六七（八十五）
熊十力	一八八五—一九六八（八十四）
梁漱溟	一八九三—一九八八（九十六）
張君勱	一八八七—一九六九（八十三）
胡適	一八九一—一九六二（七十二）
錢穆	一八九五—一九九〇（九十六）
馮友蘭	一八九五—一九九〇（九十六）
方東美	一八九九—一九七七（七十九）
徐復觀	一九〇三—一九八二（八十）
唐君毅	一九〇九—一九七八（七十）
牟宗三	一九〇九—一九九五（八十七）

本書作者著述要目

1. 《孔孟荀哲學》 臺北：臺灣學生書局
2. 《孔門弟子志行考述》 臺北：臺灣商務印書館
3. 《論語人物論》 臺北：臺灣商務印書館
4. 《墨家哲學》 臺北：東大圖書公司
5. 《中國哲學史大綱》 臺北：臺灣學生書局
6. 《宋明理學北宋篇》 臺北：臺灣學生書局
7. 《宋明理學南宋篇》 臺北：臺灣學生書局
8. 《王陽明哲學》 臺北：三民書局
9. 《儒家心性之學論要》 臺北：文津出版社
10. 《新儒家的精神方向》 臺北：臺灣學生書局
11. 《儒家思想的現代意意》 臺北：文津出版社
12. 《儒學的常與變》 臺北：東大圖書公司

13.《中國哲學的反省與新生》 臺北：正中書局
14.《孔子的生命境界》 臺北：臺灣學生書局
15.《哲學史與儒學論評》 臺北：臺灣學生書局
16.《新儒家與新世紀》 臺北：臺灣學生書局
17.《熊十力先生學行年表》 臺北：明文書局
18.《牟宗三先生學思年譜》 臺北：臺灣學生書局
19.《蔡仁厚教授七十祝壽集》 臺北：臺灣學生書局
20.《王學流衍：江右王門思想研究》 北京：人民出版社
21.《中國哲學史》（上下冊） 臺北：臺灣學生書局

國家圖書館出版品預行編目資料

中國哲學史 下冊

蔡仁厚著. – 初版二刷. – 臺北市：臺灣學生，2011.09
冊；公分

ISBN 978-957-15-1530-4 (平裝)

1. 中國哲學史

120.9　　100013176

中國哲學史 下冊

著作者：蔡仁厚
出版者：臺灣學生書局有限公司
發行人：楊雲龍
發行所：臺灣學生書局有限公司
臺北市和平東路一段七五巷十一號
郵政劃撥戶：○○○二四六六八號
電話：（○二）二三九二八一八五
傳真：（○二）二三九二八一○五
E-mail: student.book@msa.hinet.net
http://www.studentbook.com.tw

本書局登記證字號：行政院新聞局局版北市業字第玖捌壹號

印刷所：長欣印刷企業社
中和市永和路三六三巷四二號
電話：（○二）二二二六八八五三

定價：平裝新臺幣五○○元

二○○九年七月初版
二○一一年九月初版二刷

12042

ISBN 978-957-15-1530-4 (平裝)